U0092216

蘇樹華 注譯

新譯無量壽經

三民書局 印行

國家圖書館出版品預行編目資料

新譯無量壽經／蘇樹華注譯.－－初版一刷.－－臺北市：三民，2019
面；　公分.－－(古籍今注新譯叢書)

ISBN 978-957-14-5984-4　(平裝)

1. 方等部

221.34　　103025535

© 新譯無量壽經

注譯者	蘇樹華
責任編輯	邱文琪
美術設計	李唯綸
發行人	劉振強
著作財產權人	三民書局股份有限公司
發行所	三民書局股份有限公司 地址　臺北市復興北路386號 電話　(02)25006600 郵撥帳號　0009998-5
門市部	(復北店) 臺北市復興北路386號 (重南店) 臺北市重慶南路一段61號
出版日期	初版一刷　2019年2月
編號	S 033900

行政院新聞局登記證局版臺業字第〇二〇〇號

ISBN　978-957-14-5984-4　(平裝)

http://www.sanmin.com.tw　三民網路書店

刊印古籍今注新譯叢書緣起

劉振強

人類歷史發展，每至偏執一端，往而不返的關頭，總有一股新興的反本運動繼起，要求回顧過往的源頭，從中汲取新生的創造力量。孔子所謂的述而不作，溫故知新，以及西方文藝復興所強調的再生精神，都體現了創造源頭這股日新不竭的力量。古典之所以重要，古籍之所以不可不讀，正在這層尋本與啟示的意義上。處於現代世界而倡言讀古書，並不是迷信傳統，更不是故步自封；而是當我們愈懂得聆聽來自根源的聲音，我們就愈懂得如何向歷史追問，也就愈能夠清醒正對當世的苦厄。要擴大心量，冥契古今心靈，會通宇宙精神，不能不由學會讀古書這一層根本的工夫做起。

基於這樣的想法，本局自草創以來，即懷著注譯傳統重要典籍的理想，由第一部的四書做起，希望藉由文字障礙的掃除，幫助有心的讀者，打開禁錮於古老話語中的豐沛寶藏。我們工作的原則是「兼取諸家，直注明解」。一方面熔鑄眾說，擇善而從；

一方面也力求明白可喻，達到學術普及化的要求。叢書自陸續出刊以來，頗受各界的喜愛，使我們得到很大的鼓勵，也有信心繼續推廣這項工作。隨著海峽兩岸的交流，我們注譯的成員，也由臺灣各大學的教授，擴及大陸各有專長的學者。陣容的充實，使我們有更多的資源，整理更多樣化的古籍。兼採經、史、子、集四部的要典，重拾對通才器識的重視，將是我們進一步工作的目標。

古籍的注譯，固然是一件繁難的工作，但其實也只是整個工作的開端而已，最後的完成與意義的賦予，全賴讀者的閱讀與自得自證。我們期望這項工作能有助於為世界文化的未來匯流，注入一股源頭活水；也希望各界博雅君子不吝指正，讓我們的步伐能夠更堅穩地走下去。

前言

我們使用的《無量壽經》版本，是《大正藏》第十二冊曹魏天竺三藏康僧鎧譯的《佛說無量壽經》。

佛經中的許多概念，既能提升人們的文化熱情，也能引起人們的神秘遐想，若是智慧不夠的人，還會產生錯誤認識。這不是佛經的錯誤，而是學人的錯解。因此，我們在該書的〈前言〉中首先要說明，佛經中所說的一切事，皆是人們心中的事，而不是心外的事。譬如，佛、菩薩、天人、眾生、極樂世界，等等，皆不是心外別有的事，而是心中的事。「佛經中所說的一切事，皆是人們心中的事」，這一觀念符合佛教的「是心作佛，是心是佛」「自性彌陀，唯心淨土」的基本觀念。若把佛經所說的事當作心外的事，那就成了心外求法的外道，那就不是正信的佛教。為了避免產生錯誤的認識，我們首先從心學的角度，說明《無量壽經》中的一些重要概念，希望大家能夠從這些概念中，認識自我，回歸自我，獲得佛教文化的真實利益。今對《無量壽經》中的重要概念說明如下：

佛：佛不是三十二相、八十種好的對象化的宗教偶像，而是人人本具的妙明真心。這個妙明真心，亦名無相真心，亦名「天上天下，唯我獨尊」的「我」，亦名佛，亦名如來。佛教一再告誡：「不可以三十二相見如來。」「若以色見我，以音聲求我，是人行邪道，不能見如來。」佛是自心，莫向外求。若向外求，則成外道。

成佛：佛是自心，不屬修成。若言修成，修成還壞。所謂成佛，不是把自己修成一個什麼樣子，而是返本還源，回歸自性。

十方諸佛：十方諸佛，不是指物理虛空中的生命個體，或偶像個體，而是指自心中的無量萬相。妙明真心，即是十方。心中萬相，即是諸佛。本尊是心體，諸佛是心相。

菩薩：離此心外，尚且無佛，離此心外，豈有菩薩？佛是自心體，菩薩是心用。體之與用，盡是自心。

天人：天人不是物理空間中的另一類生命，而是貪欲少，著相輕的自心德行。離心之外，尚且無佛，離心之外，豈有天人？

眾生：不是指天上飛的、地上走的、水裡游的生命個體，而是指自性中的妄想執著，所謂自性眾生是也。

九界眾生：菩薩眾生，執著佛法，執著成佛。緣覺眾生，執著因緣，妄取空無。聲聞眾生，執著有相，妄取界外。天、人、阿修羅道的眾生，執著習氣比較輕。畜生、餓鬼、地獄道的眾生，執著習氣比較重。總之，一切眾生，皆是自性中的執著習氣，而不是物理空間的九類生命個體。

彼佛國土：彼佛，顧名思義，即是彼岸的佛。彼岸在哪裡？佛教有云，回頭是岸。回過頭來，這個能見能聞、清淨本然的妙明真心，即是彼岸，即是彼佛，亦是「本真的自己」。彼佛國土，即是清淨莊嚴的自性淨土。

淨土世界，或極樂世界：不是物理空間中的某個國度，而是絕待無對、廣大無邊的自心淨土，或名淨土世界，或名極樂世界。

彌勒菩薩：不是特指某個生命個體，也不是特指某個菩薩個體。彌勒菩薩是個表法，表未來佛。已發願，今發願，誓願證得自心實相。這個求覺悟的心，即是彌勒菩薩。

文殊菩薩：不是特指某個生命個體，而是指自心的清淨光明，而是指自心的般若智慧。

觀音菩薩：不是特指某個生命個體，而是指觀音的人。觀音的人，即是諸人當下的這個妙明真心。

普賢菩薩：不是特指某個生命個體，而是指無住的人。無住的人，即諸人當下的妙明真心。

地藏菩薩：不是特指某個個體，而是指誓願究竟成佛的人。誓願究竟成佛的人，即諸人當下的妙明真心。迷人不識，故當作他。

護法神：不是指某個生命個體，也不是指某類生命個體，而是指諸人心中的道德良知。迷人不識，妄計為他，故成心外立他的外道。

佛光普照：佛即是心，心即是佛。佛光即心光，即是心光普照。

佛是自心體，菩薩是妙用，天人是人德，極樂是超越，總之，經中所說事，盡在人心中。《觀無量壽經》云：「是心作佛，是心是佛。」（《大正藏》第十二冊，第三四三頁上。）延壽大師云：「心者，萬法眾生之本，三世諸佛祖、十二部經之宗。」（《宗鏡錄》卷第九十八。《大正藏》第四十八冊，第九四三頁中。）蓮池大師云：「自性彌陀，惟心淨土，為一經大旨也。」（《阿彌陀經疏鈔》卷第二。《卍續藏》第二十二冊，第六二四頁上。）蕅益大師云：「千經萬論，若顯若密，皆直指人心，見性成佛。除此心外，更無所詮。」（《靈峰蕅益大師宗論》卷第三。《嘉興藏》第三十六冊，第三一八頁下。）可見，一切經典，皆說這個廣大無邊、包羅萬相的妙明真心。

我們闡釋《無量壽經》，遵從佛教的表述規範，同時，也遵從學界的學術規範，所以，我們依然運用佛教的概念命題來表達佛教的心學內涵。但是，為了防止讀者的依文解義，為了防止讀者的心外求佛，我們將會對《無量壽經》的經典章句作出「心學」釋義，揭示出經典章句的心學內涵。譬如，關於「念佛」，我們將會作出直接地解釋：佛者，心也。念者，回歸也。念佛即是回歸自心。不歸自心，無所歸處。離心歸他，是人行邪道，不能見如來。如來者，即是自心實相。譬如，「臨命終時，彼佛現前」，我們將會直接地闡釋其義：臨命終時，即是根塵脫落時，即輪回終止時。彼佛現前，即是自性現前。識得自性，即得往生。不識自性，是名顛倒。

總之，讀這部書，需要帶著佛教文化的情懷，及「即心即佛」「唯心淨土」的信念，向自心上體會，方能獲得佛教文化的真實利益。

蘇樹華

二〇一九年一月三日於曲阜師範大學

新譯無量壽經　目次

卷下

導讀

《無量壽經》的版本

我們採用的版本，是《大正藏》第十二冊曹魏天竺三藏康僧鎧譯的《佛說無量壽經》。《無量壽經》，現存五個譯本，經題名字，各個不同。名字不同，其義無別。五個版本，分別如下：

第一種譯本，後漢月支國三藏支婁迦讖譯《佛說無量清淨平等覺經》。

第二種譯本，吳月支國居士支謙譯《佛說阿彌陀三耶三佛薩樓佛檀過度人道經》。

第三種譯本，曹魏天竺三藏康僧鎧譯《佛說無量壽經》。

第四種譯本，大唐三藏菩提流志奉詔譯《大寶積經無量壽如來會》。

第五種譯本，宋釋法賢譯《佛說大乘無量壽莊嚴經》。

除了以上五個譯本，又有夏蓮居居士據以上五個版本會集而成的版本，這個版本，比較流行，名曰《佛說大乘無量壽莊嚴清淨平等覺經》。

我們不採用夏蓮居居士的會集本。我們不贊成後人會集佛經的做法，即使後人會集得比較優秀，我們也是不贊成的。何以故？以防他人效仿，以防世上興起會集佛經的風氣。若是興起了會集佛經的風氣，那麼，就會有人會集佛經，標榜自己的會集，優於古代版本。某甲作一個會集，某乙亦作一個會集，乃至所有的人，皆作一個會集，各說自己的會集更加優秀。這種會集佛經的風氣，將會淡化古本佛經，故不可提倡會集佛經。所以，我們不採用夏蓮居居士的會集本。

五個譯本中，彌陀大願的數量，各個版本，不盡相同。漢、吳二個譯本是二十四願。宋譯本是三十六願。唯有曹魏康僧鎧的譯本與唐代菩提流志的譯本是四十八願。我們通常所說的彌陀四十八願，就是取自這兩個版本。

五個譯本中，曹魏康僧鎧譯《佛說無量壽經》，內容比較完整，文辭比較流暢，我們採用之。

佛教的世界觀與宗旨

佛教的世界觀，是唯心世界觀，然而，這個「心」，卻不是世間哲學所說的「心」。世間哲學所說的「心」，是指對客觀事物的「反映」，屬於生滅變化的主觀現相，而不是能現相的無相心體。按照佛教的心學觀，世間哲學所說的那個「心」——主觀反映，主觀現相，屬於「相」的範疇，或曰屬於「物」的範疇，而不是「現相的主體」——顯現萬相的心體。

佛教所說的這個「心」，是人人本具的妙明真心。這個妙明真心，普現萬相，能生萬法。這個普現萬相、能生萬法的妙明真心，就是佛教所說的佛，就是佛教所說的心，就是真實自我。經云：「無一眾生而不具有如來智慧，但以妄想顛倒執著而不證得。若離妄想，一切智、自然智、無礙智則得現前。」（《大方廣佛華嚴經》卷第五十一。《大正藏》第十冊，第二七二頁下。）這個人人本具的如來智慧德相，即是人人本具的自心實相，即是諸人真實的自己，即是映現萬相的妙明真心，即是佛教所說的圓照十方、光明無量的佛。

世間哲學所說的心，與佛教所說的心，名字雖同，實際有別。世間哲學所說的心，與佛教所說的心，其義不同，而作同論，且將自己的「唯心觀」比附到佛教上，這便是世人對佛教「唯心」的第一個誤解。世人以第一個誤解為邏輯起點，繼續展開後續的思想認識，那麼，後續的思想認識，那就成了誤解上的誤解。這樣理解的佛教，已經不是佛教的本義，而是研究者的思想。

依照佛教的立場，每個人皆有一個大千世界，每個大千世界皆有一尊佛。這一尊佛，就是我們的妙明真心。這一尊佛，就是我們的無相心體。這個無相心體與其中的無量萬相，就是佛教所說的大千世界。猶如大海水與其中的無量漚相，便是世人所說的大海。譬如一個城市裡居住著許多的人，依照世間哲學的立場，城市只是一個客觀的城市，大家共處其中。可是，依照佛教的立場，居住在這個城市裡的人，各有自己心中的那個城市，各有自己心中的具體內容。每個人的那個意義上的城市現相，也就成了這個人心中的無量萬相。此時，城市不再是客觀存在的「一」，而是主觀存在的「多」。也就是說，在諸人心中，各有自己的城市現相，及具體內容，所以叫做主觀存在的「多」。這時，城市也不再是一個「心外之物」，而是諸人心中的一個動態現相。

以「不生不滅的無相心體」為本位來看世界，這是佛教的世界。佛教所說的世界，就是指以「心」為本位的心體與法相的統一。譬如某甲的無相心體，以及其中的種種法相，即是某甲的大千世界，也是某甲的「法界全體」。某乙的無相心體，以及其中的種種法相，即是某乙的大千世界，也是某乙的「法界全體」，乃至所有的人，也都是依著他自己的無相心體，各成一個大千世界的，這也正是《華嚴經》上所說的「一花一世界，一葉一菩提」的宗教隱喻。

不識心體，昧卻真我，認某一現相為自己，將其他現相作他人，或他物，順己意則取，逆己意則捨，取不得則苦，捨不得亦苦，未得時患得，已得時患失，終日捕風捉影，將自己埋沒在患得患失的痛苦狀態裡，豈有天下太平？豈有極樂世界？迷己逐物，無繩自縛，是名娑婆世界，是名六道輪回。徹悟心性，究竟解脫，名極樂世界，亦名天下太平。

佛教文化的宗旨，旨在識得這個包羅萬相的「無相心體」，契合這個具足萬德的「自心真佛」，而不是向外找佛，而不是向外找彼岸，而不是向外找淨土。識得自心，即名見佛。

自心清淨，即名佛土淨。離此心外，更求別佛，恰似騎牛覓牛。離此心外，更求淨土，正是痴狂外走。佛是自心作，更莫向外求。土是清淨心，更莫向別處。自心廣大無邊，遍含萬相，十方世界，無量佛土，盡在諸人方寸之中。祖師云：「百千法門，同歸方寸。河沙妙德，總在心源。」方寸者，諸人之無相心體也。心源者，諸人之妙明真心也。無相真心體，即是妙明真心。名雖有異，實際相同。

無相心體，永恒常在，不隨某一現相的生而生，不隨某一現相的滅而滅，猶如大海水，不隨某一漚相的生而生，不隨某一漚相的滅而滅。每一個漚相，皆是海水的現相，漚相的本質就是海水。同樣，每一個心相，皆是心體的現相，心相的本質就是心體。當人見到了這個心體，即是見佛，見了彌陀。當人回歸了這個心體，即是往生，亦名到了彼岸。這個佛，正是萬物皆備的我，正是廣大無邊的自我。這個彼岸，正是覺悟了的當下，正是原本的自己。

法法歸淨土

淨宗學人常常引用文殊菩薩、普賢菩薩的偈語，勸令學人往生淨土。文殊菩薩偈云：「願我命終時，滅除諸障礙，面見阿彌陀，往生安樂刹。」普賢菩薩偈云：「願我臨欲命終時，盡除一切諸障礙，面見彼佛阿彌陀，即得往生安樂刹。」淨宗學人，見此偈語，自生妄想，他們以為，文殊普賢，諸菩薩之上首，尚且往生彼佛國土，我等學人何由不生？

問題是，彼佛是誰？彼佛若是他，往生彼佛國土則成串門，而不是回家。彼佛若是自性，往生彼佛國土則實不往矣。所以者何？往生只是回歸自性的宗教隱喻，而不是捨此取彼，向外求生。蓮池大師云：「以生于自心，故不往而往，名為往生。」又云：「《華嚴》重重法界，不出一心。《楞嚴》十方虛空，皆汝心內。是知極樂之生，生乎自心。心無界限，則無西無東，去至何所？」（《阿彌陀經疏鈔》卷第四。《卍續藏》第二十二冊，第六六八頁上。）

以此而論，一切萬法，皆歸淨土，一切眾生，皆歸自性。何以故？彼佛者，彼岸之佛也。彼岸在哪裡？回頭是岸。無量壽佛，或曰阿彌陀佛，當人自性也。蕅益大師云：「念自性彌陀，生唯心淨土。合觀之，是心作佛、是心是佛、心外無佛、佛外無心之義明矣。」（《淨土十要》卷第一。《卍續藏》第六十一冊，第六五九頁上。）蓮池大師云：「念空真念，生入無生。念佛即是念心，生彼不離生此。心佛眾生一體，中流兩岸不居。故謂自性彌陀，唯心淨土。」（《阿彌陀經疏鈔》卷第二。《卍續藏》第二十二冊，第六〇六頁中。）

諸佛教典，既有表面義，更有深層義。表面義者，表義之工具也。可惜，諸多學人，依表面義而想，依表面義而行，把表面義當作真實義，將指月的指頭當作月亮，不達如來本性懷。譬如，把無量壽佛當作心外之佛，把文殊、普賢當作心外之菩薩，把極樂淨土世界當作心外之國度，這都是望文生義，胡亂修行。

無量壽是誰？彼佛國土又在哪裡？文殊是誰？普賢又是誰？依照佛教的真實義，離心之外，尚且無佛，離心之外，豈有文殊普賢？將無量壽作他，將凡夫作自己，以我求他，求生他方，如此見解，路途已錯，豈能往生彼佛國土？

無量壽是諸人的妙明真心，文殊是自心的般若大智，普賢是自心的無住妙行。乃至無量菩薩，皆是諸人心上的無量妙用。佛是自心體，菩薩是妙用，體用一如，原本不二。

普賢表大行，文殊表大智。諸人肯大行否？若肯大行，普賢十大願，正是自家的心聲，自己便是因地普賢。待到悟心時，即是果地普賢。諸人肯大智否？若肯大智，覺性遍照，正是自性的光輝，自己便是因地文殊。待到悟心時，即是果地文殊。離心說法，即是外道。離心說菩薩，則非佛法。一切菩薩，皆是自家心上的妙用，離此心外，別無菩薩。

行大慧，行大行，如是而行，如是精進，待到積蘊成熟時，觸著便得心開，當下即到彼岸。悟了自心，到了彼岸，文殊便是登地文殊，普賢便是登地普賢，一切菩薩皆是登地菩薩。登地之地，不是塵土之地，不是物理空間的某個地方，而是諸人自家的心地。諸佛所說，只這一地。《法華經》云：「唯此一事實，餘二則非真。」這一地，亦名無量壽如來極樂國土，亦名藥師如來極樂國土，亦名釋迦如來極樂國土，亦名自性如來極樂國土。名有千般，實無二致。這裡若錯了，塵劫修行，不得見佛。

自性淨土而不往生，卻要向外求生他方，古今聖賢，無有如此成就的。自心不淨，十方娑婆。自心若淨，十方淨土。往生淨土，即是回歸自性。面見彼佛，即是證悟自性。過去諸如來，當下諸如來，未來諸如來，皆是證悟自性的人，皆是回歸自性的人。

淨土不在別處，淨土即是諸人的自性。彼佛不是他人，正是諸人的妙明真心。若人試圖在茫茫宇宙之中，找到一個圓滿的神佛，找到一個清淨的地方。如此見解，如此修行，則愈解而縛愈堅，愈行而路愈遠。愈縛愈堅，愈行愈遠，何由得達彼岸？何由得見彌陀？

回歸自性，即是往生淨土。覺悟本來，即是親見彼佛。如是而解，如是而行，則三世諸佛，無量菩薩，人天大眾，悉皆護念。三世諸佛，無量菩薩，人天大眾，究竟是誰？切莫妄想，皆是自家心中的功德莊嚴。

末法時代，淨土法門

末法時代，唯有念佛，得佛接引，往生淨土，方能獲得解脫。這幾乎成了淨宗行人的普遍信仰。然而，如何是末法時代？如何是淨土？如何是念佛？若不把這三個問題說清楚，那麼，錯誤的末法觀，錯誤的淨土觀，錯誤的念佛觀，便不能給人們帶來佛法的利益。今結合淨宗祖師的開示，說說末法、淨土、念佛的真實含義。

問：如何是末法？

答曰：按照通常的說法，釋迦佛滅度之後，正法住世五百年，像法住世一千年，末法住世一萬年。佛教演變的三段分法，是根據佛法修行的下手處而判定的。

心地法門，心地修行，這個時代，即是正法時代。

執著佛理，執著表象，這個時代，即是像法時代。執著偶像，求佛保佑，這個時代，即是末法時代。

正法、像法及末法，也不可看得太死板。何以故？正法時代，也有像法，也有末法。像法時代，也有正法，也有末法。末法時代，也有正法，也有像法。譬如，釋迦在世時，有依教奉行而證成大道的，也有迷於幻塵而沉淪三界的。在當今時代，有依教奉行而證成大道的，也有求佛保佑、著相修行的。總之，立足於「正」，則是正法。立足於「像」，則是像法。立足於「末」，則是末法。

立足於「正」，就是立足於自性，就是立足於心地法門，於自家心地上用功修行。立足於「像」，就是立足於表相，就是執著於佛教名相，於諸佛名相中而求佛法。立足於「末」，就是立足於末邊，就是執著於佛教偶像，捨心向外，求他保佑。

問：如何是淨土？

答曰：經云：「心不顛倒，即得往生。」可見，心不顛倒處，即是淨土。心若顛倒，即是穢土。蓮池大師云：「不顛倒處，全身坐極樂蓮台。顛倒才生，應念住娑婆國土。即心即土，即土即心，西方去此不遠。」（《阿彌陀經疏鈔》卷第四。《卍續藏》第二十二冊，第六六八頁下。）心外求土，心外求佛，則西方去此遙遠，何由到達？

蓮池大師云：「世出世間，無一法出于心外。淨土所有依報正報，一一皆是本覺妙明。譬之瓶環釵釧，器器唯金。溪澗江河，流流入海。無不從此法界流，無不還歸此法界也。回向菩提者，凡所修為，咸願往生，是名回向。而向無他向，回向西方者，回向自性也。」（《阿彌陀經疏鈔》卷第一。《卍續藏》第二十二冊，第六〇八頁上。）

延壽大師云：「十方諸佛，同一法身。若欲念外施功，心外求佛，便落他境，無有得時，遂即前后情生，凡聖緣起，徒經時劫，枉用功夫。」（《宗鏡錄》卷第二十三。第四十八冊，第五四〇頁下。）

可見，自性即是淨土，淨土即是自性。往生淨土，即是「生于自心，故不往而往，名為往生」。離此自性，往至何處？親見彌陀，又見阿誰？

問：如何是念佛？

答曰：念者，憶念也，回歸也。佛者，自心也，妙明真心也。未見佛時，執持名號，一心專注，此是悟前念佛。見佛之後，念念無住，句句空相，是名悟後念佛。蓮池大師云：「本無生滅，何有憶忘？體絕去來，誰成今昨？一亦不為一，多尚奚存？定且無定形，亂將安寄？如斯會得，終日念佛，終日念心。終日念心，終日無念。即心即佛，非佛非心，是則名為真念佛者。」（《阿彌陀經疏鈔》卷第三。《卍續藏》第二十二冊，第六四四頁中下。）可見，念佛即是念心，念心即是念佛，即心即佛，心佛不二，如是而念，是真念佛。

即今持名念佛的人，寄望他力，求他接引，遂生依賴，遂生懶惰，故一生念佛，不得見佛。待到氣斷命絕時，業境現前，不辨真實，則又隨業力，繼續流浪。

假他力而顯自心，從有念而入無念，此是大悲方便。學人不辨真實，把他力當作自力之外的事，把有念當作無念之外的事，結果，落於他力，陷入有念，終成繫縛，不得解脫。蕅益大師云：「此之法門，全在了他即自。若諱言他佛，則是他見未忘。若偏重自佛，卻成我見顛倒。」（《淨土十要》卷第一。《卍續藏》第六十一冊，第六五五頁中。）可見，自他不二，心佛是一，念佛即是念心，念心即是念佛，持名念佛，念念自觀，此是念佛法門的總則，故《心經》開章明宗曰「觀自在」。若觀自在，即是菩薩。若觀他在，則成凡夫。

《無量壽經》的宗旨

佛教經典，千般言說，萬般指示，只為一件根本大事。這一件根本大事，就是「諸佛如來，但教化菩薩，諸有所作，常為一事，唯以佛之知見，示悟眾生」。（《妙法蓮華經》卷第一。《大正藏》第九冊，第七頁上中。）佛之知見，即是自性見。契入自性，即是入佛之知見。

明心見性是佛教的根本大事，千經萬論，皆圍繞著明心見性而展開。淨土宗也圍繞著明心見性而展開。淨土宗說的見佛，就是見性的象徵性表達。蓮池大師云：「自性彌陀，惟心淨土，為一經大旨也。」（《阿彌陀經疏鈔》卷第二。《卍續藏》第二十二冊，第六二四頁上。）既然「自性彌陀，惟心淨土」，那麼，親見彌陀，即是親證自性，往生淨土，即是回歸自性。蓮池大師云：「終日念佛，終日念心。熾然往生，寂然無往矣。」（《阿彌陀經疏鈔》卷第一。《卍續藏》第二十二冊，第六〇六頁中。）何以故？「回向西方者，回向自性也。」（《阿彌陀經疏鈔》卷第一。《卍續藏》第二十二冊，第六〇八頁上。）「阿彌陀佛全體是當人自性。」（《阿彌陀經疏鈔》卷第一。《卍續藏》第二十二冊，第六〇四頁下。）

離開了明心見性（花開見佛）這一根本宗旨，說功夫，論境界，無論說得多麼玄妙，皆非佛法。以明心見性（花開見佛）為宗旨，則一切方便，一切說教，皆是佛法，所謂拈一莖草作丈六金身，將丈六金身作一莖草，橫拈豎捏，皆是接引眾生的妙法。法無定法，隨緣而施，只為眾生覺悟自性。悟了自性，順性起用，即是佛之妙用，亦名菩薩。昧卻自性，背覺合塵，即是六道輪回，亦名凡夫。

諸人學佛，若能諦信，此心即是無量壽，無量壽即是此心，則不經遍學，多劫苦修，當下即得花開見佛。具此正信，執持名號，一心專注，若一日，若二日，乃至七日，便能花開見佛，當下往生，更不待氣斷命絕，求他施功。可見，《無量壽經》的宗旨，即是明悟自心，當下往生。

諸佛經典，皆以一實相印為宗，即使小乘佛教的三法印，也不以三法印作為最後的落腳處，三法印的指歸之處，依然是這個一實相印。所謂「唯有一乘法，無二亦無三」。若不以一實相印為宗，則不名佛法。《無量壽經》，亦復如是。

佛教經典，因緣不同，名相各異，然而，千經萬論，宗旨不二，皆是令人覺悟自心實相。《無量壽經》的宗旨，就是親證自性彌陀，親證自性無量壽。

這個無量壽，這個彼佛國土，不在別處，只在諸人六根門頭上放大光明，他就是我們的本覺光明。這個本覺光明，不住任何一方，不住任何一位，故謂之大光明。這個本覺光明，不生不滅，無始無終，故謂之無量壽。這個本覺光明，超越彼此，絕待無對，故謂之彼佛國土。彼佛不在別處，夢裡尋他千百度，驀然回首，那人卻在燈火闌珊處。

《無量壽經》的指歸之處，以壽作喻，名曰無量壽。以光作喻，名曰無量光。以國作喻，亦名安樂國。或名無量壽，或名無量光，或名安樂土，名雖有異，實則相同。千般指示，萬般譬喻，指歸之處，皆是諸人當下的這段無始自然風光，亦名清淨平等覺性。

佛經的七種立題

佛經的題目，各有不同，然而，不同的題目，卻有著共同的指示。這個共同的指示，就是人人皆有的無相真心，亦名妙明真心，亦名清淨平等覺性。《阿彌陀經》指示這個妙明真心，《涅槃經》指示這個妙明真心，《梵網經》指示這個妙明真心，《文殊問般若經》指示這個妙明真心，《妙法蓮華經》指示這個妙明真心，乃至所有的佛經，皆指示這個妙明真心，所謂「東方有聖人，西方有聖人，此心同，此理同」，絕不是這部佛經指示這個「理」，那部佛經指示那個「理」，各部佛經各有指示。「此心」，或曰「此理」，佛教稱之為「法身」，「世尊」，「佛」，「如來」，中國本土文化稱之為「太極」，「天理」，「良知」，「道」，《無量壽經》

稱之為「無量壽」，「彼佛」。古今中外之聖賢，皆指示這一個，更無二說。

概括起來，佛經題目，有七種譬喻，所謂「七種立題」是也。七種立題，如下：

一、單人立題，就是用一個人，作為一部經的題目，指示這個妙明真心。譬如《無量壽經》。無量壽是人。《無量壽經》用「無量壽」作為這部經的題目，譬喻這個妙明真心。

二、單法立題，就是用一個法，作為一部經的題目，指示這個妙明真心。譬如《涅槃經》。涅槃是法。《涅槃經》用「涅槃」作為這部經的題目，譬喻這個妙明真心。

三、單喻立題，就是用一個物，作為一部經的題目，指示這個妙明真心。譬如《梵網經》。梵網是物。《梵網經》用「梵網」作為這部經的題目，譬喻這個妙明真心。

四、人法立題，就是用人和法，作為一部經的題目，指示這個妙明真心。譬如《文殊問般若經》。文殊是人，般若是法。《文殊問般若經》用「文殊」和「般若」作為這部經的題目，譬喻這個妙明真心。

五、法喻立題，就是用法和物，作為一部經的題目，指示這個妙明真心。譬如《妙法蓮華經》。妙法是法，蓮華是物。《妙法蓮華經》用「妙法」和「蓮華」作為這部經的題目，譬喻這個妙明真心。

六、人喻立題，就是用人和物，作為一部經的題目，指示這個妙明真心。譬如《如來師子吼經》。如來是人，師子吼是物。《如來師子吼經》用「如來」和「師子吼」作為這部經的題目，譬喻這個妙明真心。

七、具足立題，就是用人、法、物，作為一部經的題目，指示這個妙明真心。譬如《大方廣佛華嚴經》。大方廣是法，佛是人，華嚴是物。《大方廣佛華嚴經》用大方廣、佛、華嚴作為這部經的題目，譬喻這個妙明真心。

佛經題目眾多，皆不出這七種立題。七種立題，悉皆指示這個妙明真心。經文中的詳細說明，也是運用種種比喻指示這個妙明真心，以及證悟這個妙明真心的種種方法。若不指示這個妙明真心，則非佛法。

《無量壽經》釋名

佛者，法身也，自性也。佛說，就是法身之說，就是自性之說。經云：「應化非真佛，亦非說法者。」說法的是法身，說法的是自性，說法的是妙明真心。

問：佛經不是釋迦牟尼佛說的嗎？

答曰：《金剛經》云：「若以色見我，以音聲求我，是人行邪道，不能見如來。」《集一切福德三昧經》云：「佛如來者，都不可以色身所見、不可以三十二相所見、不可以諸好而見。」說法的是誰？聞法的是誰？唯此一心，更無他人。此一心，即是諸佛法身。此一心，即是眾生本真。此一心，即是說法聽法的人。臨濟祖師云：「是什麼解說法聽法？是爾目前歷歷底勿一個形段孤明，是這個解說法聽法。若如是見得，便與祖佛不別。」（《鎮州臨濟慧照禪師語錄》。《大正藏》第四十七冊，第四九七頁中下。）真正的釋迦佛，只是這個。無量壽佛，亦是這個。乃至一切諸佛，皆是這個。《華嚴經》云：「一切諸佛，同一法身。」蕅益大師云：「佛知佛見無他，眾生現前一念心性而已。」（《靈峰蕅益大師宗論》卷第二。《嘉興藏》第三十六冊，第二八七頁中。）徹悟大師云：「現前一念心性，本與佛同體。」（《徹悟禪師語錄》卷上。《卍續藏》第六十二冊，第三三九頁下。）

問：佛說什麼？

答曰：十方三世佛，只說無量壽。無量壽，不生滅，若有生滅，則壽量有涯，不可謂之無量壽。

問：無量壽是誰？

答曰：無量壽是法藏比丘的本來面目，也是法界眾生的本來面目。所以說，《無量壽經》是指示眾生本來面目的一部經典。

問：法藏比丘成佛時，名無量壽。法藏比丘未成佛時，還有無量壽麼？

答曰：法藏比丘生時，無量壽佛未曾生。法藏比丘滅時，無量壽佛未曾滅。無量壽佛，不因法藏比丘的生而生，不因法藏比丘的滅而滅，無量壽佛只是諸人自家的能生萬法的覺性妙體，法藏比丘，及一切眾生，皆是他的化現。

法藏比丘迷時，無量壽佛未曾迷。法藏比丘悟時，無量壽佛未曾悟。無量壽佛，不因法藏比丘的迷而迷，不因法藏比丘的悟而悟，無量壽只是諸人自家的無迷無悟的妙明真心。

無量壽佛，不生不滅。無量壽佛，不迷不悟。法藏比丘成佛，只是法藏比丘回歸了自家的無量壽佛，只是法藏比丘回歸了自家的覺性妙體。

若言無量壽佛是法藏比丘修成的，那麼，法藏比丘未成佛時，豈不是沒有無量壽佛？若言無量壽佛是法藏比丘修成的，那麼，法藏比丘成佛之時，豈不是無量壽的開始？既有開始，則有終結。有始有終，則壽量有涯。壽量有涯，則非無量壽矣。

無始無終，無生無滅，遍含三世，普照十方，是名無量壽。世上之物，皆有生滅，無有一事，而能恒常，故云過眼雲烟。一切萬法，皆有隱現，無有一法，常在目前，故云夢幻泡影。

無量壽佛，即是我們的妙明真心，他不生不滅，無形無相，歷歷孤明，遍含十方。這個妙明真心，能為萬相主，不逐四時凋，故名無量壽。

四季交替，日月輪轉。妙明真心，恒在目前。妙明真心，既不隨春花而去，也不隨涼風而來。既不隨秋月而去，也不隨冬雪而來。妙明真心，月來現月，雪來現雪，花來現花，風來現風，了了常明，永恒常在。

諸人的妙明真心，即是無量壽。無量壽，即是諸人的妙明真心。名雖有異，實則不二。蕅益大師云：「彌陀（無量壽）名號，即眾生本覺理性。」這裡所說的本覺理性，即是妙明真心。延壽大師云：「欲發心入道，先須識自本心。心者，萬法眾生之本，三世諸佛祖、十二部經之宗。雖即觀之，不見其形，應用自在，所作無礙，洞達分明，了了無異。若未識者，以信為先。信者信何物？信心是佛。無始無明，輪回生死，四生六道，受種種形，只為不敢認自心是佛。若能識自心，心外更無別佛，佛外無別心，乃至舉動施為，更是阿誰？除此心外，更無別心。若言別更有者，汝即是演若達多，將頭覓頭，亦復如是。千經萬論，只緣不識自心。若了自心本來是佛者，一切唯假名，況復諸三有？」（《宗鏡錄》卷第九十八。《大正藏》第四十八冊，第九四三頁中。）既然自心是佛，那麼，無量壽佛即是自家的妙明真心。此心即是無量壽，無量壽即是此心，離此心外，更無別佛，離此心外，豈有無量壽？若言離心有佛，則純屬造影自惑，自誑無益。

《無量壽經》用「無量壽」表義，表眾生的本覺理性，表眾生的妙明真心，是故《無量壽經》是指示人們回歸自性無量壽的一部佛經。

經者，上契諸佛之理，下合眾生之機，契理合機之教，即名為經。釋迦真相，不別諸人。諸人真相，正是釋迦。若如是見得，即名心心相印，即名花開見佛。心心相印，見同佛見，說同佛說，書之成文，即名佛經。

經，又分有字經與無字經。有字經，即是指示無量壽的文字教典，亦名指示自心實相的文字教典。無字經，即是文字教典所指示的那個自心實相，亦名法性身，亦名無量壽。

卷上

心心相印，具足莊嚴

我聞如是❶，一時❷，佛住王舍城❸耆闍崛山❹中，與大比丘❺眾，萬二千人俱，一切大聖，神通已達，其名曰，尊者了本際，尊者正願，尊者正語，尊者大號，尊者仁賢，尊者離垢，尊者名聞，尊者善實，尊者具足，尊者牛王，尊者優樓頻蠡迦葉，尊者伽耶迦葉，尊者那提迦葉，尊者摩訶迦葉，尊者舍利弗，尊者大目揵連，尊者劫賓那，尊者大住，尊者大淨志，尊者摩訶周那，尊者滿願子，尊者離障閡，尊者流灌，尊者堅伏，尊者面王，尊者果乘，尊者仁性，尊者喜樂，尊者善來，尊者羅云，尊者阿難，皆如斯等上首者也。

又與大乘❻眾菩薩俱，普賢菩薩，妙德菩薩，慈氏菩薩等，此賢劫中一切菩薩。

又賢護❼等十六正士❽，善思議菩薩，信慧菩薩，空無菩薩，神通華菩薩，光英菩薩，慧上菩薩，智幢菩薩，寂根菩薩，願慧菩薩，香象菩薩，寶英菩薩，中住菩薩，制行菩薩，解脫菩薩，皆遵普賢大士之德，具諸菩薩無量行願，安住一切功德之法，遊步十方❾，行權方便，入佛法藏，究竟彼岸❿，於無量世界，現成等覺⓫。

【章　旨】聞性遍十方，聞者即是我。一時表當下，當下是圓覺。靈山法會中，比丘與菩薩。自性妙體中，萬德悉具足。

【注　釋】❶我聞如是　或云如是我聞，即與佛心心相印，佛我不二，表代佛宣教之資格。我，即最尊之我。聞，即妙明真心。如，即如如之體。❷一時　這時，或曰當下，並不特指某段時間。當下相應，當下即是「一時」。若不相應，對面亦成千里。❸王舍城　音譯為羅閱只、曷羅闍姞利、羅閱揭梨醯等，此是個表法，故用意譯之法，譯為王舍城。顧名思義，也就是王居之處。❹耆闍崛山　又作只闍崛山、耆闍多山、崛山。意譯為靈鷲山、鷲頭、靈山。❺大比丘　受了具足戒的人，稱為比丘。受了具足戒的德高望重的人，稱為大比丘。比丘含有乞士、破惡、怖魔等義。一、乞士。從諸佛乞法，以資修道。從俗人乞食，以資色身。二、破惡。勤修戒定慧，破除貪嗔痴。三、怖魔。誓願出三界，破除諸魔障，使得魔宮震動，魔王恐怖。❻大乘　梵語摩訶衍，華譯為大乘，即菩薩的法門，以救世利他為宗旨，最高的果位是佛果。❼賢護　梵名曰颰陀，跋陀和，跋陀婆羅，跋陀羅波梨。或曰賢護長者，賢護菩薩，賢護大士，在家之菩薩也。❽正士　菩薩之異稱。即離卻迷執邪見，正見法理而求正道之大士。❾十方　佛經說的十方，不是物理十方，而是自性十方。自性是個無形無相的圓覺妙體，普照十方，遍含萬相，故用東、西、南、北、東南、東北、西南、西北、上下作表示。❿彼岸　迷即此岸，悟即彼岸。世間所說的彼岸，是此岸對面的那一岸。佛教所說的彼岸，不是此岸對面的那一岸，而是回過頭來、悟得自性的那個超然境界。⓫成等覺　就是成就無上正等正覺，就是圓滿成佛。等正覺，是無上正等正覺的簡稱。

【語　譯】如是我聞，一時，佛在王舍城耆闍崛山，與大比丘眾，一萬二千人，同聚一會。諸大比丘，神通具足，其名曰：尊者了本際，尊者正願，尊者正語，尊者大號，尊者仁賢，尊者離垢，尊者名聞，尊者善實，尊者具足，尊者牛王，尊者優樓頻蠡迦葉，尊者伽耶迦葉，尊者那提迦葉，尊者摩訶迦葉，尊者舍利弗，尊者大目揵連，尊者劫賓那，尊者大住，尊者大淨志，尊者摩訶周那，尊者滿願子，尊者離障閡，尊者流灌，尊者堅伏，尊者面王，尊者果乘，尊者仁性，尊者喜樂，尊者善來，尊者羅云，尊者阿難，如是等比丘，皆佛大弟子。

又有大乘諸大菩薩，普賢菩薩，妙德菩薩，慈氏菩薩等，賢劫中一切菩薩。

又有賢護等十六位大士，其名曰：善思議菩薩，信慧菩薩，空無菩薩，神通華菩薩，光英菩薩，慧上菩薩，智幢菩薩，寂根菩薩，願慧菩薩，香象菩薩，寶英菩薩，中住菩薩，制行菩薩，解脫菩薩，此諸菩薩，普賢眷屬，此諸菩薩，具足一切行願，具足一切功德，普應十方，隨緣度眾，皆令眾生，契入實相，究竟解脫，於無量世界，示現成佛。

【釋義】佛經首句，「我聞如是」，或「如是我聞」，自古以來，多有誤解。今日流行的「我阿難親自聽佛這樣說」，便是對「我聞如是」的妄生意解。

釋迦成道二十年，阿難尊者出家。又經十年，阿難尊者作侍者。阿難尊者作侍者之前的三十年，佛所說的法，阿難尊者又是如何「我聞如是」的呢？

有人說，三十年前，佛所說的法，阿難未聞，為了讓佛法流傳後世，釋迦又為阿難重說一遍。如此而說，是大妄語。釋迦，若是重說一遍的釋迦，那麼，釋迦便不是大徹大悟的佛陀。阿難，若是記言記語的阿難，那麼，阿難便不是傳佛心印的祖師。

《金剛經》記載：「世尊食時，著衣持鉢，入舍衛大城乞食。于其城中，次第乞已，還至本處。飯食訖，收衣鉢，洗足已，敷座而坐。」這段經文，佛未開口，阿難尊者，如何「如是我聞」？

《楞嚴經》中，阿難遭大幻術，入於淫室，不得出離。世尊覺知，放百寶光，化千葉蓮，敕令文殊，救拔阿難。世尊在祇桓精舍放百寶光，阿難在世間淫室遭大幻術。釋迦放百寶光，阿難又如何聞？光用眼見，何以耳聞？

佛於最初成道日，二十一日說《華嚴》。《華嚴》經卷，遍滿宇宙，書之不盡。龍樹菩薩，深入龍宮，取出八十一卷《華嚴》，只如大海一滴。《華嚴》經卷，無量無邊，釋迦如何說？阿難如何聞？莫非釋迦語速極快？莫非阿難記憶極強？若是這樣，釋迦便是天生的釋迦，阿難便是天生的阿難，凡夫便是天生的凡夫。既然如此，凡夫則不得成佛。

問：如何是「我聞如是」？

答曰：「我聞」表十方，所謂「心聞洞十方」。「如是」表本然，所謂「清淨本然，周遍法界」。自性洞徹十方，是「我聞如是」的義。自性不離當下，是「一時」的義。自性不離世間，是「佛住王舍城耆闍崛山」的義。

若能見得自性，則聞亦如是，見亦如是，一切作用，悉皆如是。若也昧卻自性，則見色著相，尋聲逐響，一切作用，皆不如是。

「我聞如是」，標誌著心心相印，自他不二，標誌著佛即是我，我即是佛。心心相印，自他不二。佛即是我，我即是佛，故能宣說佛教。

問：如何是「一時」？

答曰：「一時」，表當下，所謂「當下即是」。這個「一時」，這個「當下」，豎窮三際，橫遍十方。過去、現在、未來，塵沙劫事，於此當下，全體顯現。東西南北，四維上下，無量萬相，盡在其中。惠能大師云：「不思善，不思惡。正與麼時，那個是明上座本來面目。」正與麼時，即是「於此當下」。於此當下，這個了了常明、一塵不染的，正是諸人的本來面目，正是諸人的無量壽。這個本來面目，這個無量壽，有體有用，有主有眾。主者，佛也，體也，自性也，真心也。眾者，聲聞也，菩薩也，莊嚴也，妙用也。佛與大眾，聚會一堂，體與妙用，一體如如。這個不是別人，正是諸人「本真的自己」。還見這個「本真的自己」麼？

問：王舍城耆闍崛山，在什麼地方？

答曰：諸佛說法，不離自心。離心說法，即同魔說。既然如此，王舍城耆闍崛山，又在什麼地方？豈在心外？自心是佛，廣大無邊，聖眾是自心中的聖眾，人天是自心中的人天，王舍城是自心中的王舍城，耆闍崛山是自心中的耆闍崛山。總之，凡有言說，皆是比喻。所喻之事，盡在人心。

王舍城，是個比喻，比喻法王居住的大城。王者，法王也。舍者，住處也。城者，國土也。法王居住的大城，比喻諸佛居住的地方。

耆闍崛山，漢譯靈鷲山，簡稱靈山。靈，即靈妙無比的自性。鷲，亦名雕，禽中之大雄。靈鷲，比喻法界大雄。法界大雄即是諸佛，法界大雄即是「本真的自己」。

《西遊記》也有這樣的比喻。猴王問樵夫道：「望你指與我那神仙住處，卻好拜訪去也。」樵夫道：「不遠，不遠。此山叫做靈台方寸山，山中有座斜月三星洞，那洞中有一個神仙，稱名須菩提祖師。」靈台方寸山，靈山也，心也。斜月三星洞，打一字迷，正是這個「心」字。

《無量壽經》的道場，即是靈山，即是自心。這個廣大無邊的妙明真心，是三世諸佛的住處，也是十方菩薩往生的淨土。《大智度論》云：「是耆闍崛山，諸佛所住處，聖人所止息，覆蔭一切故。」（《大智度論》卷第三。《大正藏》第二十五冊，第七十九頁中。）諸佛教典，只言唯心淨土，自性彌陀。蕅益大師云：「念自性彌陀，生唯心淨土。合觀之，是心作佛、是心是佛、心外無佛、佛外無心之義明矣。」（《淨土十要》卷第一。《卍續藏》第六十一冊，第六五九頁上。）可惜，迷人不識自性靈光，向外尋覓諸佛道場，故有告誡云：「佛在靈山莫遠求，靈山只在汝心頭。人人有個靈山塔，好去靈山塔下修。」蓮池大師云：「直下頓了，此心本來是佛，無一法可得。此是無上道，此是真如佛。學道人只怕一念有，與道隔矣。」（《雲棲大師遺稿》。《嘉興藏》第三十三冊，第一一九頁中。）

靈鷲山，不是石頭山。可惜，迷人不知佛義，以為有座石頭山，佛在世時，曾在那座石頭山上說法度眾生，因此，朝拜那座石頭山，以為這樣便會得到佛力加持。猶如有人，以為有棵菩提樹，佛在那棵菩提樹下降魔成佛，因此，朝拜那棵菩提樹，以為這樣便會得到佛力加持。豈不知，菩提樹不是木頭樹，靈鷲山不是石頭山。菩提樹是個比喻，比喻諸人普照萬相的自性心光。靈鷲山也是個比喻，比喻諸人靈妙無比的本覺光明。既然靈鷲山是自家的自性，那麼，我們又要到哪裡去見佛？既然菩提樹是自家的智慧，我們又要到哪裡去打坐？諸佛坐道場，只是安住他自己的本位。諸佛於菩提樹下降魔成佛，也只是在他自性光明的護持下降服中心的顛倒妄想，而證得自己的自心實相。

「我聞如是，一時，佛住王舍城耆闍崛山」。這段經文告訴我們，佛不在別處，這個能聽能聞的便是。這個聞性，即是「遍含萬相的我」，即是「能生萬法的我」，即是「本自清淨的我」，即是諸人的本來面目。

「若欲求佛但求心，只這心心心是佛。」延壽大師云：「只為不信自心是佛，向外馳求。若中下根，權令觀佛色身，系緣粗念，以外顯內，漸悟自心。若是上機，只令觀身實相，觀佛亦然。如《佛藏經》云：『見諸法實相，名為見佛。』」（《宗鏡錄》卷第十七。《大正藏》第四十八冊，第五〇六頁上。）

這個「心」，即是「我聞如是」的「我」，即是「唯我獨尊」的「我」，即是「萬物皆備的「我」」。

問：佛與大比丘眾，萬二千人。又有菩薩，無量無邊，一時來會。比丘，菩薩，人天大眾，如此眾多，道場多大，方能容納？佛子問法，佛陀解答，如此眾多的大眾，又如何得聞？難道是用神通說？難道是用神通聞？

答曰：切莫妄想，無量比丘，無量菩薩，無量人天，只在諸人方寸之間。諸人方寸，蓋天蓋地，無一物而在方寸之外。

蓮池大師云：「自性萬善同歸，是同會一處義。」又云：「百川會于一海，眾景會于一空。諸上善人，不會此之一處，而將奚會？」（《阿彌陀經疏鈔》卷第三。《卍續藏》第二十二冊，第六五七頁上中。）廣大無邊的自性，具足萬德的自性，此是無量大眾「同聚一會」的靈山道場。

六祖惠能云：「凡愚不了自性，不識身中淨土，願東願西，悟人在處一般。」「心地但無不善，西方去此不遙。若懷不善之心，念佛往生難到。」（《六祖大師法寶壇經》。《大正藏》第四十八冊，第三五二頁上。）

蓮池大師云：「十大聲聞，皆是自心十善法數。毗曇偈云：『欲想更樂慧，念思及解脫，作意于境界，三摩提以痛。』是知大迦葉者，心欲數，以志存出要，善欲心發，舍世惡欲故。富樓那者，心想數，以想則分別，辯才無礙故。迦旃延者，更樂數，以問答往復，更相涉入，論議不窮故。乃至慧舍利弗，念優波離，思羅睺羅，解脫善吉，作意那律，三摩目連，痛阿難等。痛者，受也，領納意也。王必具數，數必歸王。此二相扶，而取開悟。若王若數，不出自心。但得一心，王數俱盡。」（《阿彌陀經疏鈔》卷第二。《卍續藏》第二十二冊，第六三〇頁下。）

即心即佛，即佛即心，離此心外，尚且無佛，離此心外，豈有比丘？離此心外，豈有菩薩？延壽大師云：「若不歸一心解，安獲無限功德？以無量功德，即一心具足。若離心所見，皆不圓滿，悉成邪倒。設具行門，皆成分限。」（《宗鏡錄》卷第九十九。《大正藏》第四十八冊，第九五一頁下。）

諸大比丘，諸大菩薩，十六正士，不離此心，盡是諸人，一心具足。諸大比丘，離欲之德。諸大菩薩，妙行之德。十六正士，普賢之德。祖師云：「百千法門，同歸方寸，河沙妙德，總在心源。一切戒門，定門慧門，神通變化，悉自具足，不離汝心。」（《景德傳燈錄》卷第四。《大正藏》第五十一冊，第二二七頁上。）

問：於自心中，諸大比丘，各表什麼？

答曰：諸大比丘，各有所表。「尊者了本際，尊者正願，尊者正語，尊者大號，尊者仁賢，尊者離垢，尊者名聞，尊者善實，尊者具足，尊者牛王」等，表了本際、正願、正語、大號、仁賢、離垢、名聞、善實、具足、牛王之德也。

我們學佛，本際否？正願否？正語否？大號（大德）否？仁賢否？離垢否？名聞（讚歎）否？善實（真實）否？具足（萬德）否？牛王（大力）否？若也不具如此功德，即使對面釋迦，也只能見他吃喝拉撒，如同常人，而不能親臨靈山法會，與諸佛聖眾，同聚一堂。靈山法會，儼然未散。釋迦與大眾，正說無量壽。諸人還見麼？若也不見，莫說他人無神通，只怪自己眼未開。

尊者優樓頻蠡迦葉，表護持佛法也。伽耶迦葉，表教化眾生也。那提迦葉，表精進修行也。摩訶迦葉，表自性光明也。尊者舍利弗，表智慧通達也。尊者目揵連，表遊戲神通也。阿難尊者，表聽聞佛法也。

諸大比丘，各有所表。所表之德，盡在方寸。不可心外見佛，不可心外見比丘。心外見佛，心外見比丘，則永不得見。蕅益大師云：「心外見佛，即成魔境。以心外無一法可得故。」（《淨土十要》卷第十。《卍續藏》第六十一冊，第七六四頁中。）蓮池大師云：「佛雖至極，惟心即是。」（《阿彌陀經疏鈔》卷第一。《卍續藏》第二十二冊，第六〇五頁下。）

諸學道人，欲與諸上善人同聚一會，只許自淨其意，覺破迷情，於自己的當下，親臨靈山法會。

問：諸大菩薩，各表什麼？

答曰：菩薩，即覺有情。覺即覺照，覺破。有情，亦名眾生，亦名煩惱。覺有情，即以自性心光，覺破自性眾生，覺破無明煩惱。禪宗六祖惠能大師云：「眾生無邊誓願度。恁麼道，且不是惠能度。善知識！心中眾生，所謂邪迷心、誑妄心、不善心、嫉妬心、惡毒心，如是等心，盡是眾生。各須自性自度，是名真度。」（《六祖大師法寶壇經》。《大正藏》第四十八冊，第三五四頁上。）

菩薩者，自性自度之德。我人的當下，有自性自度之德麼？若有自性自度之德，則普賢、妙德、勢至、觀音等諸大菩薩於此聚會，賢劫一切菩薩於此聚會。佛與諸大眾，皆非他人，盡是諸人體用一如的自己。還見麼？

我們學佛，當於自心地上，開顯自性無量妙用，顯發自性無量功德。若能開顯無量妙用，顯發無量功德，即名無量菩薩聚會一堂。

問：十六正士，各表什麼？

答曰：十六正士，普賢德相。

問：如何是普賢？

答曰：著相即凡夫。離相即普賢。賢者，無住無著，清淨無染也。即一切相，離一切相，即離同時，無有先後，是名普賢。

十六正士，各有所表，所表之德，盡歸普賢。賢護菩薩、善思議菩薩、信慧菩薩、空無菩薩、神通華菩薩、光英菩薩、慧上菩薩、智幢菩薩、寂根菩薩、願慧菩薩、香象菩薩、寶英菩薩、中住菩薩、制行菩薩、解脫菩薩等十六正士，皆是普賢之德，皆是自性之德。普賢菩薩，文殊菩薩，觀世音菩薩，大勢至菩薩，等大菩薩，皆是自性之德。猶如一手，千變萬化，妙用無窮，然而，歸根到底，皆是一手。

釋迦立教，種種方便，皆令學人識得自己當下的這段無始自然風光，向外不得一法。若有一法可得，燃燈佛則不與我授記，汝於來世，當得作佛，號釋迦牟尼。

十六正士，今在何處？莫向心外求。自性如來，光明無量。自性如來，妙用無邊。這無量無邊的自性光明，這無量無邊的自性妙用，即是靈山法會中的佛菩薩。靈山法會，儼然未散。於此當下，還見文殊、普賢、十六正士等諸大菩薩麼？

靈山法會，儼然未散，若欲親臨，只須識自本心，見自本性，於自家心地上，得見靈山法會。得見已，則知佛與菩薩，本非他人，皆是自家心上一體如如的事。

八相成道，佛佛如是

處兜率天❶，弘宣正法。捨彼天宮，降神母胎❷。從右脇生❸，現行七步❹。光明顯曜，普照十方。無量佛土，六種震動❺，舉聲自稱：吾當於世，為無上尊❻，釋梵❼奉侍，天人歸仰。示現算計，文藝射御，博綜道術，貫練群籍，遊於後園，講武試藝。現處宮中，色味之間，見老病死，悟世非常，棄國財位，入山學道，服乘白馬，寶冠瓔珞，遣之令還。捨珍妙衣，而著法服，剃除鬚髮，端坐樹下，勤苦六年，行如所應。現五濁剎，隨順群生，示有塵垢，沐浴金流。天按樹枝，得攀出池，靈禽翼從，往詣道場，吉祥感徵，表章功祚。哀受施草，敷佛樹下，加趺而坐，奮大光明，使魔知之。魔率官屬，而來逼試，制以智力，皆令降伏，得微妙法，成最正覺。釋梵祈勸，請轉法輪❽，以佛遊步，佛吼而吼，扣法鼓，吹法螺，執法劍，建法幢，震法雷，曜法電，澍法雨，演法施，常以法音，覺諸世間，光明普照，無量佛土。

一切世界，六種震動❾，總攝魔界❿，動魔宮殿⓫，眾魔懾怖，莫不歸伏。摑裂邪網⓬，消滅諸見⓭。散諸塵勞⓮，壞諸欲塹。嚴護法城⓯，開闡法門。洗濯垢污，顯明清白。光融佛法，宣流正化。入國分衛，獲諸豐饍。貯功德，示福田。欲宣法，現欣笑。以諸法藥，救療三苦。顯現道意，無量功德。授菩薩記⓰，成等正覺⓱。示現滅度⓲，拯濟無極。消除諸漏⓳，殖眾德本。具足功德，微妙難量。遊諸佛國，普現道教。

其所修行，清淨無穢。譬如幻師，現眾異像。為男為女，無所不變。本學明了，在意所為。此諸菩薩，亦復如是。學一切法，貫綜縷練。所住安諦，靡不感化，無數佛土，皆悉普現。未曾慢恣，愍傷眾生。如是之法，一切具足，菩薩經典，究暢要妙，名稱普至，導御十方。無量諸佛，咸共護念。佛所住者，皆已得住。大聖所立，而皆已立。如來道化，各能宣布。為諸菩薩，而作大師。以甚深禪慧，開導眾人。通諸法性，達眾生相。明了諸國，供養諸佛。化現其身，猶如電光。善學無畏⑳，曉了幻法㉑。壞裂魔網㉒，解諸纏縛。超越聲聞㉓，緣覺㉔之地。得空、無相、無願三昧㉕。善立方便，顯示三乘㉖。於此中下，而現滅度。亦無所作，亦無所有。不起不滅，得平等法。具足成就，無量總持㉗，百千三昧㉘，諸根智慧，廣普寂定。深入菩薩法藏㉙，得佛華嚴三昧㉚。宣揚演說一切經典，住深定門，悉覩現在無量諸佛，一念之頃，無不周遍。濟諸劇難，諸閑不閑。分別顯示，真實之際。得諸如來，辯才之智。入眾言音，開化一切。超過世間，諸所有法。心常諦住，度世之道。於一切萬物，隨意自在。為眾生類作，不請之友。荷負群生，為之重任。受持如來，甚深法藏。護佛種性，常使不絕。興大悲，愍眾生，演慈辯，授法眼㉛，杜三趣㉜，開善門，以不請之法，施諸黎庶，猶如孝子，愛敬父母。於諸眾生，視之若己。一切善本，皆度彼岸。悉獲諸佛，無量功德。智慧聖明，不可思議。如是菩薩，無量大士，不可稱計，一時來會。

【章旨】一念發心，即住聖胎。因緣時至，即成聖道。十六正士，如是成道。諸佛出世，亦復如是。

【注釋】❶兜率天　又作都率天、兜術天、兜率陀天、兜率多天、兜師陀天、睹史多天、兜駛多天。意譯知足天、妙足天、喜足天、喜樂天。❷降神母胎　住善法，成大道。❸從右脇生　頭表梵天，胸表人間。從右脇生，表示佛示現人間。❹現行七步　表周行十方，表全體大用。❺六種震動　自性之中，根塵脫落。❻無上尊　識得本來，契合本來，這個「本來」即是無上尊，稱名佛。❼釋梵　天名，帝釋天與梵天也。帝釋，即忉利天也，居須彌山之頂喜見城，統領他之三十二天，亦名三十三天。梵天，即色界之初禪天也。梵天離欲界之淫欲，寂靜清淨，故云梵天。❽轉法輪　佛說法教化眾生，謂之轉法輪。輪者，轉輪聖王之輪，回轉四天下，碾摧諸怨敵。佛之教法，亦回轉一切眾生界，摧破諸煩惱，故譬之曰法輪。❾六種震動　語境不同，含義有別。一、東湧西沒，西湧東沒，南湧北沒，北湧南沒，邊湧中沒，中湧邊沒。地皆柔軟，令眾生和悅。二、動湧震擊吼爆。三、萬相脫落，悉得解脫。掛礙消融，究竟自在。❿魔界　泛指一切障礙。著即成障，障即是魔，障菩提道。著一切相，即成一切障，即是一切魔。一切魔，統稱魔界。⓫魔宮殿　魔所住處，即是魔宮殿。住色，住受，住想，住行，住識，住人我，諸善惡，凡有住處，皆是魔宮殿。⓬邪網　縱橫交錯的邪知邪見。⓭消滅諸見　就是消滅一切意識上的見解，消滅一切意識上的理解，即使對佛法的理解，也要徹底消融，親證世界真相，獲得究竟解脫。諸見，意識上的各種見解。⓮散諸塵勞　親證自性，回歸本來，則塵勞轉成脫落，莊嚴現前。此時，六塵皆空，勞累不存。故曰散諸塵勞。塵勞，掛礙；累贅，亦云能所相對之掛礙。⓯法城　比喻法身正位，比喻清淨法身。住持正位，起諸方便，教化十方。⓰授菩薩記　簡稱授記。與菩薩作個印證，告知菩薩，如此見解是正確的，依此修行，定能究竟，圓成佛道。至於說經歷多少劫而成佛，這也只是說，依此見解，依此修行，經過多少磨難，經過多少障礙，定成就無上正等正覺。⓱成等正覺　或曰成正覺，即是成就無上正等正覺的簡稱。⓲示現滅度　就世間相來說，即是人生現象的結束。就實際來說，無有滅度佛，亦無佛滅度。佛若有滅，則壽有涯，則不可稱無量壽。佛若有度，則有染，則不可稱正等覺。⓳漏　煩惱的別名，含有漏泄和漏落二義。貪嗔等煩惱，日夜由六根門頭漏泄流注而不止，所以叫做漏。又煩惱能使人漏落於三惡道之中，所以也叫做漏。⓴無畏　自性不取一切法，自性不捨一切法。不取不捨，謂之無畏。㉑幻法　一切有相，皆屬幻法。何以故？生滅來去，究竟不實。㉒魔網　縱橫交錯之執著障礙也。著即成障，障即是魔。㉓聲聞　修習小乘法的佛弟子，聞佛之聲教，悟四諦之理，斷見思之惑，而入於有餘涅槃者也。㉔緣覺　又名獨覺，或辟支佛，於佛世聽佛說十二因緣之理而悟道者，名為緣覺。若生於無佛之世，觀諸法生滅因緣而自行悟道者，名為獨覺。㉕空無相無願三昧　三三昧。包括：空三昧、無相三昧、無願三昧。空三昧是觀察世間的一切法都是緣生的，也都是虛妄不實的。無相三昧是觀察世間的一切形相都是虛妄假有。無願三昧又名無作三昧，即觀一切法幻有，而無所願求。㉖三乘　指聲聞乘，緣覺乘，菩薩乘。㉗無量總持　總持，即總一切法，持無量義。一法而現根本法，法法皆現根本法，根本法則遍含一切法。遍含一切法故，是名為總持，是名為總一切法，持無量義。㉘百千三昧　三昧，即正受，即正位之受，即受而不受。一法如是，法法如是，故名百千三昧，亦名無量三昧。㉙菩薩法藏　自覺覺他，誓成佛道，即名菩薩。菩薩行法不拘一格，菩薩行法無數，一切菩薩所行，一切合體之行，是名菩薩法藏，亦名體用一如的自性寶藏。㉚華嚴三昧　一真法界，無能無所，純一淨土，法法皆淨，是名華嚴三昧。㉛法眼　菩薩為度眾生照見一切法門之智慧。㉜三趣　畜生、餓鬼、地獄三惡道。

【語　譯】住兜率天，宣佛正法。捨兜率天，降神母胎。現生世間，超越萬有。光明大放，普照十方。無量世界，六種震動。作獅子吼：「天上天下，唯我獨尊，法界眾生，悉皆供養。」精通算計，文藝射御，通達道法，博覽群籍，於後園中，練武習藝。於王宮中，聲色之中，見生老病死，悟世事無常，故發大願，放棄王位，入山修行。一日夜裏，乘白馬，出王宮，所戴寶冠，及諸瓔珞，遣之令還。捨棄華貴，穿上法服，剃除鬚髮，端坐樹下，勤苦六年，方得成就。現身惡世，隨順眾生。示有塵垢，常處淨土。睹星悟真，法縛頓脫，一切眾生，咸來皈依，道場莊嚴，功德彰顯。哀受吉祥草，鋪於慧樹下，端身跏趺坐，普放大光明。光明照十方，觸動諸魔宮，諸魔悉現前，前來助修行。見魔不作怪，諸魔皆自敗，證得無上道，成就圓滿覺。帝釋梵天，請佛說法，佛身不動，威震十方。扣佛法鼓，吹佛法螺，執佛法劍，建佛法幢，震佛法雷，曜佛法電，澍佛法雨，演佛法音，常以佛法，覺諸世間，佛光遍照，十方世界。

十方世界，六種震動，觸動魔界，動搖魔宮。眾魔不安，前來歸伏。破除執著，淨除污染，驅散塵勞，枯竭貪欲，莊嚴淨土，建立方便，洗滌塵垢，恢復本來，光明大放，顯耀正法。隨緣應世，獲諸豐膳，長養功德，顯示福田，宣法之際，面露喜悅，以佛法藥，救拔三苦。顯現佛義，無量功德。教導菩薩，成就佛道。示現滅度，拯濟諸苦。棄諸所有，返本還源，所顯功德，微妙無量。隨緣應化，盡顯正覺，在在處處，遍界純真。猶如幻師，變現諸相，現男現女，無所不現，根本明瞭，隨意變化。諸大菩薩，所行道法，亦是如此。知一切法，通達無礙。隨所應處，無不感化。十方佛土，平等普現。無人無我，慈悲普度。諸大菩薩，智同諸佛。所行之法，甚深微妙。量等諸佛，普化十方。一切諸佛，悉皆如是。諸佛住處，悉皆得住。諸佛立處，悉皆得立。諸佛教化，悉皆能之。引領菩薩，同歸佛道。以大智慧，教化群生。上契自性，下合諸緣。明瞭法性，普供諸佛。變化自在，無所障礙。徹見空性，觀法如幻。破除魔障，解脫纏縛。超越二乘諸所有法。得空、無相、無願三昧，隨順眾緣，方便立教。於中下根，示現寂滅，無能無所，無起無滅，萬法平等，具足成就，一切萬法，住持正覺，妙用恒沙。六根清淨，寂照無邊，深入實相，遍界華嚴，隨緣宣說，一切妙法。安住當下，遍現十方。恒沙佛國，無不周遍。慈悲救度，拯濟一切。皆令回歸，自心實相。顯現如來，廣長舌相。一音普化，一切眾生。超越世間，一切諸法。安住實相，救度眾生，即相離相，究竟解脫。作諸眾生，不請之友，為諸眾生，作大利益。契合自心，秘密寶藏，護持正法，勿令斷絕。興大慈悲，度諸有情，演微妙法，授正法眼，杜三惡趣，開方便門。於諸百姓，視如父母。於諸眾生，視同自己。所作諸善，迴向淨土。具足如來，無量功德，智慧如佛，不可思議。

無量菩薩，無量大士，悉皆來此，共聚一會。

【釋義】問：如何是捨兜率，降王宮？

答曰：兜率，即是諸人的法身君位。王宮，即是諸人的化身臣位。君臣合道，君臣不二，是名無學位，亦名佛位。佛是無位人，不住任何位，亦名無位真人。

問：如何是住神母胎？

答曰：住戒定慧，住諸善法。如此而住，是名住神母胎。

問：如何是出神母胎？

答曰：貪嗔痴屬惡，戒定慧即善，善惡雙亡，是名出神母胎。

善惡雙亡，契入絕對。遍觀十方，無非淨土。周行七步，步步蓮花。作獅子吼云：「天上天下，唯我獨尊」。

我們的自性，本來就是十方。我們的自性，本來就是淨土。故云遍觀十方，無非淨土。不動一步，遍行十方，是名周行七步。應緣起用，念念不染，是名步步蓮花。十方世界，無量萬相，是名天上天下。我含萬相，萬相是我，是名唯我獨尊。「天上天下，唯我獨尊」，這個我，不是色身之我，而是法身之我，而是自性之我。唯我獨尊，即法身獨尊，即自性獨尊。釋迦四十九年說法，種種方便，無量譬喻，只為眾生識得這個「獨尊之我」，回歸這個「本然如是的極樂國土」。

釋迦出世，如是而見，如是而行，如是而示。十六正士，如是而見，如是而行，如是而示。諸佛出世，悉皆如是。

《無量壽經》，以無量壽作喻，向人指示這個不生不滅、廣大無邊的法身之我。所以說，無量壽即是自性法身，自性法身即是無量壽。若欲求佛，但求自性。唯此自性，是真實佛。自性是阿彌陀，自性是無量壽，自性是諸人的本來面。

問：釋迦出家修行，告訴我們一個怎樣的道理？

答曰：釋迦出家，示現修行，告訴我們，修習外道，修成還壞，究竟不可靠。修習苦行，修成還壞，究竟不可靠。唯有發菩提心，於菩提樹下，吉祥草上，方能降服魔軍，證得這個自性法身，方能獲得究竟解脫。

所謂魔軍，亦非外來，而是自性眾生，而是自性習氣。

所謂降服，亦非對治，而是不理不睬，魔軍自敗。

所謂自性法身，正是我們的本覺光明，正是我們的本源真性。這個自性法身，本然如是，不屬修成，不屬外得，而是於根塵脫落時而自證自見的。

問：如何是菩提樹下，吉祥草上？

答曰：所謂菩提樹，不是木頭樹。所謂吉祥草，不是土木草。菩提樹，是個表法，表智慧。在菩提樹下修行，就是在般若智慧的覆蔭下修行。幽冥昏昧，即是愚痴。空曠清明，即名智慧。

吉祥草，是個表法，表安詳。在吉祥草上修行，就是在安詳的狀態上修行。捕風捉影，則入邪道。如如不動，即名安詳。

佛法是般若波羅蜜，是大智慧到彼岸，而不是功夫到彼岸，更不是妄想到彼岸。若不依智慧，無論如何，那也是不能到達彼岸的。

問：如何是轉法輪？

答曰：轉法輪，也不是轉個什麼金輪子，也不是轉個什麼銀輪子，而是隨緣說法，指示心要。開示大眾，自心實相，是名轉法輪。法輪常轉，流布宇寰，聞此法者，即得往生極樂淨土。

問：釋迦成佛時，「光明普照，無量佛土」。當時印度，乃至震旦，是否光明一片，無有黑夜？

答曰：「光明普照，無量佛土」，這是心性學意義上的，而不是物理學意義上的。自心光明，呈現萬相，一花一世界，一葉一菩提，塵剎無量，世界無量。釋迦悟道，即是覺悟自心。彌勒悟道，即是覺悟自心。諸佛悟道，皆是覺悟自心。自心光明，本然照耀，十方世界，無量剎土。

問：如何是佛入涅槃？

答曰：世人以為，色身歸滅，即為涅槃。實際來說，自性本佛，本來涅槃。涅者不生，槃者不滅。不生不滅，即是涅槃。佛即涅槃，涅槃即佛。既然如是，佛入涅槃，更入何處？若有所入，則有能所。若有能所，則成二佛。以佛入佛，無有其事。故經云：「無有佛涅槃，無有涅槃佛。」（《楞伽阿跋多羅寶經》卷第一。《大正藏》第十六冊，第四八〇頁中。）

問：釋迦如來，今在何處？

答曰：釋迦如來，不在別處。

諸人當下，即是釋迦。

若欲相見，瞬目之間。

正相見時，他正是我。

見者是誰？問者是誰？

爾時世尊，諸根悅豫，姿色清淨，光顏巍巍。尊者阿難，承佛聖旨，即從座起，偏袒右肩，長跪合掌，而白佛言：「今日世尊，諸根悅豫，姿色清淨，光顏巍巍，如明鏡淨，影暢表裏，威容顯耀，超絕無量，未曾瞻覩，殊妙如今。唯然大聖，我心念言，今日世尊，住奇特法，今日世雄❶，住佛所住，今日世眼❷，住導師行，今日世英❸，住最勝道，今日天尊❹，行如來德。去來現在，佛佛相念，得無今佛，念諸佛耶？何故威神，光光乃爾？」

於是，世尊告阿難曰：「云何阿難？諸天教汝來問佛耶？自以慧見問威顏乎？」

阿難白佛：「無有諸天來教我者，自以所見問斯義耳。」

佛言：「善哉阿難，所問甚快。發深智慧，真妙辯才，愍念眾生，問斯慧義。如來以無盡大悲，矜哀三界❺，所以出興於世，光闡道教。普令群萌，獲真法利。無量億劫，難值難見。猶靈瑞華，時時乃出。今所問者，多所饒益，開化一切，諸天人民。

阿難當知，如來正覺，其智難量，多所導御。慧見無礙，無能遏絕。以一喰之力，能住壽命，億百千劫，無數無量，復過於此，諸根悅豫，不以毀損，姿色不變，光顏無異。所以者何？如來定慧，究暢無極。於一切法，而得自在。阿難諦聽，今為汝說。」

對曰：「唯然，願樂欲聞。」

【章　旨】喜悅者誰？見之者誰？唯此一心，更無別人。若欲見佛，只在這裡。著相尋聲，昧卻主公。

【注　釋】❶世雄　佛之尊稱，謂佛有大定力，具雄健之德，於世間最為雄猛，能制伏、斷盡一切煩惱。❷世眼　佛之德名，又作世間眼。佛智慧圓滿，具足五眼，可為一切世間之眼目，示導正道。又佛開示世人之正眼，使見正道，故稱世眼。❸世英　佛陀之尊稱。佛陀乃妙智具足者，一切世人莫能倫比，故於一切世間為最上之英勝，稱為世英。❹天尊　佛之異名。涅槃經謂天有五種，佛為第一義天，是天中之最尊者，故云天尊。❺三界　欲界、色界、無色界。住著貪欲，這個境界，即是欲界。住著色相，這個境界，即是色界。色相俱泯，這個境界，即是無色界。三界是凡夫生死往來的迷夢境界，所以佛教眾生，覺醒迷夢，回歸淨土。

【語　譯】爾時世尊，諸根和悅，清淨莊嚴，光顏巍巍。阿難尊者，承佛威神，即從座起，袒露右肩，長跪合掌，而白佛言：「世尊今日，諸根和悅，清淨莊嚴，光顏巍巍，猶如寶鏡，光吞萬相，威光赫奕，無與倫比，殊勝微妙，未曾得見。唯然世尊，我自思維，今日世尊，住奇特法，今日世尊，居諸佛地，今日世尊，現導師相，今日世尊，顯無上道，今日世尊，現本然德。三世諸佛，佛佛道同。今日世尊，超越三世耶？是何緣故，威神如此？」

於是，世尊告阿難言：「阿難，是諸天教汝來問？還是自見威顏、自己發問？究竟是誰，教汝來問？」

阿難答言：「無有諸天，教我來問，我見妙相，故問此義。」

佛言：「善哉，阿難！如汝所問，甚速甚快。智慧顯發，辯才無礙，憫念眾生，方問此義。

諸佛如來，大悲無盡，哀愍三界，出興於世，弘揚正法，拯救蒙昧，令諸眾生，悉得解脫。諸佛如來，諸人本來，百千億劫，難得一見。猶靈瑞花，時時開放，眾生迷故，不得相見。汝今所問，利益群生，諸天人民，皆得心開。

阿難當知，如來法身，智慧如海，度化十方，導御有情，光明透脫，無有障礙。證得法身，壽命永劫。諸根悅豫，無成無壞，姿色光顏，永恒常在。何以如此？如來定慧，圓融不二，於一切法，皆得自在。阿難諦聽，當為汝說。」

阿難對曰：「唯然世尊，願樂欲聞。」

【釋義】「爾時世尊，諸根悅豫，姿色清淨，光顏巍巍」。尊者阿難，見佛容顏，則「承佛聖旨，即從座起，偏袒右肩，長跪合掌，而白佛言」。

問：如何是世尊「諸根悅豫，姿色清淨，光顏巍巍」？

答曰：從表面文字來看，那就是佛陀的面貌，是這樣的清淨，是這樣的光明，是這樣的喜悅。從真正含義而觀，那就是行者的心境，是這樣的清淨，是這樣的光明，是這樣的喜悅。然而，這個清淨光明的面貌，這個清淨光明的境界，根源何在？當人不知，故「承佛聖旨，……而白佛言」。

問：如何是「承佛聖旨，即從座起偏袒右肩，長跪合掌，而白佛言」？

答曰：從表面文字來看，則有起座、長跪、合掌、提問等種種動作。若從實際含義來說，這段經文所表述的事，只在諸人一念之間。

凜然一覺，是名即從座起。
胸懷坦蕩，是名偏袒右肩。
一切放下，是名長跪合掌。
反觀自見，是名而白佛言。

「尊者阿難，承佛聖旨，即從座起，偏袒右肩，長跪合掌，而白佛言。」這段經文，所述之事，只在諸人一念之間。何以故？世尊不在別處，只是諸人當下的這個妙明真心，他遍觀一切，他擁有一切，他不居一切。阿難尊者，也不是別人，他就是諸人當下的這個反觀自見的人。世尊是諸人自己，阿難也是諸人自己，妙用無邊的清淨大海眾也是諸人自己。

佛即是心，心即是佛。尊者阿難，承佛聖旨，也只是承心之力。若非心力，則眼不能見，耳不能聞，身不能動，意不能想。若非心力，阿難尊者，何以能「即從座起，偏袒右肩，長跪合掌，而白佛言」？寶志公和尚云：「未了之人聽一言，只這如今誰動口？」這合掌的是誰？這問佛的又是誰？這是一切作用的根源，這是諸佛教化的指歸。

在佛教經典中，我們常常看到，某某菩薩，承佛神力，而白佛言。某某菩薩，承佛神力，周行十方。某某菩薩，承佛神力，放大光明，等等。其實，這都是「承心神力」的象徵性表達。若非心力，豈能開口？若非心力，豈能見聞？若非心力，豈能動念？若非心力，豈能覺察？

修習禪定的人，常有這樣的境界，在這種境界中，沒有了身體，沒有了一切，然而，卻又清清楚楚，了了常明。這正是「諸根悅豫，姿色清淨，光顏巍巍」的自心境界。諸根解脫，身心喜悅。如此之狀，何以如此？這便是阿難尊者向佛提出的問題，也是阿難尊者的反觀自省。

問：「諸天教汝來問佛耶？自以慧見問威顏乎？」此義如何？

答曰：阿難見佛，姿色清淨，光顏巍巍，故來問佛：今日世尊，姿色清淨，光顏巍巍，何故如此？佛陀反問阿難：是諸天令汝問耶？是諸天令汝見耶？也就是說，這見色的是誰？這問話的又是誰？阿難自言，是自己見，是自己問。

既然是自己見，既然是自己問，那麼，這個自己，究竟是誰？見色的是眼麼？非也。問話的是嘴麼？非也。這個見色的，這個問話的，究竟是誰？若向這裡問，一問到底，則能發一切智慧，則能生一切辯才，則能度一切眾生。即令學人，何不自問，這見色的是誰？這聞聲的是誰？《無量壽經》中，佛令學人，如此自問。諸人既是佛弟子，何不反觀自問，反觀自見？如是而行，是名依教奉行。

問：如何是如來「出興於世」？

答曰：每句經文，皆是如來出世，闡揚大道。每個指示，皆是如來出世，指示本來。目前的色相，耳畔的音聲，皆是如來出世，演說心法。可惜眾生，著相住境，無量億劫，難值難見。難見個什麼？難見如來真實義。如何是如來真實義？這個妙明真心，即是如來真實義。這個無量壽，即是如來真實義。他不是別人，正是諸人「本真的自己」。

問：經云：如來「出興於世，光闡道教。……無量億劫，難值難見」。無量億劫，究竟多久？

答曰：著一相，即一劫。著無量相，即無量劫。眾生著相，故無量億劫，難值難見。

信願持名，一心專注，因緣成熟，豁然之間，觸著便悟，一念之間，頓超億劫。時劫無性，莫作實有。迷時，處處著相，故有無量億劫。悟了，當體皆空，一劫亦無。

諸佛出世，唯令眾生，識得這個見色聞聲的主人公，唯令眾生，識得這個起心動念的本來人。一切眾生，本來是佛，只因妄想顛倒而不能證得。息下妄想，佛即現前。識得自性，即得往生。

問：息下妄想，佛即現前。此佛是誰？

答曰：「是心作佛，是心是佛」，此是佛說。若不信之，則不名信佛。這個了了常明、普現萬相的，便是諸人的無相真心，便是諸人的法身真佛。不思善，不思惡，屏息妄想。正於此時，常寂心光，當下呈現。

問：心不顛倒，即得往生。往生何處？

答曰：往生淨土，亦非往生別處，而是往生自心。蓮池大師云：往生淨土，「以生于自心，故不往而往，名為往生。如《華嚴》解脫長者說，《華嚴》重重法界，不出一心，《楞嚴》十方虛空，皆汝心內。是知極樂之生，生乎自心。心無界限，則無西無東，去至何所？狀其易穢而淨，脫舊而新，離一得一，似有所往，名之為往，豈曰從此向彼？」（《阿彌陀經疏鈔》卷第四。《卍續藏》第二十二冊，第六六八頁上。）憨山大師云：「大休歇處不尋常，妄想消時世已忘。都向別求真極樂，誰知當下是西方。」（《憨山老人夢遊集》卷第三十八。《卍續藏》第七十三冊，第七三九頁上。）延壽大師云：「仙堂不近亦不遠，徘徊只是眾中央。若欲行住仙堂裡，不用匍匐在他鄉。若欲求念彌陀佛，東西南北是西方。西方彌陀觸處是，面前背后七重行。」（《宗鏡錄》卷第二十九。《大正藏》第四十八冊，第五八九頁上。）歷代祖師的開示，明明是說，自性即是西方，悟了自性，即是過了十萬億佛土，即是到了西方。

形形色色，是諸佛現身。塵塵剎剎，是諸佛出世。可惜眾生，迷己逐物，認指作月，故「無量億劫，難值難見」。見個什麼？緣佛化身，見佛法身。如何是諸佛法身？見色的即是，聞聲的即是。見色的是誰？聞聲的是誰？反觀自見，莫向外求，他只是諸人的妙明真心。若不反觀自見，而是向外求玄，則落入顛倒妄想，無量億劫，不得見佛。

問：如何是「一喰之力，能住壽命，億百千劫」？

答曰：不是吃一餐飯，就能活命無量萬年，而是一念頓悟自心實相，當下獲得永恒壽命。自心實相，不生不滅。不生不滅，即是永恒。不生不滅，即是無量。壽命永恒，壽命無量，假名「能住壽命，億百千劫」。「億百千劫」，莫作實數。若作實數，即成有量。壽命若有量，則非無量壽。

這段經文，佛告阿難，境界現前時，何不反觀自見？何不見這個「見境界的人」？這個「見境界的人」，他常寂不動，永恒當下，他便是大千世界的主人，他便是不生不滅的獨尊之我，名之曰佛。

錯過無量，得遇現在

佛告阿難：「乃往過去久遠無量不可思議無央數劫❶，錠光如來，興出於世，教化度脫，無量眾生，皆令得道，乃取滅度❷。

次有如來，名曰光遠。次名月光。次名栴檀香。次名善山王。次名須彌天冠。次名須彌等曜。次名月色。次名正念。次名離垢。次名無著。次名龍天。次名夜光。次名安明頂。次名不動地。次名琉璃妙華。次名琉璃金色。次名金藏。次名炎光。次名炎根。次名地種。次名月像。次名日音。次名解脫華。次名莊嚴光明。次名海覺神通。次名水光。次名大香。次名離塵垢。次名捨厭意。次名寶炎。次名妙頂。次名勇立。次名功德持慧。次名蔽日月光。次名日月琉璃光。次名無上琉璃光。次名最上首。次名菩提華。次名月明。次名日光。次名華色王。次

31 在現遇得，量無過錯

名水月光。次名除癡冥。次名度蓋行。次名淨信。次名善宿。次名威神。次名法慧。次名鸞音。次名師子音。次名龍音。次名處世。如此諸佛，皆悉已過。

爾時，次有佛，名世自在王如來，應供[3]，等正覺[4]，明行足[5]，善逝[6]，世間解[7]，無上士[8]，調御丈夫[9]，天人師[10]，佛，世尊。時有國王，聞佛說法，心懷悅豫，尋發無上正真道意。棄國捐王，行作沙門[11]，號曰法藏。高才勇哲，與世超異。詣世自在王如來所，稽首佛足，右遶三匝，長跪合掌，以頌讚曰：

光顏巍巍，威神無極。
如是炎明，無與等者。
日月摩尼，珠光炎耀，
皆悉隱蔽，猶如聚墨。
如來容顏，超世無倫。

正覺大音，響流十方。
戒聞精進，三昧智慧。
威德無侶，殊勝希有。
深諦善念，諸佛法海。
窮深盡奧，究其崖底。
無明欲怒，世尊永無。
人雄師子[12]，神德無量。
功德廣大，智慧深妙。
光明威相，震動大千[13]。
願我作佛，齊聖法王。
過度生死，靡不解脫。
布施調意，戒忍精進。
如是三昧，智慧為上。

33 在現遇得，量無過錯

吾誓得佛，普行此願。

一切恐懼，為作大安。

假令有佛，百千億萬。

無量大聖，數如恒沙。

供養一切，斯等諸佛，

不如求道，堅正不卻。

譬如恒沙，諸佛世界。

復不可計，無數剎土。

光明悉照，遍此諸國。

如是精進，威神難量。

今我作佛，國土第一。

其眾奇妙，道場超絕。

國如泥洹⑭，而無等雙。

我當愍哀，度脫一切。
十方來生，心悅清淨。
已到我國，快樂安隱。
幸佛信明，是我真證。
發願於彼，力精所欲。
十方世尊，智慧無礙。
常令此尊，知我心行。
假令身止，諸苦毒中。
我行精進，忍終不悔。」

【章旨】無量現相，即是諸佛。只因著相，故而錯過。即今見王，全身皈依。放下自我，自證自佛。

【注釋】❶無央數劫　無央，即無數。劫，古代印度表示極大時限的時間單位，佛教沿用之。❷滅度　即涅槃、圓寂之意，即永滅因果，究竟圓滿。即滅盡分段生死、變易生死，度脫一切有情。❸應

供　斷一切之惡，應受人天供養者。❹等正覺　梵語三藐三菩提，又三藐三佛陀，譯曰等正覺。如來十號之一，覺即知也。覺知遍於一切，是遍也。覺知契於理，是正也。謂遍正覺知一切法也。又三世諸佛之覺知平等，故曰等，離邪妄故曰等。❺明行足　又作明善行、明行成、明行圓滿、明行。光明遍滿，慈行遍滿，故號明行足。❻善逝　如來現相，若來若去。若論實際，實無來去，故號善逝。❼世間解　了知世間，一切萬法，故號世間解。❽無上士　又作無上、無上丈夫。如來之智德，於人中最勝，無有過之者，故號無上士。❾調御丈夫　說種種法，調伏、引導一切眾生，令離垢染，得大涅槃，故號調御丈夫。❿天人師　堪作天、人之導師，故名天人師。⓫沙門　華譯勤息，即勤修佛道和息諸煩惱的意思，為出家修道者的通稱。⓬師子　又作獅子。獅子為百獸之王，故諸經論中每以獅子比喻佛之無畏與偉大。⓭大千　三千大千世界之簡稱。貪有無數，假名一千。嗔有無數，假名一千。痴有無數，假名一千。故名三千世界，亦名三千大千世界。⓮泥洹　亦名涅槃。涅者不生，槃者不滅。不生不滅，即名涅槃。

【語　譯】佛告阿難：「久遠過去，無量劫數，錠光如來，出興於世，教化度脫，無量眾生，眾生度盡，方取正覺。

又有如來，相繼出世，名曰光遠，月光，栴檀香，善山王，須彌天冠，須彌等曜，月色，正念，離垢，無著，龍天，夜光，安明頂，不動地，琉璃妙華，琉璃金色，金藏，炎光，炎根，地種，月像，日音，解脫華，莊嚴光明，海覺神通，水光，大香，離塵垢，捨厭意，寶炎，妙頂，勇立，功德持慧，蔽日月光，日月琉璃光，無上琉璃光，最上首，菩提華，月明，日光，華色王，水月光，除癡冥，度蓋行，淨信，善宿，威神，法慧，鸞音，師子音，龍音，處世。如此諸佛，皆悉已過。

爾時，又有如來，出興於世，名曰世自在王如來、應供、等正覺、明行足、善逝、世間解、無上士、調御丈夫、天人師、佛、世尊。時有國王，聞佛說法，歡喜信受，遂發大願，捨棄國家，放下王位，行菩提道，號曰法藏。法藏比丘，智慧過人，超越世間。法藏比丘，往謁參禮，世自在王，頂禮佛足，右繞三匝，長跪合掌，以頌讚曰：

法身光明，超然萬相。
天上天下，斯為第一。
日月之光，皆不能及。
摩尼寶珠，悉皆隱蔽。
法身莊嚴，無上最尊。
大音希聲，響徹十方。
萬德具足，慧光普照。
絕待無對，殊勝無比。
徹證根源，諸佛法海。
窮盡玄奧，究竟崖底。
貪嗔無明，究竟永無。
猶如獅子，威震十方。
功德廣大，智慧微妙。

光明照耀，遍及大千。
願我作佛，與佛同等。
超越生死，究竟彼岸。
種種法門，無量三昧，
不假智慧，不得成就。
誓願成佛，行此大願。
令諸眾生，悉得安樂。
假如有佛，百千萬億。
量等恒沙，無量無數。
供養恒沙，諸佛如來。
不如迴向，自性佛道。
譬如恒沙，諸佛世界。
無量無數，十方剎土。
我之光明，照徹無餘。
無為大為，功德無量。
願我作佛，國土第一。
功德莊嚴，殊勝無比。
自性涅槃，舉世無雙。

我當救度，一切眾生。
當生我國，清淨愉悅。
已生我國，光明快樂。
諸佛所證，當人自性。
發願往生，精進勇猛。
一切世尊，智慧無礙。
常令眾生，明心見性。
假使身處，苦毒之中，
我行精進，不退勇猛。」

【釋　義】經云：「過去久遠無量不可思議無央數劫，錠光如來，興出於世，教化度脫，無量眾生，皆令得道，乃取滅度。」

一切諸佛，自性自度，度盡眾生，方得成佛。地藏菩薩如是，阿彌陀佛如是，釋迦文佛如是，一切諸佛，悉皆如是。若不度盡眾生而成佛者，十方三世，無有其事。

所謂度盡眾生，不是度盡地上跑的、天上飛的、水裡游的生命個體，而是度盡自性眾生，而是度盡自性習氣，而是度盡自性煩惱。有些學人，自性眾生而不度，專門度地上跑的，天上飛的，水裡游的，給他們念佛，給他們念咒，給他們放生，美其名曰度眾生。如此度眾生，則永遠度不盡。莫說凡夫度不盡這些生命個體，即使釋迦也度不盡這些生命個體。

釋迦成佛時，大地眾生一時度盡，一時成佛。這個光景，諸人還見麼？著相修行千萬劫，無相修行剎那間。著相之故，不得見佛。著於佛相，不得見佛。著於法相，不得見佛。著於僧相，不得見佛。著於不著，也不得見佛。錠光如來、光遠如來、月光如來、栴旃檀香如來、善山王如來、須彌天冠如來、正念如來、離垢如來、無著如來、不動地如來，師子音如來、龍音如來，等等，「如此諸佛，皆悉已過」，未得相見。何以故？著相之故，不得相見。這個不得相見，不是路遠而不得相見，不是時久而不得相見，而是對面而不得相見。

過去如來，已經過去。現在如來，浩浩而來。即今目前，無量如來，演暢佛法，是諸人等，還得見否？還得聞否？若將耳聽終難會，眼處聞聲方得知。若也不見，若也不聞，何不發個大願，立個大志，誓願證得無上正等正覺，誓願證得自己的本來面目？發誓願已，「棄國捐王，行作沙門」，於菩提樹下，降服魔軍。

問：如何降服魔軍？

答曰：佛來不理睬，魔來不理睬，水來不理睬，火來不理睬，男來不理睬，女來不理睬，境界現前，皆不理睬。何以故？一切境界，習氣變現，心中幻影，本無實際。若作實際，則落群魔。若能見怪不怪，其怪自敗。若能對境無心，則習氣自消。

諸魔退去，真常獨露。一機來臨，超然相外。這時，大地眾生，與汝一時成佛。

問：如何是「棄國捐王，行作沙門」？

答曰：不是丟棄國家，不是放棄王位，即國家而不著國家相，即王位而不著王位相，是名「棄國捐王，行作沙門」。若能如是，是真沙門。若人著相，心有掛礙，處在山林，亦是世間。何以故？掛著國事，黏著王位，眼裡雖無，心裡卻有。若能一切放下，無住無著，雖現居士身，亦是沙門相。沙門者，出家修行者也。出什麼家？出三界的家，而不是出這個門，入那個院。若是出一門入一院，此正是三界中人，不是出家沙門。不著諸相，不受相縛，則在在處處，皆是出家修行。

國及國王，是個比喻，比喻人的胸懷與擔當。若無胸懷，若無擔當，莫說作個國王，即使作個小頭領，那也是作不得的。何以故？心胸狹隘，缺乏擔當，有利己之心，無利他之意。

若欲成佛，要有胸懷，要有擔當。法藏比丘，作國王時，遇世自在王如來，聞佛說法，句句相應，稽首皈依，誓願成佛。如是相應，如是皈依，如是誓願，如是胸懷，是名擔當。

蕅益大師云：「吾人現前一念良知之心，覺了不迷為佛寶。佛者，覺也。儒亦云『明明德』，而未知『明德』，即現前一念本覺之體。『明明德』，即現前一念始覺之智，依于本覺而有始覺，以此始覺契乎本覺，始本不二，名究竟覺。故此心性即佛也。吾人現前一念所知之境為法寶。儒亦云：『範圍天地，曲成萬物』，而未顯言，內而根身種子，外而山河國土，天地虛空，乃至百界千如，種種差別，皆是現前一念所現。故此心相，盡名『法』也。如此心外無境，境外無心，于其中間，無是非是，心境和合，從來不二，名和合僧也。儒亦云：『萬物皆備于我』，而未了物我同源。故此三義，皆未的確，況圓顯無剩哉。十方三世一切常住諸佛，無不徹證我一心三寶而成正覺，所說一切常住法藏，無不詮顯我一心三寶而成真執，所化一切常住聖賢，無不觀察我一心三寶，而成二利。」（《靈峰蕅益大師宗論》卷第二之五。《嘉興藏》第三十六冊，第二九八頁下至二九九頁上。）

佛即人心，莫向外求。若欲作佛，只須見性。直下見性，見性成佛。到了這裡，大夢初醒：法藏比丘本非他人，原來是迷時之我。世自在王如來亦非他人，原來是所迷之佛。

佛是自心，本非他人。今人學佛，向外求玄，見光見佛，見稀奇，見玄妙，故不得返本還源，證成大道。黃檗祖師云：「供養十方諸佛，不如供養一個無心道人。」誰是無心道人？這個妙明真心，即是無心道人。若能一心供養這個妙明真心，便是供養無心道人。若能供養無心道人，則名供養十方諸佛。無心道人，不是他人，正是諸人本真的自己。

世自在王如來之前，法藏比丘，錯過無數，不得見佛。何以故？著於生滅相，昧卻自性光。著於幻化身，昧卻法性身。

參究大乘，精進修行

佛告阿難：「法藏比丘，說此頌已，而白佛言：『唯然世尊，我發無上正覺❶之心，願佛為我廣宣經法，我當修行，攝取佛國，清淨莊嚴，無量妙土，令我於世，速成正覺❷，拔諸生死勤苦之本。』」

佛語阿難：「時世自在王佛，告法藏比丘：『如所修行，莊嚴佛土，汝自當知。』比丘白佛：『斯義弘深，非我境界，唯願世尊，廣為敷演諸佛如來，淨土之行。我聞此已，當如說修行，成滿所願。』爾時，世自在王佛，知其高明，志願深廣，即為法藏比丘而說經言：『譬如大海，一人斗量，經歷劫數，尚可窮底，得其妙寶。人有至心精進，求道不止，會當剋果，何願不得？』於是，世自在王佛，即為廣說，二百一十億諸佛剎土❸，天人之善惡，國土之粗妙，應其心願，悉現與之。時彼比丘，聞佛所說，嚴淨國土，皆悉覩見。超發無上殊勝之願，其心寂靜，志無所著，一切世間，無能及者，具足五劫，思惟攝取，莊嚴佛國，清淨之行。」

阿難白佛：「彼佛國土，壽量幾何？」

佛言：「其佛壽命，四十二劫。時法藏比丘，攝取二百一十億，諸佛妙土❹，清淨之行。如是修已，詣彼佛所，稽首禮足，遶佛三匝，合掌而住，白言：『世尊！我已攝取莊嚴佛土，清淨之行。』佛告比丘：『汝今可說，宜知是時，發起悅可，一切大眾。菩薩聞已，修行此法，緣致滿足，無量大願。』比丘白佛：『唯垂聽察，如我所願，當具說之。』

【章旨】發菩提願，參大乘教。行菩提道，悟自性佛。行菩提道，度自性眾。度盡眾生，究竟解脫。

【注釋】❶無上正覺　無上正等正覺之簡稱。無上圓滿，故云無上。普覺一切，故名正覺。❷正覺　無上正等正覺的簡稱。❸剎土　剎者，梵語差多羅之訛略。譯曰土田。梵漢雙舉云剎土。即國土之義。經中或云國或云土者，同其義也。或作剎土者，存二音也。❹諸佛妙土　即是諸佛剎土，或云諸佛淨土，或云諸佛世界。

【語譯】佛告阿難：「法藏比丘，說此頌已，而白佛言：『唯然，世尊！我願成就，無上正覺，願佛為我，指示心要，我當依教，如法修行，清淨莊嚴，無量佛土。願我此生，速得成佛，消除生死，眾苦之本。』」

佛告阿難：「爾時，世自在王如來告法藏比丘：『如汝所說，自修自證，自證自知。』法藏比丘而白如來言：『諸佛境界，我尚未證。唯願世尊，為我演說，諸佛成道，如何修行。我聞佛說，依教奉行，圓成佛道，滿我大願。』爾時，世自在王如來，知法藏比丘智慧高明，志願宏深，即為法藏比丘開示心要：『譬如有人，斗量大海，累劫勤苦，方可見底，取得妙寶。若人誠心，制心正道，精進不懈，必得佛果。既得佛果，何願不滿？』於是，世自在王如來，即為法藏比丘廣說二百一十億諸佛淨土。天人之德，國土之狀，隨其所願，悉得現前。爾時，法藏比丘，聞佛所說，諸佛剎土，悉得映現。法藏比丘，超然發起無上殊勝大願，其心寂滅，蕩蕩無著，一切世間，無與倫比。此後五劫，至心行道，莊嚴淨土，清淨之行。」

阿難問佛：「彼佛國土，壽長多少？」

佛言：「彼佛壽命，四十二劫。此時，法藏比丘，悉心體會，恒沙諸佛，淨土之行。法藏比丘，如是行已，回至佛所，頂禮佛足，繞佛三匝，恭敬合掌，而白佛言：『世尊！我已體會，諸佛剎土，清淨之行。』世自在王如來告法藏比丘：『汝可發願，正是時機。汝當發願，令一切眾生，悉得安樂。菩薩聞之，依此修行，皆得圓滿，無量大願。』法藏比丘告世自在王如來：『請佛垂慈，聽我所願，具陳述之。』」

【釋　義】發菩提心，即發願證得無上正等正覺，獲得究竟解脫。諸人本具的妙明真心，本來就是無上正等正覺，本來就是究竟解脫。所以，發願證得無上正等正覺，就是發願證得自心實相。若欲成佛，只須悟本，悟得本來，即得解脫。除此之外，向外不得一法。若得一法，則受一法縛，則不得解脫。

發菩提心是往生淨土、究竟解脫的第一要事。不發菩提心而修行，猶如漫無目的而行走，徒然辛苦，無有益處。

經中所說的「攝取佛國，清淨莊嚴，無量妙土」，就是參究大乘，依教悟心。「攝取佛國」，不是從外拿來，歸入自己，而是依照佛教，覺悟自心。

參究大乘，就是廣參遍學大乘經典，及諸善知識。借助大乘經典，借助諸善知識，向自心上用功，向自心上體會。若不如是，則不能證得無上正等正覺。延壽大師云：「求經覓佛，不如將理勘心。若勘得自心，本自清淨，不須磨瑩，本自有之。不因經得，何乃得知？經云，修多羅教，如標月指。若復見月，了知所標。若能如是解者，一念相應，即名為佛。」（《宗鏡錄》卷第九十八。《大正藏》第四十八冊，第九四三頁下。）

問：如何是佛教的基本教理？

答曰：有人說，「三世因果，六道輪回」，這是佛教的基本教理。非也。所謂基本教理，就是最核心的教理，一切方便說教，皆圍繞著這個核心教理而展開。佛教的一切方便說教，不是圍繞著「三世因果，六道輪回」而展開的，而是圍繞著「欲令眾生，入佛知見」而展開的。《法華經》云：「云何名諸佛世尊，唯以一大事因緣，故出現于世？諸佛世尊，欲令眾生，開佛知見，使得清淨，故出現于世。欲示眾生，佛之知見，故出現于世。欲令眾生，悟佛知見，故出現于世。欲令眾生，入佛知見道，故出現于世。」（《妙法蓮華經》卷第一。《大正藏》第九冊，第七頁上。）諸佛出世，只為開示眾生，令諸眾生，入佛知見。

佛教的一切說教，圍繞著「令諸眾生，入佛知見」而展開，或曰圍繞著「明心見性」而展開，或曰圍繞著「花開見佛」而展開。花開，就是智慧花開。見佛，就是見自性佛。

佛教的「三世因果，六道輪回」之說，也是圍繞著「明心見性」「花開見佛」而展開的。若不圍繞著「明心見性」「花開見佛」而展開，那麼，「三世因果，六道輪回」之說，便不是佛教，而是外道。外道，不是貶義，而是指心外求法。譬如，心外求佛，心外求法，心外求僧，心外求稀奇玄妙，乃至心外求淨土，皆屬附佛外道。

佛教是覺悟自心之教，儘管佛教採用的文化形式是神秘玄妙的，然而，就其實際內容來說，佛教只是令人覺悟自心。神秘玄妙只是佛教的文化形式，而不是佛教的文化內容。

世自在王如來語法藏比丘云：「如所修行，莊嚴佛土，汝自當知。」也就是說，如汝所說，知見已正。如此修行，自然圓滿。可見，修行佛法，知見正確，頭等重要。知見正了，精進修行，則速達彼岸。知見錯了，南轅北轍，則永劫難到。

世自在王如來告法藏比丘言：「至心精進，求道不止，會當剋果，何願不得？」也就是說，知見正確，至誠修行，決定果德圓滿。

世自在王如來為法藏比丘廣說法要，所謂「廣說二百一十億諸佛剎土」中事。「廣說二百一十億諸佛剎土」，也就是廣說八萬四千法門。廣說八萬四千法門，未離諸人一心。諸人一心，萬法之本。得其本，攝其末，無量剎土，盡在其中。廣說一心，即名廣說八萬四千法門，即名「廣說二百一十億諸佛剎土」。若離此心，更有別說，則非佛法。

諸佛剎土，不在心外，盡在諸人一心中。法藏比丘，依佛所說，皆能了達，所謂「聞佛所說，嚴淨國土，皆悉覩見」。

聞思，修證，或曰信願，行證，這是佛法修行的兩大階段。

第一階段，聽聞佛法，體會佛法，誓願證得自心實相。

第二階段，歇下狂心，證悟本來。廣度眾生，共成佛道。

法藏比丘讚佛，及世自在王如來為法藏比丘廣說法要。這便是法藏比丘修行的聞思階段。

法藏比丘聞已，「其心寂靜，志無所著，一切世間，無能及者，具足五劫，思惟攝取，莊嚴佛國，清淨之行」。這是法藏比丘修行的修證階段。

「其心寂靜，志無所著」，此是深入禪定。凡夫之心，猶如猿猴，不得安靜，故用持名念佛之法，方便安心。持名念佛，久久功深，根塵識心，自然銷落，自性法身，自然現前。這時，識得根源（心不顛倒），即是往生淨土，亦名證悟本來。

問：法藏比丘，修此法門，「其心寂靜，志無所著」，歷時多久？

答曰：經云：「具足五劫，思惟攝取，莊嚴佛國，清淨之行。」

問：五劫有多久？

答曰：時劫無性，無定長短。快則剎那，慢則極長。五劫，即五蘊，所謂色劫、受劫、想劫、行劫、識劫。著了色相，即是色劫。著了受相，即是受劫。著了想相，即是想劫。著了行相，即是行劫。著了識相，即是識劫。著一切相，即名一切劫。若能反觀自見，一見見得，則照見五蘊皆空。五蘊皆空，五劫何存？

問：法藏比丘，五劫之中，如何修行？

答曰：法藏比丘「具足五劫，思惟攝取，莊嚴佛國，清淨之行」。「具足五劫」，即破除五蘊也。「思惟攝取」，即參究教理，體會佛義也。「莊嚴佛國，清淨之行」，即依教奉行，自淨其意也。

問：經云：「修行此法，緣致滿足，無量大願。」如何是此法？

答曰：若說方便，則有八萬四千。若說根本，唯此一心。於此心外，更無別法。此一心法，具足八萬四千。

法藏比丘，四十八願

法藏比丘的四十八大願中，有「設我得佛，我的國土，如何如何」之類的發願。那麼，如何是我？如何是我國？此類問題，不能搞錯。

問：如何是我？

答曰：未悟之前，把有生有滅的小我當作我。悟了之後，見到了這個不生不滅的自性，此時方知，這個不生不滅的自性才是真正的我。此時方知，彌陀不是他，原來是自己。這個自己，已經不是自他相對的自己，而是自他不二的自己。

一切眾生本來是佛，佛教文化的目的，就是要回歸這個「本來如是」，而不是修成一個什麼佛，也不是修成一個什麼道，也不是修成一個什麼境界。這個佛，這個自性，不是修成的，而是本來如是的。這個佛，這個自性，若是修成的，那麼，修成還壞，總歸生滅。這個佛，這個自性，是個不生不滅、本來如是的大我。我們的修行，只是從有生有滅的小我，回歸到這個不生不滅的大我。這個不生不滅的大我即是佛，佛即是這個不生不滅的大我。

問：如何是我國？

答曰：這裏所說的「國」，不是物理空間意義上的國，而是心性意義上的國。一個人的心性，以及心性中的種種現相，就是這個人的大千世界。若人覺悟了這個不生不滅的心性，契合了這個本自清淨的自性，那麼，這個人的大千世界就是一個佛國。若人昧卻這個不生不滅的心性，昧卻這個本自清淨的自性，那麼，這個人的大千世界就是一個娑婆。徹悟大師說：「彌陀之所以為彌陀者，深證其唯心自性也。然此彌陀極樂，非自性彌陀唯心極樂乎？但此心性，乃生佛平等共有，不偏屬佛，亦不偏屬眾生。」（《徹悟禪師語錄》卷上。《卍續藏》第六十二冊，第三三七頁上。）

佛教所說的國土，佛教所說的世界，其實就是遍含十方的心靈世界，也叫做自性淨土。若人悟了自心，他的心靈世界就是淨土世界。若人迷了自心，他的心靈世界就是娑婆世界。

我們學佛，佛的大願就應當是我們的大願。法藏比丘發願，設我得佛，國土之中，無有畜生、餓鬼、地獄。我們學佛，也應當這樣發願，設我得佛，國土之中，無有畜生、餓鬼、地獄。佛法藏比丘發這樣的願，我們亦當發這樣的願。法藏比丘行這樣的行，我們亦當行這樣的行。法藏比丘證本然的心，我們亦當證本然的心。法藏比丘成就的國土，無有畜生、餓鬼、地獄，我們所成就的國土，亦當無有畜生、餓鬼、地獄。

問：如何是國土之中，無有畜生、餓鬼、地獄？

答曰：無有畜生，就是自心之中，無有極度的無德。無有餓鬼，就是自心之中，無有極度的貪婪。無有地獄，就是自心之中，無有極度的我執。極度無德，即是畜生。極度貪婪，即是餓鬼。極度我執，即是地獄。

我們學佛，就要消除心中的三惡道，消除心中的無德，消除心中的貪婪，消除心中的我執。

諸佛國土，皆是淨土，皆無惡道。釋迦國土，也是淨土，亦無惡道。迷人不知，以為釋迦國土，有三惡道，有畜生，有餓鬼，有地獄。其實，這只是眾生心中的釋迦，而不是實際的釋迦。眾生見佛，佛是眾生。佛見眾生，眾生皆佛。

諸佛國土，那是一個「原本的淨土」，無有三惡道，亦無六道輪回。一切諸佛，只是回歸了這個「原本的淨土」的人，只是回歸了這個「真實自我」的人，往生淨土，成就佛道，不是從宇宙空間的這個地方搬遷到宇宙空間的另一個地方，而是回歸自性，恢復本來。

一、國無惡道願

『設我得佛，國有地獄❶、餓鬼❷、畜生❸者，不取正覺。』

【章 旨】自心之中，無有三毒。淨土世界，無有惡道。若有惡道，則非淨土。

【注 釋】❶地獄 佛經中所說的地獄，是個文化概念，而不是物理概念。地獄是個比喻，比喻極其痛苦的眾生狀態。❷餓鬼 佛經中所說的餓鬼，是個文化概念，而不是物理概念。餓鬼是個比喻，比喻極其貪婪的生命狀態。❸畜生　佛經中所說的畜生，是個文化概念，而不是物理概念。畜生是個比喻，比喻極其無德的生命狀態。

【語　譯】『我作佛時，國土之中，無有地獄、餓鬼、畜生。若不如是，不取正覺。』

【釋　義】三惡道者，畜生、餓鬼、地獄是也。畜生、餓鬼、地獄是個表法。畜生，表極無德也。餓鬼，表極貪婪也。地獄，表極痛苦也。三惡道，是極貪、極嗔、極痴所致。三善道，是輕貪、輕嗔、輕痴所致。諸佛國土中，皆無極貪、極嗔、極痴的三惡道。

問：諸佛國土中，還有輕微的貪嗔痴？

答曰：貪佛，貪法，貪僧，貪戒，貪定，貪慧，即使輕微，亦屬於貪。逆我所貪，心生不快。順我所貪，心生快意。如此不快，如此快意，即使輕微，亦屬於嗔。

我們學佛，應當發願，度盡貪嗔痴，究竟成佛道。若有貪嗔痴，則不取正覺。

二、不更惡道願

『設我得佛，國中人天❶，壽終之後，復更三惡道❷者，不取正覺。』

【章　旨】淨土眾生，住持善法。生生不退，直至成佛。若不如是，則非淨土。

【注　釋】❶人天　人道，天道，六道之中的二善道。❷三惡道　地獄道，餓鬼道，畜生道，六道之中的三惡道。

【語　譯】『我作佛時，國中人天，命終之後，不墮三惡道。若不如是，不取正覺。』

【釋　義】問：如何是「國中人天」？

答曰：自性中的是極貪、極嗔、極痴，是名三惡道眾生。自性中的輕貪、輕嗔、輕痴，是名三善道眾生，亦名人天眾生。

諸佛國土中，有菩薩眾生，聲聞眾生，人天眾生。這些眾生，受佛教化，習氣減輕，無復增加。往生淨土的人，他的自性中，無有極貪、極嗔、極痴的習氣，無有三惡道的眾生。極樂國土中的人天，屬於悟後的習氣，而不是悟前的習氣。極樂國土中的人天，屬於諸佛世界中的人天，而不是娑婆世界中的人天。

悟道之後，時時覺照，習氣日損，直至淨盡，方得成佛。

我們學佛，應當發願，時時覺照，不跟境界跑，不隨習氣轉，直至究竟解脫。

三、身悉金色願

『設我得佛，國中人天，不悉真金色者，不取正覺。』

【章　旨】迷心皆假，悟心全真。回歸自性，大地黃金。若不如是，則非淨土。

【語　譯】『我作佛時，國中人天，皆真金色。若不如是，不取正覺。』

【釋　義】問：那裡的人民，皆是真金色？

答曰：真金色，是個表法，表功德莊嚴。金色，即金子般的精神相貌。悟了金子般的自性，則有金子般的相貌。悟了自性的人，當下即是極樂淨土，當下即是富貴莊嚴。這個極樂淨土，這個富貴莊嚴，是心性意義上的，而不是物理意義上的。我們看了這段經文，切不要望文生義，以為見到了佛，往生了淨土，沒錢的人也有錢了，貧窮的人也富有了。

自性本自清淨，自性本自莊嚴，我們學佛，應當發願，誓願覺悟自性，回歸自性，度脫眾生，究竟成佛。

四、形色相同願

『設我得佛，國中人天，形色不同，有好醜者，不取正覺。』

【章　旨】悟道之人，萬法平等。若不如是，則非正覺。

【語　譯】『我作佛時，國中人天，形無差異，相無好醜。若不如此，不取正覺。』

【釋　義】往生淨土的人，以清淨平等覺性為自體，朗現萬相，不落分別，故萬法平等，無有好醜。

境緣無好醜，好醜起於心。若心不分別，萬法悉皆同。見山還是山，見水還是水，形色雖不同，境緣無好醜。山也好，水也好，形形色色，萬法平等。有好有醜，此乃妄想分別之故。若無妄想，美醜何存？諸佛國中，無有妄想，不落分別，故無好醜。

我們學佛，應當發願，要心光普照，不作妄想，不落分別，成就一個清淨平等的淨土世界。佛光普照，即是心光普照。心光普照，不落分別，即是無上的修行。

五、宿命智通願

『設我得佛，國中人天，不悉識宿命❶，下至知百千億那由他❷諸劫事者，不取正覺。』

【章旨】自性眾生，悉皆了知。若不如是，則非正覺。

【注釋】❶宿命　過去世之命運。又稱宿住。即總稱過去一生、無量生中之受報差別、善惡苦樂等情狀。若能知此情狀，稱為宿命通。❷那由他　極大數目名，相等於今天的億。佛經中的極大數目，皆是文化概念，不是數學概念，故不可當作實數。

【語譯】『我作佛時，國中人天，皆得宿命通，知無量劫事。若不如是，不取正覺。』

【釋義】一心含萬相，萬相唯一心。百千億那由他諸劫事，也只是諸人當下的事。過去事，現在事，未來事，無一不是當下的事，無一不是妙明真心中的事。往生淨土的人，回歸自性的人，他即是這一心。自己心中事，自心豈不知？經云：「悉得了知，如觀掌中庵摩羅果。」（《大方等大集經》卷第六。《大正藏》第十三冊，第三十六頁下。）

蓮池大師有問答云：

「問曰：淨土攝機誠乎其廣矣，愚不敢復議矣。然亦嘗聞有惟心淨土、本性彌陀之說。愚竊喜之，及觀淨土經論，所謂淨土者，十萬億土外之極樂也。所謂彌陀者，極樂國中之教主也。是則彼我條然，遠在惟心本性之外矣。果何謂耶？

答曰：汝言局矣，不識汝心之廣大而明妙者矣。《楞嚴》云：『色身外洎山河虛空大地，咸是妙明真心中物。』又云：『諸法所生，惟心所現。』安有佛土而不在吾心者哉？當知淨土惟心，心外無土，如大海之現群漚，無一漚能外海也。惟心淨土，土外無心，猶眾塵之依大地，無一塵不名地也。又當知，先聖有云：惟此一心，具四種土。一曰凡聖同居。二曰方便有餘。三曰實報無障礙。四曰常寂光也。」（《淨土或問》。《大正藏》第四十七冊，第二九四頁上中。）

我們學佛，應當發願，無為覺光，普照十方，自性眾生，悉得解脫。普照之故，虛幻業障，悉皆消除。普知之故，自性眾生，悉皆得度。何以故？經云：「知幻即離，不作方便。離幻即覺，亦無漸次。」

六、天眼普見願

『設我得佛，國中人天，不得天眼❶，下至見百千億那由他諸佛國者，不取正覺。』

【章旨】悟道之人，見無障礙。若不如是，則非正覺。

【注釋】❶天眼 見一切色而無障礙，是名天眼。

【語譯】『我作佛時，國中人天，皆得天眼通，見無量諸佛國土。若不如是，不取正覺。』

【釋義】天眼者，清淨眼也。心若清淨，則眼清淨。眼清淨故，則見色清淨。見色清淨故，則見一切色而無障礙。凡夫則不同，見山著山，見水著水，觸著便著，著即成障。若人悟得自心，以本來清淨之心而見十方世界，則見百千億那由他諸佛國而無障礙。

問：如何是「見百千億那由他諸佛國而無障礙」？

答曰：一花一世界，一葉一菩提。在悟者的境界上，一色一香，即是一佛國。若人悟了這個妙明真心，以這個妙明真心為自體，映現萬相，一塵不染，這正是「見百千億那由他諸佛國」的變相表達。此一念，彼一念，此一色，彼一色，此一聲，彼一聲，形形色色，塵塵剎剎，悉皆佛土。若見這裡一尊佛，那裡一尊佛，遍滿虛空，處處皆佛，佛佛皆如大雄寶殿裡的形象。此番景象，唯心幻現，若作聖解，即受群邪。《楞嚴經》云：「又以此心，成就清淨，淨心功極，忽見大地，十方山河，皆成佛國，具足七寶，光明遍滿。又見恒沙諸佛如來，遍滿空界，樓殿華麗，下見地獄，上觀天宮，得無障礙。此名欣厭，凝想日深，想久化成，非為聖證。不作聖心，名善境界。若作聖解，即受群邪。」（《大佛頂如來密因修證了義諸菩薩萬行首楞嚴經》卷第九。《大正藏》第十九冊，第一四八頁上。）

問：如何是見無障礙？

答曰：見山不著山，則見山無障礙。見水不著水，則見水無障礙。見一切色，不著一切色，則見一切色無障礙。見無障礙，亦名天眼。

莫把天眼當作能見地球那邊的事，莫把天眼當作能見百萬光年之外的事。若作如此見，縱然能見上帝吃飯，那也是見障礙，是幻覺，是精神錯亂，而不是天眼。

七、天耳普聞願

『設我得佛，國中人天，不得天耳❶，下至聞百千億那由他諸佛所說，不悉受持者，不取正覺。』

【章旨】悟道之人，聞無障礙。若不如是，則非正覺。

【注釋】❶天耳　聞一切聲而無障礙，是名天耳。

【語譯】『我作佛時，國中人天，皆得天耳通，聞無量諸佛所說，悉皆受持。若不如是，不取正覺。』

【釋義】天耳者，清淨耳也。心若清淨，則耳清淨。耳清淨故，則聞聲清淨。聞聲清淨故，則聞一切聲無障礙。凡夫則不同，聞一切聲，則著一切聲。著聲即受縛，受縛即成障。

自性圓覺，普聞十方。若人悟得自性，以自性為體，普聞十方，則「聞百千億那由他諸佛所說」而無障礙。

問：如何是「聞百千億那由他諸佛所說」？

答曰：在悟者的境界上，無量萬相，皆是佛音。《華嚴經》云：「一切諸佛，廣長舌相，無量無邊，出妙音聲，普聞法界。」這個廣長舌，正是諸人的無相真心。無相真心，普現萬相，萬相一一，盡顯真際，這正是「聞百千億那由他諸佛所說」的變相表達。一色一香，皆是法音，盡顯諸人的無相真心。還得聞麼？

莫把天耳當作能聞鬼神聲。若是這樣聞，即使能聽到神仙國裡的悄悄話，那也是聞障礙，是幻聽，是精神錯亂，而不是天耳。《楞嚴經》云：「忽于空中聞說法聲，或聞十方同敷密義，此名精魂遞相離合。成就善種暫得如是，非為聖證不作聖心，名善境界，若作聖解，即受群邪。」（《大佛頂如來密因修證了義諸菩薩萬行首楞嚴經》卷第九。《大正藏》第十九冊，第一四七頁下。）

八、他心悉知願

『設我得佛，國中人天，不得見他心智❶，下至知百千億那由他諸佛國中眾生心念者，不取正覺。』

【章　旨】悟道之人，了義無礙。若不如是，則非正覺。

【注　釋】❶他心智　知一切心念而無障礙，是名他心智。

【語　譯】『我作佛時，國中人天，皆得他心通，悉知一切眾生心念。若不如是，不取正覺。』

【釋　義】他心智者，清淨智也。心若清淨，則見一切心念清淨。凡夫則不同，起一切念而著一切念，則一切念皆成污染，則一切念皆成障礙。

自性圓覺，普知十方。若人悟得自性，以自性為體，則「知百千億那由他諸佛國中眾生心念」而無障礙。

問：如何是「知百千億那由他諸佛國中眾生心念」？

答曰：「知百千億那由他諸佛國中眾生心念」，即是見百千億那由他諸事相中的習氣。諸佛國者，諸事相也。眾生心念者，習氣妄動也。事相無量，佛國無量。習氣無量，眾生無量。若不能如是而見自性眾生，則非正覺佛土。譬如，對於悟道者來說，他見到某人，或想起某人，他的自性中便會顯現出這個人。自性中顯現出的這個人，即是他的自性化現出的一個佛國。既然是一佛國，那麼，在這個佛國中，便有無量眾生。對於自性中的這個人，或欣或厭，或取或捨，以及圍繞著這個人所起的種種不清淨的思想與態度，或粗或細，乃至極微細，皆是這個佛國中的眾生。這些縱橫交錯的習氣，便是這一佛國中的眾生，亦名自性眾生。若真修行人，對於這些眾生，當悉知悉見，所謂「常見自己過」是也。然而，這個「過」，又不可作「實」，若作「實」，則又成「虛幻過上又添過」，則又成造業之舉。

昧卻自心，隨習氣而轉，舊習氣上再添新習氣，五花大綁，捆住其人，這就是娑婆世界的眾生，也就是《地藏經》上所說的「南閻浮提眾生，舉止動念，無不是業，無不是罪」。

悟了自心，則隨緣消舊業，更不造新殃，這就是淨土世界的眾生，這就是《無量壽經》所說的「七寶華中，自然化生，住不退轉」。也是《阿彌陀經》所說的「極樂國土眾生生者，皆是阿鞞跋致」。也是儒家所說的，已經「明明德」的賢者，他的心靈世界，「苟日新，日日新，又日新」，直至「止于至善」。

我們於見色聞聲中，於起心動念中，有無量的習氣，也就是有無量的眾生。若真悟道人，自性眾生，則悉知悉見。惠能大師說：「世人若修道，一切盡不妨，常自見己過，與道即相當。」（《六祖大師法寶壇經》。《大正藏》第四十八冊，第三五一頁中。）這個「過」，就是自性眾生，就是自性習氣。

圓覺自性，朗照無餘，習氣現前，悉皆了知，猶如太陽，消融霜雪。如是朗照，即名常見自己過，即名普度一切眾。

自性中顯現出的塵塵剎剎，有百千億那由他之多，其中的眾生心念，也就是其中的習氣染著，也有百千億那由他之多。若真修行人，當悉知悉見。如是修行，即能證得無上正等正覺。

九、神足無礙願

『設我得佛，國中人天，不得神足[1]，於一念頃，下至不能超過百千億那由他諸佛國者，不取正覺。』

【章旨】悟道之人，運念無礙。若不如是，則非正覺。

【注釋】❶神足　行一切心念而無障礙，是名神足。

【語譯】『我作佛時，國中人天，皆得神足通，於一念間，遍行無量諸佛國。若不如是，不取正覺。』

【釋義】問：如何是神通？

答曰：無所不能為神，無所障礙為通。我們的自性，吃飯穿衣，送往迎來，發明創造，無所不能。我們的自性，見色聞聲，起心動念，言行舉止，無所障礙。我們的自性，就是大神通。自性是神通故，證悟自性，則是得大神通。習氣未淨故，雖具大神通，則不得全彰，故於習氣，損之又損，直至淨盡，自性神通，方得全彰。

若說習氣，亦非實有，經云：「眾生者，是非眾生，是名眾生。」眾生即是習氣煩惱。習氣煩惱，亦非實有，幻相而已。只須識得它，用般若慧光，將它淨盡化空，是名度眾生。眾生度盡，圓成佛道，現大神通。

問：如何是神足通？

答曰：心空無住，運想自在，無所障礙，是名神足通。

我們的這個猴心（顛倒妄想），想東想西，想天想地，想過去，想未來，想此事，想彼事，也是一個筋斗（妄想）十萬八千里。然而，終日妄想，終日筋斗，那也是出不了如來手的。如來手，是個比喻，比喻諸人的妙明真心。悟得此心，順心起用，方是真正的神足通。若不然者，昧心起用，皆成呼聲捉響，自我誑惑。

莫把神足通當作上天見上帝，入地見閻王，飛行遊十方。若把這樣的上天入地、飛行十方當作神足通，且用功修行，試圖修成。如此妄想，如此用功，必定神經，而非神通。

我們學佛，應當發願，時時心空，無所住著，證悟自性。若不如此，則不得神足通，只成顛倒想。

十、不貪計身願

『設我得佛，國中人天，若起想念，貪計身❶者，不取正覺。』

【章旨】悟道之人，心無掛礙。若不如是，則非正覺。

【注釋】❶貪計身　計較人我，糾纏其中。

【語譯】『我作佛時，國中人天，不起貪心，不計人我。若不如是，不取正覺。』

【釋義】問：如何是「起想念，貪計身」？

答曰：「起想念，貪計身」，就是執著我相，貪著我所。執著我相，便有人相。有我有人，糾纏不休，便是眾生相。所謂眾生相，不是很多人，而是很多習氣。很多習氣，即名眾生。久久執著，根深蒂固，難以自拔，便是壽者相。這個壽者相，不是壽命很長，而是執著堅固，難以自拔。

淨土世界，佛光普照，不落我相、人相、眾生相、壽者相。悟道之人，心光普照，不落我相、人相、眾生相、壽者相。若落我相、人相、眾生相、壽者相，則非正覺。

我們學佛，應該發願，心光普照，常自覺察，不落我相、人相、眾生相、壽者相。如此用功，則能證得無上正等正覺。

今人學佛，自不發願，只靠他願，自不努力，只靠他力。如此心態，哪有什麼大丈夫相？口口聲聲說「學佛乃大丈夫事」，而實實在在行「小女人事」。

問：何為小女人？

答曰：無胸懷，無擔當，如此之人，便是小女人。依此而論，世上幾人是丈夫？有胸懷，有擔當，世上女人亦丈夫。試看八歲龍女的修行：龍銜寶珠，游魚不顧。彼佛現前，珠亦不守。通體放下，直下成佛。八歲龍女，是大丈夫。佛家所說的大丈夫，不以性別而論，唯以胸懷而說。

今人學佛，把法藏比丘當作他，不知法藏比丘正是因地上的自己。今人學佛，把無量壽當作他，不知無量壽正是果地上的自己。對於這個見地，能肯定否？能歡喜否？若也不能，把法藏比丘當作他，把無量壽當作他，靠他發願，求他接引，這已是「起想念，貪計身」，這已是我相、人相、眾生相、壽者相，這已是小女人，而不是大丈夫。經云：「國中人天，若起想念，貪計身者，不取正覺。」也就是說，若著我相、人相、眾生相、壽者相，則不得成佛。

法藏比丘的四十八大願，是開示圓成佛道的方法。我們不是四十八大願的旁觀者，我們是四十八大願的當事人。可是，今人修習淨宗，把自己當作四十八大願的旁觀者，而不是四十八大願的當事人。這個姿態，這個依賴，已非大丈夫。這個見地，這個外求，已非大丈夫。若非大丈夫，豈能證得無上正等正覺？

十一、住定證滅願

『設我得佛，國中人天，不住定聚❶，必至滅度者，不取正覺。』

【章　旨】悟道之人，念念在定。若不如是，則非正覺。

【注　釋】❶定聚　正定聚的簡稱。契合自性，即名三昧，亦名正定。正定聚，即一切正定，悉皆具足。

【語　譯】『我作佛時，國中人天，皆住正定，直至涅槃。若不如是，不取正覺。』

【釋　義】定聚，即正定聚，三聚之一。三聚：一、正定聚。正定聚，必定往生。二、邪定聚。邪定聚，不得往生。三、不定聚。不定聚，有緣則得往生，無緣則不得往生。

依正見而定，即名正定。依邪見而定，即名邪定。譬如念佛，既有正念正定，亦有邪念邪定。正念正定，必定往生。邪念邪定，不得往生。所謂正念，即認定自心，本來是佛，持名念佛，只為覺醒自己。所謂邪念，音聲求佛，色相見佛，持名喊他，向外求索。

淨土世界，無有邪定。淨土世界，無有不定。往生淨土的人，親見自性的人，知見已正，沐浴佛光。因此之故，常處正定，直至成佛。

淨土之定，順性之定。順性之定，行亦定，坐也定，語默動靜悉皆定。正定，則能成就無上正等正覺。邪定，則不能成就無上正等正覺。

十二、光明無量願

『設我得佛，光明有能限量，下至不照百千億那由他諸佛國者，不取正覺。』

【章旨】悟道之人，光明遍照。若不如是，則非正覺。

【語譯】『我作佛時，光明無量，照徹十方，諸佛國土。若不如是，不取正覺。』

【釋義】我們的自性，便是一大光明藏。我們的自性，光明無量，照徹十方。回歸了自性，便是恢復了自性光明無量。恢復了自性光明，則自然照徹十方世界「百千億那由他諸佛國」。

在悟者的境界上，一花一世界，一葉一菩提。無量萬相，即是無量佛國。一佛國中，有無量眾生。無量佛國中，則有無量無邊的眾生。

若真修道人，自性之光，普照十方，十方世界，無量眾生，悉皆度脫。若不如是，則非正覺。

我們學佛，應當發願，回歸自性，恢復自性光明，度盡自性眾生，淨化心靈世界，成就極樂國土。

極樂國土，不是物理空間意義上的國土，而是心靈世界意義上的國土。極樂國土，即清淨光明的心靈世界，即清淨光明的自性世界。除此之外，心外求淨土，心外求極樂，以為在宇宙空間的某個位置，有一個無比快樂的地方。如此見解，已是「依文解義，三世佛冤」。蕅益大師云：「依文解義，三世佛冤，縱行六波羅密百千萬劫，以有所得為方便，終名遠離甚深般若。」（《靈峰蕅益大師宗論》卷第五之三。《嘉興藏》第三十六冊，第三四二頁下。）蕅益大師有問答云：「問：西方去此十萬億土，何得即生？答：十萬億土，不出我現前一念心性之外。以心性本無外故。又，仗自心之佛力接引，何難即生？如鏡中照數十層山水樓閣，層數宛然，實無遠近，一照俱了，見無先后。從是西方，過十萬億佛土，有世界，名曰極樂，亦如是。其土有佛，號阿彌陀，今現在說法，亦如是。其人臨命終時，阿彌陀佛，與諸聖眾，現在其前，是人終時，心不顛倒，即得往生阿彌陀佛極樂國土，亦如是。當知，字字皆海印三昧，大圓鏡智之靈文也。」（《淨土十要》卷第一。《卍續藏》第六十一冊，第六五四頁下。）

十三、壽命無量願

『設我得佛，壽命有能限量，下至百千億那由他劫者，不取正覺。』

【章旨】悟道之人，不生不滅。若不如是，則非正覺。

【語譯】『我作佛時，壽命無量，窮劫無盡。若不如是，不取正覺。』

【釋義】我們的自性，不生不滅，壽量無涯。回歸了自性，便是回歸了無量壽。回歸了無量壽，即壽命無量。若不如是，則非正覺。

無量壽，不是某個超然的個體，不是某個令人頂禮膜拜的宗教偶像，他只是諸人空靈寂照的自性，他只是諸人真實的自己。所謂作佛，只是回歸自性，以自性作自己。自性光明無量，自性壽命無量，即是我光明無量，即是我壽命無量。

我們學佛，應當發願，回歸自性，回歸我們的無量壽，淨化心靈，普度眾生，成就自性淨土，成就自心淨土。

十四、聲聞無數願

『設我得佛，國中聲聞，有能計量，乃至三千大千世界眾生，緣覺，於百千劫，悉共計挍，知其數者，不取正覺。』

【章旨】自性聲聞，無量無數。若不如是，則非正覺。

【語譯】『我作佛時，國中聲聞，無量無數，假使三千大千世界，所有眾生緣覺，於百千劫中，尋思共算，不知其數。若不如是，不取正覺。』

【釋義】這裡所說的聲聞，不是娑婆世界的聲聞，而是淨土世界的聲聞。娑婆世界的聲聞，是未見自性的聲聞，表出世離染之德。淨土世界的聲聞，是見性後的聲聞，表聞佛教導、依教奉行之德。

第一，娑婆世界的聲聞，只知有三界可出，而不知有佛可成。因此，娑婆世界的聲聞，發心出三界，入涅槃，不來世間，不受世苦。

淨土世界的聲聞，身居淨土，沐浴佛光，了知三界，如幻如化，本無實際，順佛教化，漸漸契入無餘涅槃，圓成無上正等正覺。

第二，娑婆世界的聲聞，他聽聞的佛陀教導，是佛陀的有聲言語。淨土世界的聲聞，他聽聞的佛陀教導，是各種形態的自性妙音，不局限於口頭言說。

淨土世界，聲聞之德，無有限量。若有限量，則非正覺。

問：何謂三千大千世界？

答曰：充滿貪嗔痴的心靈世界，即是三千大千世界。三千大千世界中，貪有無量，假名一千。嗔有無量，假名一千。痴有無量，假名一千。貪嗔痴性，各有一千，三個三千，故名三千大千世界。

清淨光明的心靈世界，即是淨土世界。顛倒污染的心靈世界，即是娑婆世界。欲淨其土，當淨其心。隨其心淨，則佛土淨。切不可心外求淨土，何以故？自心不淨，欲生淨土，無有其事。

淨土是自心，生又生何處？往生淨土，唯生自心。蓮池大師云：「彌陀即自性彌陀，所以不可不念。淨土即惟心淨土，所以不可不生。」又云：往生淨土，「生于自心，故不往而往，名為往生。」（《阿彌陀經疏鈔》卷第四。《卍續藏》第二十二冊，第六六八頁上。）蕅益大師云：「千經萬論，若顯若密，皆直指人心，見性成佛。除此心外，更無所詮。」（《靈峰蕅益大師宗論》卷第三。《嘉興藏》第三十六冊，第三一八頁下。）六祖惠能云：「自性不歸，無所歸處。」可見，除此心外，向外追尋，則是流浪，不是回家。

十五、壽命無量願

『設我得佛，國中人天，壽命無能限量。除其本願，脩短自在。若不爾者，不取正覺。』

【章旨】悟道之人，善法常住。若不如是，則非正覺。

【語譯】『我作佛時，國中人天，壽命無量，除其本願，示現有量。若不如是，不取正覺。』

【釋義】欲歸本體，則歸本體。欲現事相，則現事相。歸於本體，則壽命無量。現於事相，則生亦有涯。或歸本體，壽命無量，或現事相，壽亦有涯，隨緣任運，無所障礙，是名「脩短自在」。若不得壽量自在，則不取正覺。

諸人的本體，或曰諸人的無相法身，個個皆是無量壽。釋迦如此，凡夫亦如此。世間凡夫，無始劫來，追影逐幻，然而，實際理地，未曾生滅。實際理地，不生不滅，是名無量壽，亦名阿彌陀，亦名諸人「本真的自己」。

諸人的變現相，或曰諸人的化身相，人人皆是壽有涯。凡夫如此，釋迦亦如此，八十年前王宮生，八十年後林間滅。世人不識自性，故有虛幻輪回，故有虛幻生死。若也識得自性，生滅幻化，皆非實有。非實有故，生而不生，滅而不滅，猶如鏡影，生而不生，滅而不滅。何以故？幻影不實，生滅豈真？

十六、不聞惡名願

『設我得佛，國中人天，乃至聞有不善名者，不取正覺。』

【章　旨】自性清淨，聞聲清淨。若不如是，則非正覺。

【語　譯】『我作佛時，國中人天，不聞惡名。若不如是，不取正覺。』

【釋　義】問：如何是惡名？

答曰：惡名，不是世人所說的「壞名聲」，而是惡習氣，惡污染。現量境界之中，一切色相，本無善惡，只因妄想分別，而有幻相污染，而有虛假惡名。惡者，污染也。名者，幻相也。若人著相，惡名遂生。若人離相，惡相遂滅。

問：如何是不聞惡名？

答曰：淨土世界，清淨光明，本無惡名。淨土世界，本無執著，本無污染。既無執著，亦無污染，何有惡名？

往生淨土世界的人，心清淨故，則現一切相清淨。現一切相清淨故，則無一切惡名。無一切惡名故，則不聞一切惡名。

十七、諸佛稱歎願

『設我得佛，十方世界，無量諸佛，不悉咨嗟，稱我名者，不取正覺。』

【章　旨】我在之處，諸佛指示。若不如是，則非正覺。

【語譯】『我作佛時，十方世界，無量諸佛，悉皆讚歎，稱頌我名。若不如是，不取正覺。』

【釋義】問：如何是「十方世界，無量諸佛」？

答曰：清淨法身，遍含十方。上方有無量萬相，下方有無量萬相。東西南北，四維上下，各有無量萬相。清淨法身中的無量萬相，即是清淨法身的無量化現，即是清淨法身中的無量諸佛。

十方世界，無量諸佛，皆從清淨法身而現，歸還於清淨法身，所謂「無不從此法界流，無不歸還此法界」。

清淨法身即是我，我即是清淨法身。十方世界，無量萬相，皆我化現。十方世界，無量諸佛，皆我化身。十方世界，無量諸佛，悉皆讚我。若不如此，則非正覺。

切莫妄想，以為「無量諸佛，悉皆稱我」，便是無量無邊、相好莊嚴的佛，悉皆稱歎我最上最第一。這樣的圖像，皆業識變現，皆不可住著。若將此幻境當真，即是顛倒妄想，即是謗佛。

問：如何是謗佛？

答曰：謗佛，不是說佛的壞話。背覺合塵，一意孤行，即是謗佛。妄想顛倒，不知回頭，即是謗佛。經云：「若人言如來有所說法，即為謗佛。」何以故？著了文字相，忘卻自己真。

問：如何是讚佛？

答曰：讚佛，不是說佛的好話。背塵向覺，至誠精進，即是菩薩讚佛。君臣合道，無背無向，即是諸佛讚佛。

十八、至心往生願

『設我得佛，十方眾生，至心信樂，欲生我國❶，乃至十念，若不生者，不取正覺。唯除五逆，誹謗正法❷。』

【章旨】念念在覺，即得往生。若不如是，則非正覺。

【注釋】❶我國　我國不是他國，而是自性之國。法藏比丘表因地之我，無量壽佛表果地之我。❷正法　這裡所說的正法，不是指某個具體的方法，而是指生發萬相的自性之法。離心別求，著相外求，皆屬誹謗正法。經云：「若人言如來有所說法，即為謗佛。」據此而論，著於文字，即為謗佛。依文解義，即為謗法。

【語譯】『我作佛時，十方眾生，歡喜信受，願生我國，乃至十念，亦得往生。若不如是，不取正覺。除非行業五逆，毀謗正法。』

【釋義】問：如何是「十方眾生」？

答曰：自性即是十方，十方即是自性。十方眾生，即是自性眾生。

莫把「十方眾生」當作物理虛空中的生命個體。若把「十方眾生」當作物理虛空中的生命個體，那麼，阿彌陀佛永遠度不盡眾生。更何況，無量的生命個體，他們不會持名念佛。既然他們不會持名念佛，又如何信願持名、往生淨土呢？鸚鵡學舌，倒是能夠發出相似的聲音，然而，鸚鵡學舌，雖有其名，而無其實。有名無實，豈是念佛？迷人不知，聽見鸚鵡學舌，發出「阿彌陀佛」的聲音，便高興得不得了，以為這個鸚鵡念佛了，將來阿彌陀佛一定接引牠往生淨土。修習淨宗，修成這樣，即是愚痴，即是謗佛。

問：「欲生我國」。如何是「我國」？

答曰：我，即是「天上天下，唯我獨尊」之「我」，即是自性之我，即是法身之我。欲生我國，即是誓願回歸自性，即是誓願返本還源。

問：如何是「至心信樂」？

答曰：至心信樂，即是全身心地信。信什麼？信「是心是佛，是心作佛」，信「自己能夠覺悟自心」。

諸多學人，在這「信」上出了問題，他信物理虛空的西方，那裡有個極樂世界，而不信心靈世界的西方，那裡有個本然的極樂。

心外求淨土，即是外道。外道修行，不達淨土。放下即是西方，執著即是娑婆。

問：如何是「十念往生」？

答曰：凜然一覺，回光一見，即是一念。如是十覺，如是十見，即是十念。一聲佛號一聲覺，聲聲佛號聲聲覺，如是持名，如是覺照，即是持名念佛。若不覺照，若不自見，僅呼其名，向外喊他，則喊破喉嚨亦徒然。

一聲佛號一聲覺，聲聲佛號聲聲覺。如是而念，如是而觀，則妄念自斷。妄念斷處，回光一見，一見見得，即名往生。達摩祖師云：「一念回機，便同本得。」迷人不知，把「十念」當作喊他十聲，結果，喊了十萬聲，百萬聲，乃至喊了一生，也不得往生。

蕅益大師云：「彌陀名號，即眾生本覺理性。持名，即始覺合本。始本不二，生佛不二，故一念相應一念佛，念念相應念念佛也。」（《淨土十要》卷第一。《卍續藏》第六十一冊，第六五一頁中。）

蓮池大師云：「終日念佛，終日念心。熾然往生，寂然無往矣。」（《阿彌陀經疏鈔》卷第一。《卍續藏》第二十二冊，第六〇六頁中。）

蓮池大師云：「試觀自性，欠少何事？靈知體上，彌陀聖眾，終日現前。常寂光中，極樂淨邦，無時不往。奈何，佛見是利，眾生若盲。佛說是利，眾生若聾。雖是勞他金口宣揚，須是一回親見始得。」（《阿彌陀經疏鈔》卷第四。《卍續藏》第二十二冊，第六六九頁上。）

可見，持名念佛，不是喊他，而是喚醒自己。聲聲佛號，出於口，入於耳，歷歷於心，聲聲不昧，以此方便，截斷妄想。如是而念，如是而觀，自然契入念佛三昧。三昧之中，一機來臨，不動一步，即得往生。

問：犯五逆罪，不得往生。如何是五逆罪？

答曰：五逆罪，即五種逆反正法的罪，具體而說，即是殺父、殺母、殺阿羅漢、出佛身之血、破和合僧。

慈悲為父。智慧為母。清淨為阿羅漢。自性為佛身。萬相和合為和合僧。違背慈悲，違背智慧，違背清淨，違背自性，違背和合。如此違背，即名五逆罪。五逆之罪，違背淨土，不得往生。

問：誹謗正法，不得往生。如何是正法？

答曰：自性當體，即是正法。昧卻自性，著相外求，即是誹謗正法。

十九、臨終現前願

『設我得佛，十方眾生，發菩提心❶，修諸功德，至心發願，欲生我國，臨壽終時，假令不與大眾圍遶現其人前者，不取正覺。』

【章　旨】發菩提心，向自性道。妄想斷時，即得往生。

【注　釋】❶發菩提心　菩提者，無上正真之自性也，發廣大願，誓願證得自性法身，誓願成就無上正等正覺，是名發菩提心。

【語　譯】『我作佛時，十方眾生，發心求道，勤修功德，至誠發願，欲生我國，此人臨命終時，我與聖眾，現在其前。若不如是，不取正覺。』

【釋　義】持名念佛，心念耳聞，歷歷於心，聲聲不昧，是名修諸功德。持名念佛，不為別事，只為往生，極樂國土，是名至心發願。眾生雖迷，未出彌陀，若能回機，即得悟本，即名往生。

究實而論，「至心發願，欲生我國」，這個「我國」，不是「他國」，而是自性佛國，而是自性淨土。

法藏比丘，即學人因地。阿彌陀佛，即學人果地。迷時偏位住，假名為法藏。悟了全體是，稱名阿彌陀。法藏與彌陀，皆非他人，皆是諸人自己。

自己又是誰？哪個又是我？釋迦佛指示大家：「天上天下，唯我獨尊。」祖師指示大家：「有物先天地，無形本寂寥。能為萬相主，不逐四時凋。」（《五燈會元》卷第二。《卍續藏》第八十冊，第六十七頁中。）也就是說，唯有這個獨尊的我，方是真正的我。這個無形無相、能為萬相主的我，方是真正的我。還識得這個「我」麼？若也識得，即名心不顛倒，即得往生我國。

捨己逐物，願生他國。如此外求，則我見未亡，人見猶在。我見未亡，人見猶在。如此不淨，豈能往生？

往生淨土，不是移民他國，而是回歸自性。往生他國，是名串門，不名回家。串門者，客居他鄉，輪回六道。回家者，登堂入室，當家作主。

「修諸功德，至心發願」，此乃精進用功，一心迴向也。迴向何處？迴向彼佛國土。彼佛國土，今在何處？彼佛國土，即汝自性。莫向外求，自性是彌陀。莫向外求，自性是淨土。

問：如何是「臨壽終時，佛與大眾，現其人前」？

答曰：臨壽終時，不是氣斷命絕時，而是根塵脫落、輪回終止時。持名念佛，用功到極處，豁然之間，於此當下，光皎皎，赤裸裸，一絲不掛，這便是「臨壽終時」。若把「臨壽終時」當作「氣斷命絕時」，那就是把身體當作我，那就是把妄想當作我。如此見解，落在幻境，不得解脫。

佛與大眾，現其人前。這個「佛」，不是他人，而是法身之我，而是自性之我。這個「大眾」，不是他人，而是妙用之眾，而是萬相之眾。佛與大眾，一體如如。體與眾相，一體如如。我與妙用，一體如如。一體如如的自心實相，於此當下，朗然現前，是名佛與大眾，現其人前。

若復有人，見一尊佛，及眾菩薩，如同飄影，顯現目前。此是業識變現，是生滅法，不可認他，認著即入魔道。這時，反觀自見，這空明朗淨的空性，亦名自性。若能見得，即名不顛倒。心不顛倒，即得往生。所謂往生，不是從宇宙空間的這裡跑到宇宙空間的那裡，而是不動一步，翻身即到。所謂翻身，不是翻這個四大色身，而是把這個「顛倒」翻過來，也就是不再顛倒。

遍含萬相的空性現前，應緣無住的妙用現前，即是我與菩薩現在其前。諸人還識得這尊佛麼？還識得這些菩薩麼？若也不識，口念彌陀，也屬有為。若也識得，雞鳴犬吠，也是念佛。

臨壽終時，我與大眾，即得現前。臨壽終時，即根塵脫落、輪回終止時。我者，自性也，法身也。大眾者，妙用也，萬相也。我與大眾，即體相一如的自心實相也。根塵脫落，輪回終止，自心實相，當下現前。識得自心，即名往生。不悟根本，即在輪回。

二十、欲生果遂願

『設我得佛，十方眾生，聞我名號，係念我國，殖諸德本，至心迴向❶，欲生我國，不果遂者，不取正覺。』

【章　旨】持佛名號，反觀自見。如是而行，必定往生。

【注　釋】❶迴向　回過心來，向著某個目標。迴向有兩種：一、未悟自性前的迴向。凡夫之心，向外追求，不知自心，原本是佛。因此，對於凡夫來說，要把這個向外追求的心回過來，反觀自見，體證自心。自心即是佛經所說的「我國」。二、悟了自性後的迴向。莫住法身，勿住空忍，塵塵剎剎，皆心化現，將此深信奉塵剎，是則名為報佛恩，亦名登地菩薩的迴向。

【語　譯】『我作佛時，十方眾生，聞我名號，繫念我國，培植德本，至心迴向，願生我國。是諸眾生，皆得往生。若不如是，不取正覺。』

【釋　義】問：如何是「聞我名號，係念我國」？

答曰：「聞我名號，係念我國」，即是聞我名號，歸我實際。名號無量壽，實際是哪個？

答曰：念之於口，聞之於耳，此是名號。這個名號，所指的那個實際，即是人人本自具足的自性法身。既然是人人本自具足的自性法身，那麼，我們就應該回歸自己的自性法身。回歸自性，即是往生淨土。離此之外，向外往生，即是心外求法的外道。

蓮池大師云：「終日念佛，終日念心。」（《阿彌陀經疏鈔》卷第一。《卍續藏》第二十二冊，第六〇六頁中。）又云：「佛即自己，以自心念自己，烏得為外求也。」（《禪關策進》。《大正藏》第四十八冊，第一一〇九頁上。）

莫把「往生」當作「這裡死去，那裡出生」。若是「這裡死去，那裡出生」，那麼，這個「出生」，還得「死去」。何以故？有生則有死，無生則無死。這個無生，也不是一個死寂頑空，而是一個真空妙有。自心實相，本來如是。

所謂往生，不是「這裡死去，那裡出生」，而是豁然識得這個「本來如是」。

無量壽佛，本來不生。無量壽佛，本來不滅。無量壽佛，不是別人，正是諸人自己。

無量壽佛，即是自心實相，這是一個「原本的真實」，不是法藏比丘修成的，而是法藏比丘契入的。

問：如何是「殖諸德本，至心迴向」？

答曰：所謂「殖諸德本，至心迴向」，即是不著諸相，但求根源。所謂眾德，即妙相也，妙用也。所謂眾德本，即百千妙用之根本也，無量莊嚴之大體也。眾德為末，一心為本。得一心則得天下，得根本則具全體。

我們學佛，應當發願，一心專念，返本還源，此謂「殖諸德本」。如是修行，如是迴向，即能證得無上正等正覺。

二十一、三十二相願

『設我得佛，國中人天，不悉成滿三十二大人相❶者，不取正覺。』

【章旨】悟道之人，具足莊嚴。若不如是，則非正覺。

【注釋】❶三十二大人相　古代印度所說的色身的三十二種相好。佛教借助於色身相好之說，所表達的是精神面貌這個意義上的德相莊嚴。大家切莫將色身相好當作佛經中所說的三十二大人相。

【語譯】『我作佛時，國中人天，圓滿具足三十二相。若不如是，不取正覺。』

【釋義】問：如何是三十二相？

答曰：佛教說的三十二相是個比喻，比喻心性上的清淨莊嚴，比喻心性上的大人之相，而不是生理上的眼睛鼻子都好。

我們學佛，切莫把三十二相當作眼睛鼻子都好。若把三十二相當作生理上的「色身相好」，那麼，六祖惠能又瘦又小，像個獦獠，則不具三十二相。然而，若從心性上來說，六祖惠能則具足三十二相，八十種好，德相莊嚴，等同釋迦。心性意義上的六祖惠能，諸人還見麼？若欲見他先見己，見得自己便識他。何以故？三世諸佛，法身不二。

經云：「不可以三十二相得見如來。」若有人言，如來三十二相，即是眼睛、鼻子、嘴巴等等。如此而言，如此而信，即名謗佛，不解如來所說義。

我們的心靈世界中，還有醜陋麼？還有不端莊麼？若有醜陋，若有不端莊，即名不具三十二相。我們的心靈世界中，還有貪嗔痴麼？若有貪嗔痴，即名醜陋，即名不端莊，即名不具三十二相。

見性之人，無有三毒，自性之中，清淨光明，故名我作佛時，國中人天，圓滿具足三十二相。所謂我作佛時，即是我見性時，而不是我作宇宙空間的最高領導時。所謂國中人天，即是自心現相，而不是有一個物理空間，那裡充滿美麗漂亮的天人。所謂圓滿具足三十二相，即是自心清淨，萬相莊嚴，而不是有一個人，他的眼睛鼻子長得都好。

真正明心見性的人，或曰花開見佛的人，或曰往生淨土的人，他的精神世界，清淨光明，德相莊嚴。若不如是清淨莊嚴，則不名見性，則不名見佛，則不名往生。

我們學佛，應當勤修戒定慧，熄滅貪嗔痴，淨化心靈，莊嚴自性。如是而行，方能得見自性彌陀，往生自性淨土，方能於自心境界中，圓滿具足三十二相。

可是，有些迷人，認為「圓滿具足三十二相」，即是「五官端正，色身相好」。因此之故，做諸功德，迴向來生，希望來生，五官端正，身材相好。如此而行，則不名修行，而名修「美女」，而名修「帥男」。

自性清淨，德相莊嚴，方得見性。或曰自性清淨，德相莊嚴，方得見佛。若心不清淨，德不莊嚴，則不得見性，或曰不得見佛。

見性之時，自心境界，清淨莊嚴，是名「設我得佛，國中人天，不悉成滿三十二大人相者，不取正覺」。

二十二、一生補處願

「設我得佛，他方佛土，諸菩薩眾，來生我國，究竟必至一生補處❶。除其本願自在所化，為眾生故，被弘誓鎧，積累德本，度脫一切，遊諸佛國，修菩薩行，供養十方諸佛如來，開化恒沙無量眾生，使立無上正真之道，超出常倫諸地之行，現前修習普賢之德。若不爾者，不取正覺。」

【章　旨】回歸自性，得不退轉。若不如是，則非正覺。

【注　釋】❶一生補處　略稱補處。最後身菩薩，經過此生，來生定可在世間成佛。

【語　譯】「我作佛時，他方世界，一切菩薩，往生我國，皆得滿願，一生補處。除非隨其本願，神通變化，為眾生故，乘大誓願，積累功德，度脫一切，隨緣應化，修菩薩行，遍供十方諸佛，開化恒沙眾生，立於無上之道，超出世間所有，修習普賢之德。若不如是，不取正覺。」

【釋　義】問：如何是「諸菩薩眾，來生我國」？

答曰：「諸菩薩眾，來生我國」，即諸菩薩眾，回歸自性。此菩薩明心見性，即是此菩薩來生我國。彼菩薩明心見性，即是彼菩薩來生我國。乃至無量菩薩明心見性，即是無量菩薩來生我國。所謂我國，即是體相一如、廣大無邊的自性之國。所謂來生我國，即明心見性，或曰花開見佛，或曰返本還源。

若把法藏比丘當作他，把四十八願當作他的願，把成佛當作他成佛，自己只是法藏比丘的旁觀者，只是法藏比丘的受益者。如此見解，是名邪見解，如此思維，是名邪思維，不得成佛道。

若人發願生到他國去，而不是回歸自性，即著我相，亦著人相。自古以來，無有著相的佛。

若人發願生到他國去，而不是回歸自性，那就成了客居他鄉。自古以來，無有做客的佛。

著我相，著人相，客居他鄉，是外道法，不能證得無上正等正覺。

一切菩薩，皆生我國。若不生我國而成就者，無有是處。我國者，自性之國也。生我國者，回歸自性也。回歸自性之後，安住自性，無為而作，則一切習氣，自然解脫，一切眾生，自然成佛。除非本願，不住正位，以神通力，度脫眾生。一切菩薩，往生我國，皆得滿願，一生補處，若不如此，則不取正覺。

二十三、供養諸佛願

『設我得佛，國中菩薩，承佛神力，供養諸佛，一食之頃，不能遍至無量無數億那由他諸佛國者，不取正覺。』

【章　旨】清淨法身，化現十方。若不如是，則非正覺。

【語　譯】『我作佛時，國中菩薩，承佛神力，一食頃供養十方世界無量諸佛。若不如是，不取正覺。』

【釋　義】問：如何是「國中菩薩」？

答曰：國，即是自性之國。菩薩，即是自性妙用，自性莊嚴。國中菩薩，即是自性中的妙用，自性中的莊嚴。切莫把「國中菩薩」當作物理虛空中的生命個體。何以故？佛教不是科學知識，而是心性修養。這個心性，清淨光明，普現萬相。這個心性，一塵不染，能生萬法。

問：如何是「承佛神力，供養諸佛」？

答曰：承佛神力，即是承心神力也。若不承佛神力，若不承心神力，則眼不能見，耳不能聞，鼻不能嗅，舌不能說，身不能舉，意不能想，一切作用，皆不能起。故經中常言：「承佛神力，為一切有情雨大法雨」，「承佛神力，順如來意，為諸菩薩摩訶薩宣說般若波羅蜜多」，「承佛神力，即從座起，偏袒右肩，右膝著地，合掌恭敬白佛言」，「承佛神力，觀察一切諸世界海」，等等。一切作用，承佛神力。一切作用，承心神力。一切菩薩，承佛神力。一切妙用，承心神力。佛與菩薩，一體不二。心及妙用，原同一體。

所謂供養諸佛，不是獻花與他，也不是施物與他，而是承心之力，起諸妙用。這個「承佛神力，供養諸佛」，地前菩薩所不能知，初地菩薩所不能見，唯登地大菩薩方能如是而見，如是而行。

問：如何是「一食之頃」，「遍至無數無量億那由他諸佛國」？

答曰：說個「一食之頃」，已是順俗之語。若論實際，自心妙用，本來遍滿，無往無來，無住無著。既無往來，則無時間。既無時間，豈有「一食之頃」？悟心之人，妙用十方。若不如是，則非正覺。

二十四、供具隨意願

『設我得佛，國中菩薩，在諸佛前，現其德本，諸所求欲，供養之具。若不如意者，不取正覺。』

【章旨】悟道之人，變現自在。若不如是，則非正覺。

【語譯】『我作佛時，國中菩薩，於諸佛前，現其德本，一切供具，隨念而至。若不如是，不取正覺。』

【釋 義】凡是我的作用，凡是我的現相，皆是我的供養之具。我的眼神，我的語言，我的見聞覺知，我的思想行為，無一不是我的供養之具。供無所供，是名真供。絕待理體，無能無所，無我無人，誰供誰受？全體是自己，哪裡有能所？

未悟之前，一切功德，供養自性佛，迴向自性土。這是悟前的主要修行方式。

悟道之後，安住正位，隨一切緣，起諸妙用。這是悟後的主要修行方式。

問：如何是供養十方諸佛？

答曰：立足於自性，安住於淨土，十方世界，一切色相，一切音聲，一切現相，一切作用，即名一切諸佛。以清淨心，應一切緣，即名供養諸佛。

莫把供養十方諸佛當作供養無數生命個體。若以我供他，既落人我。落在人我，即非佛法。若把供養十方諸佛當作供養無數生命個體，那麼，即使對面釋迦，那也不是供佛。若專門供養雕像、塑像那個樣子的佛，那麼，則永無雕像、塑像那個樣子的佛。除非在幻覺中。若把幻覺中的佛當作實際，則定成精神分裂。

在覺悟者的境界裡，在淨土者的境界裡，自性化現的一切諸相，即是一切諸佛。以清淨心，應一切緣，即是供養一切諸佛。若不如此，則非正覺。

二十五、演說妙智願

『設我得佛，國中菩薩，不能演說一切智❶者，不取正覺。』

【章旨】契合自性，盡顯自性。若不如是，則非正覺。

【注釋】❶一切智　佛智之名。了知自性，即是根本智。了知自性故，則了知一切之法。

【語譯】『我作佛時，國中菩薩，善於演說一切智慧。若不如是，不取正覺。』

【釋義】一切智，亦名佛智，亦名無師智，亦名自然智。國中菩薩，演說一切智，亦名演說自性智，亦名演說佛智。演說一切智，不局限於嘴巴，一切作用，皆是演說佛法，一切色相，皆是演說佛法，猶如大海中的波浪，皆是大海的演說，悉皆展現大海。

佛國中的菩薩，不是他人，正是自性的妙用，正是自性的德相。自性的妙用，自性的德相，無一不是佛智，無一不是心光。

切莫作這樣的妄想：佛國是一個極大的社會，那裡有最高的首領，有無量的臣民，他們過著長生不死、快樂無憂的生活，我也要發願投生到那裡，先作一個百姓，努力進步，步步提升，直至成佛，成為大慈大悲的最高首領。如此而想，即是顛倒妄想，則非正覺。

二十六、那羅延身願

『設我得佛，國中菩薩，不得金剛那羅延身❶者，不取正覺。』

【章旨】契合自性，壽量無涯。若不如是，則非正覺。

【注釋】❶金剛那羅延身　金剛不壞之佛身，亦名法性身。力用無比，猶如那羅延天之力，力大無窮，故稱金剛那羅延身。

【語譯】『我作佛時，國中菩薩，皆得金剛不壞之身。若不如是，不取正覺。』

【釋義】金剛那羅延身，即金剛不壞身。往生極樂世界的人，以自性法身為身。自性法身，本不生滅，本無成壞。證悟自性，即是證悟金剛那羅延身。

一切有相，悉皆生滅，若取某相，作為自身，無論此相，多麼長久，終究歸於，破滅之身。自性法身，本不生滅，本無成壞，往生我國者，即回歸自性，即返本還源，亦名得金剛那羅延身。若不得自性法身，若不得金剛那羅延身，則非正覺。

二十七、一切嚴淨願

『設我得佛，國中人天，一切萬物，嚴淨光麗，形色殊特，窮微極妙，無能稱量。其諸眾生，乃至逮得天眼，有能明了，辨其名數者，不取正覺。』

【章　旨】自性法身，無上莊嚴。若不如是，則非正覺。

【語　譯】『我作佛時，國中人天，一切萬物，清淨莊嚴，形色殊勝，妙不可言。一切眾生，縱有天眼，不知其數。若不如是，不取正覺。』

【釋　義】自性即我，我即自性。自性清淨，即我清淨。我清淨故，則一切人民，一切萬相，悉皆清淨，悉皆光麗。

佛身無邊，化現無窮。我身無邊，化現無窮。有偈云：「虛空無有邊，佛功德亦然。若有能量者，窮劫不可盡。」佛身恒常，功德無量。我身恒常，功德無量。若有能量者，窮劫不能盡。

悟心之前，見色著色，聞聲逐響，總成繫縛。悟心之後，法法皆幻，法法皆妙，極幻極妙，極妙極真，是名我作佛時，國中人天，一切萬物，清淨莊嚴，形色殊勝，妙不可言。

二十八、道樹高顯願

『設我得佛，國中菩薩，乃至少功德者，不能知見其道場樹❶無量光色，高四百萬里者，不取正覺。』

【章　旨】得見自性，無量光明。若不如是，則非正覺。

【注　釋】❶道場樹　自性名道場，智慧假名樹。自性智慧合稱，名道場樹。道場樹是個比喻，比喻自性光明，比喻般若智慧。

【語　譯】『我作佛時，國中菩薩，乃至少功德者，皆見道場樹無量光色，高拔四百萬里。若不如是，不取正覺。』

【釋　義】道場，本覺也，自性也。樹，光明也，智慧也。道場樹，即自性光明，亦名般若智慧。證得自性光明，謂之證得正覺，謂之「見其道場樹無量光色」。

「道場樹無量光色，高四百萬里」，這是個比喻，比喻自性智慧，廣大無邊。道場樹、無量光色、四百萬里，如此名相，皆不可作實物想。若把道場樹當作木頭樹，若把無量光色當作物理光輝，把四百萬里當作世間距離，即名依文解義，亦名三世佛冤。

見性之人，見性程度，各有不同。有徹見自性者，名曰大功德。有稍見自性者，名曰少功德。有徹見徹脫、究竟圓滿者，名之曰佛。往生淨土者，見性程度，各有不同，所見自性，無有二致，故云「見其道場樹無量光色」。

二十九、誦經得慧願

『設我得佛，國中菩薩，若受讀經法，諷誦持說，而不得辯才智慧❶者，不取正覺。』

【章　旨】不拘一格，盡顯自性。若不如是，則非正覺。

【注　釋】❶辯才智慧　善說法要的智慧。悟得自性，知曉法要。悟得自性，善說法要。悟得自性，起無量方便之用，是名善說法要。善說法要，不局限在口上，一切方便誘導，引領學人，回歸自性，皆屬善說法要，皆屬辯才智慧。

【語　譯】『我作佛時，國中菩薩，於諸經法，受持讀誦，諷咏宣說，辯才無礙。若不如是，不取正覺。』

【釋　義】如何是經法？如何是諷誦持說？如何是得辯才智慧？這些問題，不搞清楚，甚至錯解，那就不能取得正等正覺。

問：如何是經法？

答曰：指頭示月，月在指外。文字表法，法在文外。諸佛教典，滔滔文字，指歸何處？所指之處，即是經法。

千經萬論，指歸心源。識自本心，見自本性，是名見佛人，是名誦經人。「若不見性，說得十二部經教，盡是魔說，魔家眷屬，不是佛家弟子。既不辨皂白，凭何免生死？若見性即是佛，不見性即是眾生。若離眾生性別有佛性可得者，佛今在何處？眾生性即是佛性也。性外無佛，佛即是性。除此性外，無佛可得。」（《達摩大師血脈論》。《卍續藏》第六十三冊，第二頁下。）

文字教典，真經所出，悉皆指示，無字真經。莫落文字，落即成障，終生守之，終成空亡，不得真實益，反受其危害。

開經偈云：「無上甚深微妙法，百千萬劫難遭遇。我今見聞得受持，願解如來真實義。」諸人將一部《無量壽經》放在案頭，每天讀誦，每天思想。這樣便是諷誦持說麼？答曰：未見真佛，不名轉經人。依照文字，妄想經義，皆是魔障，不名受持。

問：如何是諷誦持說？

答曰：見得此經，方可誦經。未見此經，誦個什麼？這個經法，無有一字，名曰無字真經。這個無字真經，即是諸人的無相真心。見了此心，依順此心，隨緣起用，是名「諷誦持說」諸佛經法。

問：如何是「得辯才智慧」？

答曰：辯才智慧，不是口齒伶俐，能說會道，不是橫說豎說，滿口道理。

上契諸佛之理，下合眾生之機，隨緣應用，無所障礙，即名辯才智慧，亦名辯才無礙。諸佛真理，只是一心。契了麼？眾生之機，千差萬別。合了麼？若能上契下合，即名辯才智慧。若不然者，即是世智辯聰，自生魔障也。

三十、慧辯無限願

『設我得佛，國中菩薩，智慧辯才，若可限量者，不取正覺。』

【章　旨】智慧通達，無所障礙。若不如是，則非正覺。

【語　譯】『我作佛時，國中菩薩，智慧辯才，不可限量。若不如是，不取正覺。』

【釋　義】曉了自性，隨緣應用，縱橫自在，無所住著，是名智慧辯才，不可限量。空性不空，生生不息，妙用無窮，起應萬機，是名智慧辯才，不可限量。神通妙用若有限量，則非正覺。

設我得佛，國中菩薩，智慧辯才，無有限量。若有限量，則非正覺。設我悟心，自心妙用，無窮無盡。若有窮盡，則非正覺。

三十一、照見十方願

『設我得佛，國土清淨，皆悉照見十方一切無量無數不可思議諸佛世界，猶如明鏡，覩其面像。若不爾者，不取正覺。』

【章　旨】悟得自性，朗現十方。若不如是，則非正覺。

【語　譯】『我作佛時，國土清淨，照徹十方，無量佛土，猶如鏡中，照見己面。若不如是，不取正覺。』

【釋　義】心性光明，本來普照。猶如大日，光及十方。猶如圓鏡，遍現萬相。這個普照十方、遍現萬相的心性光明，本然如是，非假人為，不屬修成，不屬緣生。若言修成，則修成還壞。若言緣生，則緣盡還滅。

若欲普照十方，只須回歸自性，只須往生淨土。往生淨土，即是回歸自性。回歸自性，即是往生淨土。回歸了自性，往生了淨土，則諸人的當下，便是一個本然的佛光普照，亦名本然的心光普照。若不如是，則非正覺。

即心即佛，即佛即心，心佛二名，同一實際。故云佛光普照，即是心光普照。若悟此心，則得心光普照。昧卻此心，盡屬顛倒妄想。

若欲「照見十方一切無量無數不可思議諸佛世界」，當須識自本心，見自本性。識自本心，見自本性，即是見佛。見佛即是見性，語異而實同。

三十二、寶香妙嚴願

『設我得佛，自地以上，至于虛空，宮殿樓觀，池流華樹，國土所有，一切萬物，皆以無量雜寶百千種香而共合成，嚴飾奇妙，超諸人天。其香普薰，十方世界。菩薩聞者，皆修佛行。若不爾者，不取正覺。』

【章　旨】功德法香，普熏十方。受此熏陶，悉皆佛行。

【語　譯】『我作佛時，自地以上，至於虛空，宮殿樓觀，池流華樹，國土萬物，皆以無數珍寶、百千種香共同合成，奇妙莊嚴，超諸人天，香氣遍熏，十方世界，菩薩得聞，悉皆修行。若不如是，不取正覺。』

【釋　義】心中萬相，皆我心現。我心若香，則萬相皆香，猶如香水海，波波皆香。猶如栴檀樹，片片皆香。

迷心之故，處處著相，處處污染，則處處娑婆，處處皆臭。悟心之故，即相離相，處處清淨，則處處皆香，無非淨土。宮殿亦香，樓觀亦香，池流亦香，花樹亦香，國土之中，一切萬物，無有不香。

國土之中，一切萬物，皆以無數珍寶、百千種香共同合成。此是比喻，比喻「心淨則萬法淨，心香則萬法香」。

三十三、蒙光柔軟願

『設我得佛，十方無量不可思議諸佛世界眾生之類，蒙我光明，觸其體者，身心柔軟，超過人天。若不爾者，不取正覺。』

【章旨】智慧光明，普照十方。受此光照，悉皆修行。

【語譯】『我作佛時，十方世界，恒沙眾生，蒙我光明，照觸其身，即得身心柔軟，超諸人天。若不如是，不取正覺。』

【釋義】問：如何是「十方無量不可思議諸佛世界」？

答曰：自性之中，一塵一刹，一色一香，即名一世界。塵刹無量，色香無量，即名世界無量。

問：如何是「十方無量不可思議諸佛世界眾生」？

答曰：見一切相，著一切相，是名一切眾生。見相無量，著相無量，是名眾生無量。自性之中，著相習氣，或粗或細，皆名眾生。

諸世界中，無量眾生，「蒙我光明，觸其體者，身心柔軟，超過人天。」我之光明，即是自性光明。一切眾生，即是自性眾生。習氣現前，凜然一覺，則習氣即消，亦名「蒙我光明，觸其體者，身心柔軟，超過人天」。

自性光明，心靈之光。非屬物質，非可眼見。杳杳冥冥，其中有精。了悟之者，名曰見性。見性之人，名曰見佛。佛非他人，原來自己。聞說佛光，世人妄想。以為佛光，形同日月。光照大地，無不明亮。若也如此，則無黑夜。釋迦時代，是否如此？人類史上，無有此事。

惠能三更悟道，大放光明，照徹十方，這時，黃梅山上，乃至地球，應當沒了黑夜，何以惠能卻說，「不知此山路，如何出得江口？」可見，佛之光明，不是物理之光，而是自性之光。

「設我得佛，十方無量不可思議諸佛世界眾生之類，蒙我光明，觸其體者，身心柔軟，超過人天。若不爾者，不取正覺」，也就是說，我悟心時，自性光明，普照十方，無量無邊，自性眾生，蒙自性光明，皆得調服。若不如是，則非正覺。

三十四、聞名得忍願

『設我得佛，十方無量不可思議諸佛世界眾生之類，聞我名字，不得菩薩無生法忍❶諸深總持❷者，不取正覺。』

【章旨】念佛觀音，至心專注。如此而觀，皆證無生。

【注釋】❶無生法忍　略云無生忍。無生法者，無生無滅之真如實相。契入實相，無忍之忍，謂之無生法忍。❷諸深總持　總一切法，持無量義。契自性體，應萬法緣。

【語　譯】『我作佛時，十方世界，無量眾生，聞我名字，皆得無生法忍，皆得甚深總持。若不如是，不取正覺。』

【釋　義】經云，聞我名字，即得無生法忍。既然聞我名字，即得無生法忍，那麼，我們每天念佛，每天聞名，得無生法忍了麼？若也未得，何以如此？難道我們未「聞我名字」？

我們終日念佛，終日聞名，終日「以音聲求佛，以色相見佛」。如此行持，則不名「聞我名字」。

問：如何是「聞我名字」？

答曰：音聲是虛名，自性是實際。假借虛名，回歸實際，是名「聞我名字」。若不借著持名念佛的方法，反觀自見「自性妙體」，而是向外喊他，向外求他，則不名「聞我名字」。

蓮池大師云：「如今念佛者，只是手打魚子，隨口叫喊，所以不得利益。必須句句出口入耳，聲聲喚醒自心。」（《雲棲淨土彙語》。《卍續藏》第六十二冊，第五頁中。）

蓮池大師告誡曰：我們念佛，要「反聞自聞，反佛自佛。當知祇園一會，儼然未散，豈獨靈山？」（《阿彌陀經疏鈔》卷第二。《卍續藏》第二十二冊，第六二七頁上。）

徹悟大師云：「一切法門，以明心為要。一切行門，以淨心為要。然則明心之要，無如念佛。憶佛念佛，現前當來，必定見佛，不假方便，自得心開。如此念佛，非明心之要乎？

復次，淨心之要，亦無如念佛。一念相應一念佛，念念相應念念佛。清珠下于濁水，濁水不得不清。佛號投于亂心，亂心不得不佛。如此念佛，非淨心之要乎？」（《徹悟禪師語錄》卷上。《卍續藏》第六十二冊，第三三二頁下。）

省庵大師云：

念佛休嫌妄想多，
試觀妄想起于何。
無心收攝固成病，
著意遣除亦是魔。
救火抱薪添烈焰，
開堤引水作長河。
直須字字分明念，
念極情忘有甚麼？（《省庵法師語錄》。《卍續藏》第六十二冊，第二五二頁下。）

持名念佛，一心專注。妄念若起，亦不理睬。如此而念，久久純熟。一機來臨，全體脫落。正於此時，借著平日的正知正見，當下便能認出這個不生不滅、不垢不淨的自性妙體。識得這個自性妙體，是名得無生法忍，是名得諸深總持。

自性妙體，本無生滅。自性妙體，本無忍耐。是名聞我名字，皆得無生法忍。

三十五、脫離女身願

『設我得佛，十方無量，不可思議，諸佛世界，其有女人，聞我名字，歡喜信樂，發菩提心，厭惡女身，壽終之後，復為女像者，不取正覺。』

【章旨】念佛觀音，至心專注。如此觀音，證悟大心。

【語譯】『我作佛時，十方世界，無量眾生，若有女人，聞我名字，歡喜信受，發菩提心，厭離女身，命終之後，轉丈夫身。若不如是，不取正覺。』

【釋義】著相即女人，離相即丈夫。凡夫著相，處處計較。此一類人，無論性別，皆是女人。聞佛教化，依教奉行。此一類人，無論性別，皆名丈夫。依此而論，男人計較，即是女人。女人出纏，亦名丈夫。

善根成熟，一旦悟本，即名如來出世。如來出世，周行十方，蓋天蓋地，胸襟流露，自然而云：「天上天下，唯我獨尊。」諸佛出世，個個如此。女轉丈夫，縛轉解脫，即名轉身成佛。

八歲龍女，聞佛教化，依教奉行，得證實際，當下轉身，成大丈夫。轉身之快，只在剎那。

發願成就正覺，誓願放棄計較，誓願出離纏縛，是名「發菩提心，厭惡女身」。不肯放下，眷戀娑婆，是名女像，不得往生。

借著此願，有人妄想，無量壽國，只有男人，沒有女人。若有女人，願生彼國，應當先轉，女人之身，而成男身，然後方得，往生彼國。如此妄想，如此亂道，實乃三世佛冤。諸佛境界，清淨平等，無量萬相，咸同一味，是故《無量壽經》，亦名《清淨平等覺經》。

三十六、常修梵行願

『設我得佛，十方無量不可思議諸佛世界諸菩薩眾，聞我名字，壽終之後，常修梵行，至成佛道。若不爾者，不取正覺。』

【章　旨】念佛觀音，成就淨行。如此而行，得不退轉。

【語　譯】『我作佛時，十方世界，無量菩薩，聞我名字，命終之後，常修正法，直至成佛。若不如是，不取正覺。』

【釋　義】梵行，是個表法，表清淨行。「十方無量不可思議諸佛世界」的真實義，前面已經說明，今再略說。在佛的境界上，一色一香，一塵一剎，皆是諸佛世界，所謂「一花一世界，一葉一菩提」。

發願成佛，法執未斷，是名菩薩眾生。菩薩眾生，觸目遇緣，起心動念，於其之間，便有無量的菩薩眷屬，即名菩薩眾生。

一切菩薩，聞我名字，見我實相，隨我而行，此類眾生，皆得成佛。若不如是，則非正覺。

三十七、天人致敬願

『設我得佛，十方無量不可思議諸佛世界諸天人民，聞我名字，五體投地❶，稽首作禮，歡喜信樂，修菩薩行，諸天世人，莫不致敬。若不爾者，不取正覺。』

【章旨】一切放下，反聞自性。如此修行，即得成佛。

【注釋】❶聞我名字二句　反聞聞自性，反觀觀自性，是名「聞我名字」。一切放下，一心聞名，是名「五體投地」。

【語譯】『我作佛時，十方世界，無量天人，聞我名字，五體投地，稽首作禮，歡喜信樂，一心迴向，諸天世人，悉皆恭敬。若不如是，不取正覺。』

【釋義】我若得佛，諸天人民，悉皆皈依敬禮。法藏比丘成佛時，一切菩薩成佛時，悉皆如此。若不如此，則非正覺。

法藏比丘是我們心中的法藏比丘，菩薩是我們心中的菩薩，人民是我們心中的人民，四十八願是我們心中的四十八願。一切萬法，盡在心中。離心別有，則非佛法。

「十方無量不可思議諸佛世界諸天人民，聞我名字，五體投地，稽首作禮」。我是遍照十方的自性，我是緣起萬法的真心。諸天人民是自性中的眾生。諸天人民，向我作禮，此非心外之事，此乃習氣歸順自性，此乃眾生皈依彼佛。若作奇特想，以為十方虛空中的生命個體，浩浩蕩蕩，無量無數，咸來作禮，咸來皈依，彼佛被浩浩蕩蕩、無量無數的眾生圍繞在其中。若作如此想，即是顛倒妄想。彼佛國中，無有其事。

「五體投地」，也不是匍匐在地，頭面禮腳，而是通體放下，無復傲慢。若能通體放下，空空靈靈，無我無人，這便是五體投地，這便是頂禮佛足。若心不空，著相拜他，這樣的五體投地，不是投當下的心地，而是投腳下的土地。這樣的五體投地，不是佛教的禮拜，而是外道的拜他。

問：佛教的禮拜，還需五體投地，禮拜佛像否？

答曰：需要如此修行。借此一拜，拜掉傲慢，拜出恭敬。借此一拜，拜掉妄想，拜出清淨。借此一拜，根塵脫落，得見本來。這正是心地法門，心地用功。

聞佛名號，五體投地，至心信樂，誓願解脫天人習氣，誓願解脫六道輪回，誓願成就正等正覺，這便是「諸天人民，聞我名字，五體投地，稽首作禮，歡喜信樂，修菩薩行」

的義。

三十八、衣服隨念願

『設我得佛，國中人天，欲得衣服❶，隨念即至，如佛所讚，應法妙服，自然在身，若有裁縫染治浣濯者，不取正覺。』

【章　旨】功德莊嚴，隨願變現。若不如是，則非正覺。

【注　釋】❶衣服　經中所說的衣服，是個比喻，比喻自性莊嚴，或云功德莊嚴，或云精神面貌，而不是世人穿的麻布衣服，或絲綢衣服，或任何物質意義上的衣服。

【語　譯】『我作佛時，國中人天，功德妙衣，隨念而至，如佛所讚，功德妙衣，非裁而成，非染而色，非滌而淨，乃自性功德，自然而現。若不如是，不取正覺。』

【釋　義】我國人民的衣服，非裁縫而成，非搗染而色，非浣濯而淨。我國人民的衣服，自然而成，自然而色，自然而淨。我國人民的衣服，與我國淨土，渾然一體。

問：如何是我國人民的衣服？

答曰：我者，自性之我，獨尊之我，本來之我。衣服者，德相也，莊嚴也，面貌也。我們的四大色身，需要穿上衣服，才算得上莊嚴。我們的心靈，也需要穿上衣服，才算得上莊嚴。心靈的衣服，就是道德文明，就是佛教所說的功德莊嚴。

我國人民的衣服，即是我國人民的功德莊嚴。通俗而言，我們的心靈世界，即是我國。我們心靈世界中的善良，即是我國人民。善良的精神面貌，即是我國人民的衣服。

這個精神面貌，這個衣服，自然而成，不需裁縫。

這個精神面貌，這個衣服，自然而色，不需搗染。

這個精神面貌，這個衣服，自然清淨，不需洗滌。

我國人民，若無如是衣服，若無如是面貌，則非正覺國土。

三十九、樂如漏盡願

『設我得佛，國中人天，所受快樂，不如漏盡比丘❶者，不取正覺。』

【章旨】種種快樂，不假他物。若不如是，則非正覺。

【注釋】❶漏盡比丘　指煩惱斷盡之阿羅漢。又稱漏盡阿羅漢。乃阿羅漢之異稱。漏，煩惱之異稱。阿羅漢斷盡煩惱，於一切法無著無執，永入涅槃，不再受生死之果報，故稱漏盡比丘。

【語譯】『我作佛時，國中人天，所得快樂，超過漏盡比丘。若不如是，不取正覺。』

【釋義】問：如何是漏盡？

答曰：漏盡，顧名思義，就是全部漏乾淨了，一絲不掛了，清淨了。猶如一個臭糞桶，裡面裝了無量的垃圾。也就是說，在凡夫的心裡，有無量的污染，有無量的業障。這個臭糞桶裡的垃圾，有無量之多，若想一分一分地消除，或萬分萬分地消除，那都是永遠也消不盡的。何以故？臭糞桶裡的垃圾是無量的，以有量而趨無量，那是永遠也不能及的。若欲去掉臭糞桶裡的無量垃圾，最好的辦法，就是使這個臭糞桶的桶底脫落。桶底脫落，垃圾漏盡。這個桶底脫落，就是禪宗說的根塵脫落，直下見性，就是淨宗說的彼佛現前，當下往生。漏盡即是清淨，清淨即是漏盡。我漏盡故，則我國人民漏盡。我清淨故，則我國人民清淨。

我們學佛，應當發願，打開本來，豁開正眼，漏盡業障，恢復清淨，度盡一切眾生。

四十、樹中現剎願

『設我得佛，國中菩薩，隨意欲見十方無量嚴淨佛土，應時如願，於寶樹中❶，皆悉照見，猶如明鏡，覩其面像。若不爾者，不取正覺。』

【章旨】十方佛土，隨緣顯現。若不如是，則非正覺。

【注釋】❶於寶樹中　寶樹是個比喻，比喻自性智慧。於寶樹中，見十方淨土，即是於自性中，見十方清淨萬相。

【語譯】『我作佛時，國中菩薩，隨其心願，於寶樹中，得見十方清淨佛土，猶如鏡中，睹見其面。若不如是，不取正覺。』

【釋義】或淨土，或穢土，只因迷悟，不由事相。悟自本心，則十方世界，無量剎境，盡是嚴淨佛土。迷自本心，則十方世界，無量剎境，皆是娑婆世界。

設我得佛，也就是我若悟心歸元，或曰我若明心見性。「國中菩薩，隨意欲見十方無量嚴淨佛土，應時如願」。我若悟心歸元，我若明心見性，則十方淨土，當下顯現，猶如寶鏡高懸，十方塵剎，盡顯其中。我國中的菩薩，即我心中的妙用也。見色聞聲，起心動念，無住無著，本然如是。如此妙用，即我國菩薩，即我心妙用。若心清淨，則法法清淨，即使牛糞，亦清淨相，亦解脫相。若心不淨，則法法污垢，即使鮮花，亦是污垢相，亦是纏縛相。

問：如何是「於寶樹中，皆悉照見」？

答曰：寶樹，是個比喻，比喻般若智慧。猶如釋迦牟尼佛，於菩提樹下降魔成佛，這是個比喻，比喻在般若智慧的覆蔭下，透過境界，證悟實相。經中所說的於寶樹中，照見十方淨土，即是於般若智慧中，顯現清淨萬相。般若智慧，即是自性光明。

回歸了自性，則見十方世界，皆是清淨之相，或曰嚴淨佛土。若不如是，則非正覺。

四十一、諸根無缺願

『設我得佛，他方國土諸菩薩眾，聞我名字，至于得佛，諸根缺陋不具足者，不取正覺。』

【章　旨】念佛觀音，諸根解脫。若不如是，則非正覺。

【語　譯】『我作佛時，他方菩薩，聞我名字，諸根具足，完美不缺，直至成佛。若不如是，不取正覺。』

【釋　義】莫把眼耳鼻舌身意當作菩薩的根，若把眼耳鼻舌身意當作菩薩的根，那麼，年老的祖師，年老的聖者，眼花耳聾，鼻舌不敏，手腳不靈，豈不成了諸根不具？豈不成了諸根缺陋？

法藏比丘發願，「他方國土諸菩薩眾，聞我名字，至于得佛，諸根缺陋不具足者，不取正覺。」法藏比丘已成正覺，淨宗行人，終日念佛，終日聞名，為何還有諸根缺陋者？是經典錯了？還是學人錯了？經典無誤，學人誤解。

問：如何是諸根缺陋？

答曰：天眼通，天耳通，他心通，宿命通，神足通，漏盡通，如是具足六通，是名諸根無缺陋。學人著相，諸根不通，是名諸根缺陋，是名諸根不具。

問：凡夫還有六通否？

答曰：萬法不離一心，人人具足六通。既具一心，則具六通。著相之故，則成障礙，是名缺陋，是名不具。

通。

問：如何是天眼通？

答曰：心清淨，則見一切色清淨，是名天眼通。莫把看到稀奇古怪的形相當作天眼通。若著色相，則成魔障，是名缺陋，是名不具。

問：如何是天耳通？

答曰：心清淨故，則聞一切聲清淨，是名天耳通。莫把聽到稀奇玄妙的聲音當作天耳通。若著聲相，則成魔障，是名缺陋，是名不具。

問：如何是他心通？

答曰：心清淨故，則見他心清淨，是名他心通。莫把知道他人心中的事當作他心通。若著他心相，則成魔障，是名缺陋，是名不具。

問：如何是宿命通？

答曰：心清淨故，則知一切過去事清淨，是名宿命通。莫把知道無量過去事當作宿命通。若著過去相，則成魔障，是名缺陋，是名不具。

問：如何是神足通？

答曰：心清淨故，則起心動念清淨，是名神足通。莫把上天入地、飛行十方當作神足通。若著運行相，則成魔障，是名缺陋，是名不具。

問：如何是漏盡通？

答曰：悟心之故，則應緣清淨，一絲不掛，是名漏盡通。莫把漏盡通當作什麼稀奇古怪的通。若著漏盡相，則成魔障，是名缺陋，是名不具。

見一切相，著一切相。聞一切聲，著一切聲。動一切念，著一切念。想一切事，著一切事。如此著相，是名業障，是名不通，是名不具。

悟心歸元，則無始劫來的無量業障，便能統統漏盡，猶如一個臭糞桶，突然之間，桶底脫落，無量垃圾，當下漏盡。

法藏比丘，已成正覺，號無量壽，號阿彌陀。彼佛國中的一切眾生，悉皆具足六通之德，諸根無缺，諸根無陋。

我們學佛，法藏比丘的大願，即是我們的大願，法藏比丘的大行，即是我們的大行。我們悟道圓滿，我們的十方世界中的所有眾生，亦諸根無缺，諸根無陋。

莫把法藏比丘當作他，莫把無量壽佛當作他。法藏比丘是學人的因地，是學人的始覺。無量壽佛是學人的果地，是學人的本覺。

諸學佛人，當依教奉行，努力精進，由因地而向果地，由始覺而向本覺，便能證得無上正等正覺。

法藏比丘的這一願告訴我們，依教奉行，努力精進，明悟自心，證得正覺。證得正覺，則六通齊發，是名諸根無缺陋。

四十二、清淨解脫願

『設我得佛，他方國土，諸菩薩眾，聞我名字，皆悉逮得清淨解脫三昧❶。住是三昧，一發意頃，供養無量不可思議諸佛世尊而不失定意。若不爾者，不取正覺。』

【章　旨】聞佛名號，即得解脫。本位不移，普應十方。

【注　釋】❶清淨解脫三昧　離一切垢染，離一切之繫縛，名曰清淨解脫三昧。三昧，即正受、不亂、安定之義。自性本自清淨，自性本自解脫，自性本自安定。以自性之德而立名，故名清淨解脫三昧。

【語　譯】『我作佛時，他方菩薩，聞我名字，悉皆證得清淨解脫三昧。住此三昧，一念之頃，供養十方，無量諸佛，不失定意。若不如是，不取正覺。』

【釋　義】「設我得佛，他方國土，諸菩薩眾，聞我名字，皆悉逮得清淨解脫三昧。」法藏比丘已成正覺，我們終日念佛，終日聞名，何以未能「逮得清淨解脫三昧」？何以不能「供養無量不可思議諸佛世尊而不失定意」？莫非佛經有誤？莫作此想。佛經無誤，凡夫有錯。錯在何處？錯在把法藏比丘當作他，錯在把無量壽佛當作他，而自己僅僅是個念他名字的旁觀者。

聞我名字，見我實際，是聞我名號。借用我名，向外喊他，則非聞我名號。持名念佛，心念耳聞，一心專注，自然能至根塵脫落之境。於此當下，若能識得這個妙明真心，便能當下往生，頓脫輪回。若不然者，則總在虛名幻相裡過時日，則不能證得無上正等正覺。

聞我名字，或曰聞佛名號，此乃往生淨土的方便法門。若能借此方便，契入正理，證悟自心，是名「聞我名字」。

法藏比丘是偏位之我，是始覺之我。無量壽是正位之我，是本覺之我。法藏比丘證得本覺之我，故名無量壽佛，亦名本來之我。本來之我，本來解脫。

我解脫故，我世界中，一切眾生，皆得解脫。我清淨故，我世界中，一切眾生，皆得清淨。我如如不動故，我世界中，一切眾生，皆得如如不動。這就是法藏比丘所說的「設我得佛，他方國土，諸菩薩眾，聞我名字，皆悉逮得清淨解脫」，剎那之間「供養無量不可思議諸佛世尊而不失定意」。若不如是，則非正覺。

釋迦世尊，興大慈悲，用一句佛號，隔斷眾生的顛倒妄想，令諸眾生於功夫純熟時，於妄想脫落時，識得這個「原本的真實」。可惜，眾生持名念佛，不肯專注，一邊呼名，一邊妄想，打世俗的妄想，打佛教的妄想，打一切妄想。如此妄想不斷，則非「持名念佛」。何以故？持者，執持不放，一心專注。名者，心之假名，性之虛號。我人學佛，若能持名，心念耳聞，一心專注，心無旁鶩，自然能至一心不亂之境。此時，回光一見，一見見得，便能當下證得「清淨解脫三昧」，自性中的一切菩薩，亦一時「逮得清淨解脫三昧」。釋迦成佛時，大地眾生與他一時成佛，與他一時「逮得清淨解脫三昧」。法藏比丘成佛時，大地眾生與他一時成佛，與他一時「逮得清淨解脫三昧」。我若成佛時，十方世界，無量菩薩，與我一時成佛，與我一時「逮得清淨解脫三昧」。三世諸佛，悉皆如是。若不爾者，則非正覺。

四十三、聞名得福願

『設我得佛，他方國土諸菩薩眾，聞我名字，壽終之後，生尊貴家。若不爾者，不取正覺。』

【章旨】念佛觀音，至心專注。根塵脫落，皆生淨土。

【語譯】『我作佛時，他方菩薩，聞我名字，命終之後，生於佛家。若不如是，不取正覺。』

【釋義】問：有錢有勢，有名有利，此是尊貴否？

答曰：有錢有勢，有名有位，此不是尊貴。何以故？尊貴與否，不以財富而論。釋迦牟尼佛，唯有衣鉢，更無其他，不尊貴麼？天上天下，唯佛獨尊。可見，這個尊貴，不是有錢有勢，有名有利。

問：如何是尊貴？

答曰：悟得自性，回歸本源，是名尊貴。經云：「天上天下，唯我獨尊。」這個獨尊之我，即是本源真性之我。

問：「聞我名字，壽終之後，生尊貴家」。此是何義？

答曰：持名念佛，返聞自性，是名聞我名字。妄想脫落，輪回終止，是名壽終。生在佛家，是名生尊貴家。如何是生在佛家？切莫妄想，以為死後，投胎到一個學佛的人家。所謂佛家，不是世俗之家，而是淨土之家，而是自性之家。

六道之中，天道極富。至於天道，物極必反，則成墮落。既然墮落，何尊之有？何貴之有？生在天上，尚不尊貴，人道之中，有錢有勢，有甚尊貴？菩薩修行，「壽終之後，生尊貴家」，即是寂滅現前，生自性家，或曰輪回終止，當下見性，或曰臨命終時，往生極樂。

蓮池大師云：「此之自性，蓋有多名，亦名本心，亦名本覺，亦名真知，亦名真識，亦名真如，種種無盡，統而言之，即當人靈知靈覺本具之一心也。今明不可思議者，惟此心耳，更無餘物有此不思議體與心同也。若就當經，初句即無量光，洞徹無礙故。二句即無量壽，常恒不變故。三四句即靈心絕待，光壽交融，一切功德，皆無量故。五句總贊，即經云，如我稱贊阿彌陀佛不可思議功德。末句結歸，言阿彌陀佛全體是當人自性也。」（《阿彌陀經疏鈔》卷第一。《卍續藏》第二十二冊，第六〇四頁中下。）

蕅益大師云：「現前一念之心，本非肉團，亦非緣影，竪無初後，横絕邊涯，終日隨緣，終日不變，十方虛空，微塵國土，元我一念心中所現物。我雖昏迷倒惑，苟一念回心，決定得生自心本具極樂。」（《淨土十要》卷第一。《卍續藏》第六十一冊，第六四五頁上。）

天如大師云：「十萬億國，在我心中，其實甚近，何遠之有？命終生時，生我心中，其實甚易，何難之有？」（《淨土或問》。《大正藏》第四十七冊，第二九八頁下。）

凡夫愚昧，著相住境，念念遷流，輪回不息，或天堂，或地獄，於六道之中，無有停息。

一念心寬，即是天堂。一念鬥爭，即是修羅。一念糾結，即是人間。一念無德，即是畜生。一念貪婪，即是餓鬼。煩惱至極，即是地獄。妄念遷流，盡在六道。驢事未去，馬事又來。欲求終止，皆不可得。

唯有菩薩，有壽終時。菩薩用功，一心念佛。功至極處，豁然之間，根塵脫落，無掛無礙，無縛無脫。這時，即是壽終之時，即是輪回終止之時。壽終之時，心不顛倒，即生尊貴家，或名往生淨土。

四十四、修行具德願

『設我得佛，他方國土，諸菩薩眾，聞我名字，歡喜踊躍，修菩薩行，具足德本。若不爾者，不取正覺。』

【章旨】念佛觀音，至心專注。如是而行，即得見性。

【語譯】『我作佛時，他方菩薩，聞我名字，歡喜踴躍，修菩薩行，明悟根本。若不如是，不取正覺。』

【釋義】自性是當下，當下具十方。他方國土，不離當下，盡是自性中的事。譬如月亮，名曰他方，實在我心。不但月亮，無量萬相，乃至十方虛空，咸是我妙明真心中物。

問：月亮是國土否？

答曰：一花一世界，一葉一菩提。清風明月，豈不是國土？青青翠竹盡是法身，鬱鬱黃花無非般若，森羅萬相，豈能不是？

問：月亮國土，有眾生否？

答曰：有。月是法身現，亦名化身佛。迷人昧法身，玩弄心中月。吟詩又作畫，終日圍它轉。著月亮的相，打月亮的妄想，動月亮的情，這些習氣，豈不是月亮國土的眾生？著相輕者，即是三善道的眾生。著相重者，即是三惡道的眾生。一切色相，皆是國土。一切執著，皆是眾生。無量色相，無量國土。無量習氣，無量眾生。

聞我名字，一心專注，臨命終時，無量習氣，無量眾生，悉得解脫。若不爾者，則非正覺。

四十五、普等三昧願

『設我得佛，他方國土，諸菩薩眾，聞我名字，皆悉逮得，普等三昧❶。住是三昧，至于成佛，常見無量不可思議一切如來。若不爾者，不取正覺。』

【章　旨】念佛觀音，至心專注。如是而念，即得正覺。

【注　釋】❶普等三昧　普見萬相，等觀一切。自性本然，如如不動。悟了自性，即獲普等。普，普遍之義。等，齊等之義。三昧，即正受、不亂、正定之義。

【語譯】『我作佛時，他方菩薩，聞我名字，皆能證得，普等三昧，住此三昧，直至成佛，常見十方，一切諸佛。若不如是，不取正覺。』

【釋義】問：如何是「普等三昧」？

答曰：普等，即心光普照，萬法平等。三昧，即普覺十方，正受一切。普等三昧，即心光普照、萬法平等的本然境界，亦名正受一切、不染一塵的本然境界。

一切眾生，聞我名字，一心專注，久久純熟，悉得普等三昧。住此三昧，成就佛道。住此三昧，普現十方。住此三昧，現諸佛剎。若不如是，則非正覺。

我們欲得普等三昧，當須至心，聞佛名字，一心專注，心無旁騖。借此方便，隔斷妄想。妄想脫時，亦名臨命終時，這時，回光一見，一見見得，即是見性，亦名見佛。

自性光明，本來普照。自性本光，本來平等。非假造作，本然如此。證此自性光明，證此本然如是，即名佛光普照，亦名心光普照，亦名「普等三昧」。

安住普等三昧，心光普照，如鏡照物，物來則應，過去不留。如此而行，可消一切業障，可度一切眾生，可成無上佛道，可現十方佛剎。

四十六、隨願聞法願

『設我得佛，國中菩薩，隨其志願，所欲聞法，自然得聞。若不爾者，不取正覺。』

【章　旨】悟道之人，萬相皆法。無需作意，自然得聞。

【語　譯】『我作佛時，國中菩薩，隨心所願，欲聞佛法，自然得聞。若不如是，不取正覺。』

【釋　義】我若得佛，國中菩薩，皆是我用，皆是我德。我若得佛，我見我聞，我舉我動，無非佛法。草木魚蟲，演說佛法。雞鳴犬吠，演說佛法。滿天星星，演說佛法。一切萬相，悉皆演說佛法。佛法者，自心實相也。悟了這個自心實相，則法法皆是佛法，法法皆是心法。

悟道之人，隨所聞處，皆是佛法。悟道之人，隨所見處，皆是佛法。悟道之人，隨所用處，皆是佛法。一是全是，一真全真，所謂一真法界，純一無雜。我若得佛，我國淨土，自然如是。若不如是，即非正覺。

四十七、聞名不退願

『設我得佛，他方國土，諸菩薩眾，聞我名字，不即得至不退轉❶者，不取正覺。』

【章　旨】念佛觀音，至心專注。如是修行，得不退轉。

【注　釋】❶不退轉　菩薩修行的階位。菩薩修行，到了這個階位，便不再退轉，直至圓成佛道。

【語　譯】『我作佛時，他方菩薩，若聞我名，皆得速至，不退轉地。若不如是，不取正覺。』

【釋　義】聞我名字，「即得至不退轉」，也即聞我名字，即得至阿鞞跋致。《阿彌陀經》亦云：「極樂國土眾生生者，皆是阿鞞跋致。」我們終日念佛，終日聞名，已經幾年、十幾年，乃至幾十年，至不退轉了嗎？若也未至，原因何在？答曰：念佛幾十年，未聞佛名字。

問：如何是「聞我名字」？

答曰：聞名見實，觀音入理，是名「聞我名字」。經云：「若以色見我，以音聲求我，是人行邪道，不能見如來。」我「名」無量壽，我「實」又是誰？

諸佛祖師，恐人外求，只說一心，是諸人本。諸人之心，更向何處求？

蓮池大師云：「阿彌陀佛，雖過十萬億剎之外，而實于此娑婆世界眾生心中結跏趺坐，儼然不動。何乃佩長生之訣，枉自殤亡，負杲日之明，翻成黑暗？心本是佛，自昧自心。佛本是心，自迷自佛。」（《阿彌陀經疏鈔》卷第三。《卍續藏》第二十二冊，第六五三頁上。）

蕅益大師云：「須知一切了義大乘，諸祖公案，皆我現前一念腳注。說來說去，總不離我一心。我今此心，全真成妄，全妄即真。若不能當下反觀，則靈知靈覺之性，恒被一切法所區局。縱慧成四辯，定入四空，依舊迷己為物，認物為己。若能直觀現前一念，的確不在內外中間諸處，無體無相，無影無蹤，但有一法當情，皆心所現，終非能現。此能現者，雖云量同虛空，亦無虛空形相可得。若有虛空情量，又是惟心所現之相分矣。一切時放教歷歷明明，空空蕩蕩，亦不認歷歷明明空空蕩蕩者為心。以心體離過絕非，不可思議故。了知一切惟心，心非一切，忽然契入本體，一切語言公案，無不同條共貫矣。」（《靈峰蕅益大師宗論》卷第二之五。《嘉興藏》第三十六冊，第二八〇頁中。）

佛以一音演妙法，眾生隨類各得解。這「一音」，即是諸人的心。菩薩修行，聞這一音，聞這一名，是名「聞我名字」。聞此一音，久久功純，即得契入，是名得不退轉。

設我得佛，十方菩薩，聞我名字，見我實際，即得不退轉。若不爾者，則非正覺。

四十八、得三法忍願

『設我得佛，他方國土，諸菩薩眾，聞我名字，不即得至第一、第二第三法忍❶，於諸佛法，不能即得不退轉者，不取正覺。』

【章旨】念佛觀音，至心專注。如是修行，即得無生。

【注釋】❶第一第二第三法忍　第一忍，音響忍。第二忍，柔順忍。第三忍，無生法忍。

【語譯】『我作佛時，他方菩薩，聞我名字，皆得速至第一、第二、第三法忍，於諸佛法，得不退轉。若不如是，不取正覺。』

【釋義】《無量壽經》云：「七寶諸樹，周滿世界。」又云：「見此樹者，得三法忍。一者音響忍，二者柔順忍，三者無生法忍。」

問：如何是「七寶諸樹，周滿世界」？

答曰：七寶者，莊嚴也。樹者，智慧也。七寶諸樹，即具足莊嚴的智慧德相也，或曰自心實相也。七寶諸樹周滿世界者，即般若智慧遍滿法界也。

問：如何是聞我名字，「即得至第一、第二第三法忍」？

答曰：借我名字，悟我實際，是名「聞我名字」。世人不知，以口舌之聲為名，以三十二相為實，著相念佛，著相見佛，故不得無生法忍，於諸佛法，不能即得不退轉。

執持名號，一心專注，功夫純熟，漸至第一法忍、第二法忍、第三法忍。第一法忍，音響忍。第二法忍，柔順忍。第三法忍，無生法忍。

聞一切聲，如如不動，是名第一法忍。觸一切緣，如如不動，是名第二法忍。契入實相，一切解脫，是名第三法忍，亦名無生法忍。

契入實相，一切解脫，是名具足一切法忍，於一切法得不退轉。

以偈贊頌，四十八願

佛告阿難：「爾時，法藏比丘，說此願已，而說頌曰：

我建超世願，必至無上道，

斯願不滿足，誓不成等覺。

我於無量劫，不為大施主[1]，

普濟諸貧苦，誓不成等覺。

我至成佛道，名聲超十方，

究竟靡不聞，誓不成等覺。

離欲深正念，淨慧修梵行，

志求無上道，為諸天人師。

神力演大光，普照無際土，

消除三垢冥，明濟眾厄難。

開彼智慧眼，滅此昏盲闇，

閉塞諸惡道，通達善趣門。

功祚成滿足，威曜朗十方，

日月戢重暉，天光隱不現。

為眾開法藏，廣施功德寶，
常於大眾中，說法師子吼❷。
供養一切佛，具足眾德本，
願慧悉成滿，得為三界雄❸。
如佛無量智❹，通達靡不遍，
願我功德力，等此最勝尊，
斯願若剋果，大千應感動，
虛空諸天人，當雨珍妙華。」

【章旨】發菩提願，行菩提道。證無相身，起微妙用。度無量眾，成究竟佛。

【注釋】❶大施主　佛是大施主，普施一切，救度有情，無有一眾生而不受其恩光。❷師子吼　又作獅子吼。佛以無畏音說法，如獅子之咆吼。獅子為百獸之王，佛亦為人中之至尊，稱為人中獅子，故用此譬喻。❸三界雄　佛是三界眾生的導師，引導眾生覺醒迷夢，出離三界，故稱佛為三界之大雄。三界，即是六道眾生所居住的欲界、色界、無色界，有欲界眾生，色界眾生，無色界眾生。❹無量智　現一切相，無一切障礙。知一切法，無一切障礙。故名無量智。

【語譯】佛告阿難：「爾時，法藏比丘，發此願已，復說偈言：

我願超世間，究竟果地滿，
誓願不圓滿，誓不取正覺。
超越塵沙劫，願為大施主，
若不度群苦，誓不取正覺。
我歸常寂光，功德遍十方，
若有不遍者，誓不取正覺。
離欲即正念，淨慧是梵行，
回歸自性尊，普為三界師。
自性大光明，遍照十方界，
消除一切垢，普濟一切苦。
開啟智慧眼，照破諸愚暗，
消除諸惡趣，現出本來面。
悟心歸本元，毫光照大千，
日月是我變，天光是我現。
一音演妙法，普度一切眾，
隨處立道場，常作獅子吼。
法身奉塵剎，塵剎是法身，

體相自如如，究竟至圓滿。
恢復本來智，普照諸世間，
契入一真實，力等最勝尊。
法藏成佛時，大地吉祥震，
眾生得解脫，娑婆成極樂。」

【釋義】誓證正覺，無上圓滿。如是發願，如是行願。證悟本來，恢復真常。一切諸佛，悉皆如此。若不如此，則非正覺。

若欲成佛，當行大施。自性本光，本來大施。普濟一切，無所不周。拔除諸苦，普度有情。行持大施，方得正覺。

法界眾生，皆非他人。十方有情，無非自己。有情眾生，皆聞我名。聞名得度，皆得成佛。眾生度盡，究竟正覺。

脫情情消，離欲欲滅。情消欲滅，還我本來。神光大放，普照無際。如是而行，無能無所。號稱無上，普濟十方。

見得自性，彼眼即開。彼眼一開，昏盲即消。彼眼一開，惡道即脫。彼眼一開，普照十方。彼眼一開，普度十方。

彼眼開時，悉是佛光。彼眼開時，皆是淨土。居於寶座，作獅子吼。諸魔歸服，回歸淨土。大地震動，天雨妙華。

如是修行，如是成就

佛語阿難：「法藏比丘，說此頌已，應時普地，六種震動，天雨妙華，以散其上，自然音樂，空中讚言：『決定必成，無上正覺。』於是，法藏比丘，具足修滿，如是大願，誠諦不虛，超出世間，深樂寂滅。

阿難！法藏比丘，於彼佛所，諸天魔梵龍神八部大眾之中，發斯弘誓。建此願已，一向專志，莊嚴妙土，所修佛國，開廓廣大，超勝獨妙，建立常然，無衰無變，於不可思議兆載，永劫積殖菩薩無量德行，不生欲覺瞋覺害覺，不起欲想瞋想害想，不著色聲香味觸之法，忍力成就，不計眾苦，少欲知足，無染恚癡，三昧常寂，智慧無礙，無有虛偽諂曲之心，和顏軟語，先意承問，勇猛精進，志願無倦，專求清白之法，以慧利群生，恭敬三寶❶，奉事師長，以大莊嚴具足眾行，令諸眾生，功德成就，住空、無相、無願之法❷，無作無起，觀法如化。遠離麁言，自害害彼，彼此俱害。修習善語，自利利人，彼我兼利。棄國捐王，絕去財色，自行六波羅蜜❸，教人令行。無央數劫，積功累德，隨其生處，在意所欲，無量寶藏，自然發應。教化安立無數眾生，住於無上正真之道。或為長者居士豪姓尊貴，或為剎利❹國君轉輪聖帝❺，或為六欲天主❻，乃至梵王❼。常以四事，供養恭敬一切諸佛。如是功德，不可稱說。口氣香潔，如優鉢羅華。身諸毛孔，出栴檀香，其香普熏，無量世界。容色端正，相好殊妙。其手常出無盡之寶，衣服飲食，珍妙華香，諸蓋幢幡，莊嚴之具。如是等事，超諸人天。於一切法，而得自在。」

【章　旨】發菩提願，行菩提道。修自性法，嚴自性國。證自性體，度自性眾。究竟圓滿，超諸世間。

【注　釋】❶三寶　佛寶，法寶，僧寶。圓覺自性，即是佛寶。無諸妙用，即是法寶。諸法和合，即是僧寶。❷空無相無願之法　三三昧，即空三昧，無相三昧，無願三昧。空三昧，見一切法，皆是緣生，本無實際，不受其惑。無相三昧，見一切法，皆是假有，有而不實，不受其惑。無願三昧，又名無作三昧，諸法幻有，如同泡影，故而無願無求。❸六波羅蜜　即六種到彼岸的修行方法。一、布施波羅蜜。二、持戒波羅蜜。三、忍辱波羅蜜。四、精進波羅蜜。五、禪波羅蜜。六、般若波羅蜜。波羅蜜，即到彼岸。❹剎利　亦名剎帝利，意譯地主、王種。略作剎利。乃印度四姓階級中之第二階級，地位僅次於婆羅門，乃王族、貴族、士族所屬之階級，係從事軍事、政治者。釋尊即出身此階級。❺轉輪聖帝　有名轉輪聖王，轉輪王，輪王。轉輪聖帝具三十二相，即位之時，由天感得輪寶，轉其輪寶，降伏四方，故曰轉輪王。印度神話中的人物，用來表示盛世人王。❻六欲天主　欲界之六天的天主。一、四大王天，有持國、增長、廣目、多聞等四王。二、三十三天，又作忉利天。帝釋天在中央，其四方各有八天，合為三十三天。三、焰摩天，又作夜摩天、炎摩天、時分天。其主稱須夜摩天王。四、兜率天，又作睹史多天、兜率陀天、喜足天。其主稱刪兜率陀天王。五、化自在天，由神通力自在變作五妙欲境而受用。又作樂變化天、無憍樂天、無貢高天、尼摩羅天。其主稱善化天王。六、他化自在天，於他所變化之欲境自在受樂。又作他化自轉天、他化樂天、化應聲天、波羅尼蜜天。其主稱自在天王。❼梵王　大梵天王之異稱也。又總稱色界之諸天。

【語　譯】佛告阿難：「法藏比丘說此頌已，爾時大地，六種震動，天雨妙花，遍覆大地，空中樂音，自然讚歎：『決定成就，無上正覺。』於是，法藏比丘，如是修滿一切大願，超出世間，及出世間，究竟獲得，涅槃常樂。

阿難！法藏比丘於世自在王如來所、諸天大眾、神龍八部之中，發如是大願已，一心志向，嚴淨佛土。所修國土，廣大無邊，無上莊嚴，恒常不衰，永住世間。於無量劫，法藏比丘，行菩薩道，無貪無嗔，無痴無妄，不著六塵，對境無心，苦樂平懷，正覺常寂，智光朗然，無取無捨，一切無礙。心直無曲，和顏悅色，言語柔軟，誠實而問，勇猛精進，絲毫不怠，唯求清淨之法。如是而行，普利群生，恭敬三寶，侍奉師長，具足莊嚴，具足萬行，令諸眾生，皆得成就。住空、無相、無願三昧，行無作無起、如幻如化之法，遠離惡法，不受諸有，修諸善法，自利兼他。一切放下，空無所住，行菩薩行，度一切眾。無量劫中，積累功德，隨所生處，一切如意，無量寶藏，自然顯現，教化利益，一切眾生。住於涅槃，隨緣示現，或為長者，或為居士，或為聖君，或為梵王，所現之身，隨緣而現。常以四事，供養諸佛。如此功德，說之不盡。口氣香潔，如優鉢羅華，身出檀香，普熏十方。容貌端正，莊嚴殊妙，手中常出，無盡之寶，衣服飲食，奇妙鮮花，寶幢幡蓋，莊嚴之具。如是莊嚴，超出一切，於諸萬法，皆得自在。」

【釋　義】法藏比丘，四十八願，文字表述，如經所說。然而，若論實際，四十八願，只在這一念之間。乃至十方世界，恒沙佛國，亦只在這一念之間。如何是這一念？還見麼？若也見得，不但發願已畢，成佛亦已畢。猶如《華嚴》，若論文字，八十一卷。這八十一卷，只如海中一粒沙。一粒沙尚有八十一卷，無量粒沙又有多少卷？如此無盡華嚴，又如何說？又如何書？極快之口，說之不盡。極速之筆，書之不盡。說之不盡、書之不盡之無盡華嚴，卻在諸人一念之間。如何是這一念？還見麼？若也見得，不但無始劫來，本來是佛，且是華嚴教主，普化十方。

「法藏比丘，說此頌已，應時普地，六種震動，天雨妙華，以散其上」。「應時普地，六種震動」，不是腳下的土地發生了地震。「天雨妙華」，也不是藍天上飄落鮮花。迷人昧卻自心，妄想佛義，說什麼「應時普地，六種震動」，是三到四級的小地震，是吉祥震。如此迷人，聽說哪裡發生了地震，便疑神疑鬼。若是小地震，則心生歡喜，心想，世上一定有菩薩出世，感得吉祥震。若是大地震，則心生恐怖，心想，世上一定有魔王出世，引起大地震。如此顛倒妄想的人，如此開口亂道的人，登佛法座，聚眾說法，屬於穿佛衣，吃佛飯，最後拉在佛碗裡的末法亂相。

「應時普地，六種震動」，普地，即是遍地。地，即是心地。六種震動，即六根、六塵、六識等十八界相，豁然頓脫，猶如衣上的浮塵，豁然一抖，豁然一震，則浮塵頓脫，便恢復了衣服的本來面目。所以，這六種震動，即是根塵脫落，真常現前。根塵脫落，真常現前，則萬相莊嚴，全體妙用，故以「天雨妙華」「自然音樂，空中讚言」而作比喻，比喻盡虛空、遍法界之心地莊嚴，亦名自性莊嚴。

「自然音樂，空中讚言：『決定必成，無上正覺。』」這個「自然音樂」，不是物理虛空中的音樂，而是自性虛空中的法音。一切妙相，悉皆演說妙法，悉皆讚歎法藏，一切妙相，皆是法音。迷人不知，心想，物理虛空中，有諸天神，演奏美妙的音樂，發出奇妙的讚歎，讚歎法藏比丘。

「自然音樂，空中讚言」，正是目前的山色溪聲，正是耳畔的雞鳴犬吠。學人迷時，住境著相，則山色溪聲，雞鳴犬吠，皆是娑婆世界的繩索，亦名業障。學人悟時，色空不二，諸法空相，則山色溪聲，雞鳴犬吠，皆成淨土天樂，皆成淨土莊嚴。

若欲成佛，只須向自家心地上用功。於自家心地上，消得一業，則過得一劫。消得十業，則過得十劫。恒沙業障，無量無邊，又如何過得？豈不待到無量億萬年後而成佛？無量億萬年，哪裡是盡頭？何日得成佛？莫作妄想，莫見經中「於不可思議兆載，永劫積殖菩薩無量德行」，便言永遠不得成佛。何以故？劫者，結也，心結也，著相也。著一相，則一結，恒沙萬相，觸著便著，豈不是無量劫？無量劫事，本無實際，當人一悟，則照見五蘊皆空，則照見諸法空相。五蘊皆空，諸法空相。這時，時劫何存？時劫無性，本無實際。見得這裡，便是一時頓超，便是過了永劫。

法藏比丘，乘此大願，依此見地，歷劫修行，莊嚴佛土，所謂「一向專志，莊嚴妙土」。種種修行，或供養，或棄捐，或建立，或掃除，盡屬「自淨其意」「自性自度」。

若人悟心，隨所緣處，盡是妙寶。若人迷真，隨所緣處，無非繩索。一悟一切真，一迷皆成罪。

問：一悟一切真，一迷皆成罪。如何是「一」？

答曰：一者，妙明真心也，無相真心也。妙明真心，照徹十方，生發萬相。猶如明鏡，鏡相無量，明鏡是一。亦如大海，波浪無量，海水是一。若人悟心，是名歸佛。若人悟心，是名得一。得一則萬法歸，得母則眾子隨。

法藏比丘，隨緣度化，或現長者，或現居士，或現君王，或現天主，或現梵王，現一切相，供一切佛，是故經云，「常以四事，供養恭敬一切諸佛」。

四事者，衣服、飲食、臥具、湯藥也。常以四事，恭敬供養，一切諸佛。一切諸佛，究竟是誰？莫言是他。若言是他，則成外道。自心所現，一切諸相，即名一切諸佛。常以四事，恭敬供養，一切諸佛。四事所表，如下所示。

衣服供養。色身穿上衣服，方可謂之莊嚴。菩薩不染世塵，方可謂之功德。即相離相，即離同時，是名衣服供養，亦名莊嚴供養。

飲食供養。色身需要飲食，方可維持生命。菩薩需要法食，方可進取佛道。本覺之光，普照萬相，是名飲食供養，亦名法食供養。

臥具供養。色身需要臥具，方可休息精神。菩薩需要道場，方可安心辦道。放下一切，不著一物，是名臥具供養，亦名道場供養。

湯藥供養，色身需要療疾，方可恢復健康。菩薩需要法藥，方可度脫眾生。方便對治，能所雙亡，是名湯藥供養，亦名法藥供養。

語言令人愉悅，是名「口氣香潔」。精神令人愉悅，是名「身諸毛孔，出栴檀香，其香普熏，無量世界」。精神面貌，清晰透亮，是名「容色端正，相好殊妙」。上契下合，救拔諸苦，隨緣施法，法無定法，是名「其手常出無盡之寶」。

如此經文，看似神秘玄妙，實是自己家裡事。莫作神秘玄想，皆是自心實相的象徵性表達。

諸位學人，但向自心上看，於自心上見佛，於自心上見菩薩，於自心上見諸天，於自心上見梵王。若不從自心上見，而向心外求，盡屬自作幻影，自我誑惑。

娑婆極樂，相距多遠？

阿難白佛：「法藏菩薩，為已成佛而取滅度，為未成佛為今現在？」

佛告阿難：「法藏菩薩，今已成佛，現在西方❶，去此十萬億剎❷，其佛世界，名曰安樂❸。」

【章　旨】迷成十萬，悟則目前。若欲生西，只須放下。放下即西，見性是佛。

【注　釋】❶西方　不是一個物理概念，而是一個文化概念。表示放下之處，表示回歸之處。糾纏即娑婆，放下是西方。外求即娑婆，回歸是西方。❷十萬億剎　不是一個物理概念，而是文化概念。著一相，即一剎。著無量相，即無量剎。以數作喻，名曰十萬億剎。❸安樂　亦名極樂，亦名回歸本源之樂。

【語　譯】阿難問佛：「法藏菩薩，今已成佛，還是直至如今，而未成佛？」

佛告阿難：「法藏菩薩，今已成佛，現在西方，距此娑婆，十萬億剎土之遙，其佛世界，名曰極樂。」

【釋　義】阿難問曰：「法藏比丘，已成佛否？」佛告阿難：「法藏菩薩，今已成佛，現在西方，去此十萬億剎，其佛世界，名曰安樂。」

問：娑婆世界，安樂世界，兩者之間，究竟多遠？

答曰：「十萬億剎」之遙。著一相，即一剎。著二相，即二剎。著無量相，即無量剎。無量剎土，大數而喻，名曰十萬億剎。

一切色相，於自性中，猶如幻影，幻生幻滅，本無實際。迷自性，則有十萬億剎之遙，何時得達？悟自心，則一剎亦無，說甚十萬？

蓮池大師云：「若知本體不離當處，則非生彼國，乃生此國耳。雖云十萬億程，何曾咫尺動步？故謂不勞彈指到西方也。如其真如不守自性，五道隨緣，則是窮子旅泊他鄉，應歸故里。」（《阿彌陀經疏鈔》卷第三。《卍續藏》第二十二冊，第六五六頁下。）又云：「只平常念去，但念不忘，忽然觸境遇緣，打著轉身一句，始知寂光淨土，不離此處，阿彌陀佛，不越自心。」（《禪關策進》。《大正藏》第四十八冊，第一一〇四頁下。）

蕅益大師云：「深信十萬億土，實不出我今現前介爾一念心外，以吾現前一念心性實無外故。又深信西方依正主伴，皆吾現前一念心中所現影。」（《淨土十要》卷第一。《卍續藏》第六十一冊，第六四五頁上。）

徹悟大師云：「吾人現前一念心性，全真成妄，全妄即真，終日隨緣，終日不變，橫遍豎窮，當體無外，彌陀淨土，總在其中。」（《徹悟禪師語錄》卷上。《卍續藏》第六十二冊，第三三二頁下。）

十世古今，始終不離於當念。既然「不離於當念」，那麼，往生淨土，又生到哪裡？生則決定生，去則實不去也。

無邊剎境，自他不隔於毫端。既然「不隔於毫端」，那麼，登達彼岸，又到何處？彼此消融，全體一味，絕待無對，是名彼岸。不悟自性，勤苦修行，盡未來際，不達悉地。極樂世界，只在當下，著相外求，永不可得。

成佛幾時，國土情形

阿難又問：「其佛成道已來，為經幾時？」

佛言：「成佛已來，凡歷十劫。其佛國土，自然七寶❶，金，銀，琉璃，珊瑚，琥珀，車璖，瑪瑙，合成為地。恢廓曠蕩，不可限極。悉相雜廁，轉相入間。光赫焜耀，微妙奇麗，清淨莊嚴，超踰十方一切世界眾寶中精，其寶猶如第六天❷寶。

又其國土，無須彌山❸，及金剛圍❹一切諸山。亦無大海小海，溪渠井谷。佛神力故，欲見則見。亦無地獄、餓鬼、畜生諸難之趣，亦無四時春秋冬夏，不寒不熱，常和調適。」

【章旨】佛是自性，自性是佛。自性國土，當須自淨。自性眾生，當須自度。心淨土淨，土淨心淨。

【注釋】❶七寶　七寶是個比喻，比喻自性莊嚴。我們不可將七寶當作實物想。若當作實物想，那就成了物理概念。七寶是個文化概念，而不是物理概念。❷第六天　欲界之天有六重，他化自在天位於第六，因而謂為第六天。是欲界之頂上也。❸須彌山　古代印度神話中的概念，聳立於一小世界中央之高山。以此山為中心，周圍有八山、八海環繞，而形成一世界。佛教沿用之，用來表人的傲慢。❹金剛圍　鐵圍山、輪圍山、金剛山。古代印度神話中的概念，圍繞於須彌、四洲之外海，由鐵所成之山。以鐵性堅固，故稱金剛。佛教沿用之，用來表人的堅固執著。

【語譯】阿難又問：「法藏菩薩，成佛以來，已經幾時？」

佛言：「法藏菩薩，成佛以來，已經十劫。其佛國土，金、銀、琉璃、珊瑚、琥珀、硨磲、瑪瑙自然合成，廣大無邊，不可測度，萬相交輝，相間無礙，光明赫奕，微妙莊嚴，超越十方，一切眾寶，猶如他化自在天之寶。

其佛國中，無須彌山，無鐵圍山，及一切諸山，亦無大海，亦無小海，亦無溪渠，亦無井谷，及一切諸水，仗佛神力之故，或山或水，欲現則現，欲隱則隱，隱現自在。其佛國中，無有地獄，無有餓鬼，無有畜生，亦無春夏秋冬，無寒無熱，調和適宜。」

【釋義】自性具足三世，自性具足十方。自性不在別處，只在諸人六根門頭上放大光明。

自性具足三世，那麼，過去、現在、未來無量劫事，只在諸人自性中。過去現在，無量幻相，於自性體上，更有什麼十劫、百劫、千劫之時間距離？猶如鏡中幻相，前相後相，無量萬相，於明鏡體上，更有什麼時間距離？

自性具足十方，那麼，東方西方，四維上下，無量剎土，只在諸人自性中。此相彼相，無量幻相，於自性體上，更有什麼十剎、百剎、千剎之空間距離？猶如鏡中幻相，此相彼相，無量幻相，於明鏡體上，更有什麼空間距離？

法藏比丘，成佛以來，已經十劫。此是順俗之說，接引之言。若論實際，哪有什麼時間距離？悟即當下是，不悟永乖疏。

蓮池大師云：「自性本來成佛，是十劫義。」又云：「華嚴舉十，是表無盡。即今自性成佛以來，何止威音那邊更那邊，塵沙劫又塵沙劫也？若定執十劫，昔人道，猶是王老師兒孫。」（《阿彌陀經疏鈔》卷第三。《卍續藏》第二十二冊，第六五三頁下。）

蕅益大師云：「過去已滅，寧別有十劫堆積何地猶未化耶？」「未來未至，寧別有無量劫預貯何地漸次來耶？須知時劫無性，故三世當體全空，而無性原非斷滅，故時劫差別宛爾。雖復差別宛爾，并是現前一剎那中所現影子，故曰十世古今，始終不離于當念也。」

《佛說阿彌陀經要解》。《大正藏》第三十七冊，第三七〇頁中。）

莫把佛教中的國土、淨土、地等概念，當作世俗的國域、疆界、土地等概念。在佛教的概念體系裡，這些概念是文化概念，而不是知識概念。這裡所說的「其佛國土」，這裡所說的「自然七寶」「合成為地」，皆是比喻，比喻聖者的清淨境界，比喻聖者的心地莊嚴。

覺者的心，清淨光明，富貴莊嚴，以「自然七寶」作喻。「其佛國土，自然七寶」「合成為地」，這樣的經文，換成通俗語言來說，那就是「超凡脫俗」「精神富貴」。

其國的七寶，「超踰十方一切世界眾寶中精，其寶猶如第六天寶」。我們見了這句經文，切莫生出這樣的妄想，無量壽佛的淨土世界，最上最第一，藥師如來，釋迦如來，皆不能及。若做此想，即是妄想。如此妄想，違背佛義。

凡夫不知，無量壽佛即是釋迦。無量壽佛國，微妙莊嚴，皆是釋迦化現，時時召喚眾生，回歸淨土。淨土在哪裡？即心即土，即土即心。隨其心淨，則佛土淨。

凡夫不知，三世諸佛，皆是自心。無量佛土，微妙莊嚴，皆是自心化現，時時召喚眾生，回歸淨土。淨土在哪裡？即心即土，即土即心。隨其心淨，則佛土淨。

諸人的自性，不生不滅，威神光明，最尊第一，無量化佛，所不能及。若不然者，釋迦何言「天上天下，唯我獨尊」？我者，自性也，佛性也，無量壽也。

三世諸佛，法身不二，佛佛平等，無有高下。若人把無量壽佛當作某一形相，當作某一個體，當作最尊第一，而其他諸佛，所不能及，這便是依文解義，這便是顛倒妄想，亦名謗佛。經云，犯五逆罪，不得往生。不是不許他往生，而是他自己背道而馳，而不得往生。背道而馳，何由得達？

其佛國土，無須彌，無鐵圍，無大海，無小海，無溪渠，無井谷，無餓鬼，無畜生，無春夏秋冬，無寒無熱。猶如《心經》所說，無眼耳鼻舌身意，無色聲香味觸法，一切皆無。諸位仁者，聞此「無」說，莫作「無」想。若作「無」想，則成「有」矣。

須彌，鐵圍，大海，小海，溪渠，井谷，皆表法也，切不可作實物而論。須彌山，傲慢也。金剛圍山，亦名鐵圍山，即固執也。大海小海，溪渠井谷，貪欲也。佛力加持之故，其佛國土，無有傲慢、固執、貪欲這類習氣，無有傲慢、固執、貪欲這類眾生。佛力加持之故，這類習氣，這類眾生，欲現得現，欲脫則脫，雖有假相，不得成惑。

解脫貪嗔，消除執著。諸法現前，不取不捨。自心清淨，萬法無染。如是心地，是名安樂國土，亦名極樂國土。

一切眾生，依何而住

爾時，阿難白佛言：「世尊！若彼國土，無須彌山，其四天王❶，及忉利天❷，依何而住？」

佛語阿難：「第三炎天❸，乃至色究竟天❹，皆依何住？」

阿難白佛：「行業果報，不可思議。」

佛語阿難：「行業果報，不可思議。諸佛世界，亦不可思議，其諸眾生，功德善力，住行業之地，故能爾耳。」

【章旨】依染而住，輪回不息。悟心而行，即是淨土。染有輪回，悟無生死。迷即娑婆，悟則極樂。

【注釋】❶四天王　帝釋之外護，居須彌山腰四方，各護一天下，稱為四天王。四天王所居四天下，是欲界六天之第一天，稱為四天王天，東方持國天，南方增長天，西方廣目天，北方多聞天。❷忉利天　又作三十三天，位於欲界六天之第二天，位於須彌山頂。須彌山頂四方各有八天，加上中央帝釋天，共有三十三天，故稱三十三天。❸炎天　炎摩天，夜摩天，善時天，時分天，欲界之第三天，時時快樂。以蓮華開合，分其晝夜，此天依空而居。❹色究竟天　色界十八天之最頂，色界天中之最勝。色界之初禪、二禪、三禪、四禪共十八天。初禪三天，梵輔天，梵眾天，大梵天。二禪三天，少光天，無量光天，光音天。三禪三天，少淨天，無量淨天，遍淨天。四禪九天，小嚴飾天，無量嚴飾天，嚴飾果實天，無想天，無造天，無熱天，善見天，大善見天，阿迦尼吒天。

【語譯】爾時，阿難問佛：「世尊！彼佛國土，無須彌山，四大天王，忉利天眾，依何而住？」

佛語阿難：「第三炎天，乃至色究竟天，依何而住？」

阿難白佛：「眾生行業，所感果報，不可思議。」

佛告阿難：「諸天眾生，行業果報，不可思議。諸佛世界，國中眾生，功德善力，所感果報，亦不可思議。」

【釋 義】一切眾生，依業而生，依業而住。

大致劃分，九界眾生，所謂三聖六凡是也。六凡眾生，又分善道眾生與惡道眾生。善道眾生，貪嗔痴業輕，故落三善道。惡道眾生，貪嗔痴業重，故落三惡道。

詳細而說，天道眾生，依多善而生，依多善而住。修羅道眾生，依鬥業而生，依鬥業而住。人道眾生，依糾結而生，依糾結而住。畜生道眾生，依無德而生，依無德而住。餓鬼道眾生，依貪心而生，依貪心而住。地獄道眾生，依多惡而生，依多惡而住。

須彌山、鐵圍山、四大海水、四天王天、忉利天，皆眾生業力所成，是眾生的住處，亦是眾生自身。然而，勿將須彌山當作實物，何以故？須彌山是個表法，表心中的傲慢。若把須彌山當作實物，那麼，即使找遍地球，找遍太陽系，找遍銀河系，乃至找遍宇宙，那也是找不到須彌山的。鐵圍山、忉利天、淨土世界等等，各有所表，所表之事，盡在人心。

六祖大師云：「佛向性中作，莫向身外求。自性迷即是眾生，自性覺即是佛。慈悲即是觀音，喜舍名為勢至，能淨即釋迦，平直即彌陀，人我是須彌，貪欲是海水，煩惱是波浪，毒害是惡龍，虛妄是鬼神，塵勞是魚鱉，貪瞋是地獄，愚痴是畜生。善知識！常行十善，天堂便至。除人我，須彌倒。去貪欲，海水竭。煩惱無，波浪滅。毒害除，魚龍絕。自心地上覺性如來放大光明，外照六門清淨，能破六欲諸天，自性內照，三毒即除，地獄等罪一時銷滅，內外明徹不異西方。不作此修，如何到彼？」（《六祖大師法寶壇經》。《大正藏》第四十八冊，第三五二頁中。）

蓮池大師云：「十方微塵國土者，惟吾心中之土也。三世恒沙諸佛者，惟吾心中之佛也。知此則知，無一土不依吾心而建立，無一佛不由吾性而發現。然則十萬億外之極樂，獨非惟心之淨土乎？極樂國中之教主，獨非本性之彌陀乎？」（《淨土或問》。《大正藏》第四十七冊，第二九四頁下。）

萬法盡在心中，須彌山、鐵圍山、四大海水、四天王天、忉利天等等，豈能離心而有？迷即萬法縛人，悟即萬相莊嚴。

無量壽佛，最尊第一

阿難白佛：「我不疑此法，但為將來眾生，欲除其疑惑，故問斯義。」

佛告阿難：「無量壽佛，威神光明，最尊第一，諸佛光明，所不能及。或有佛光照百佛世界，或千佛世界，取要言之，乃照東方，恒沙佛剎。南西北方，四維上下，亦復如是。或有佛光，照于七尺，或照一由旬，二三四五由旬，如是轉倍，乃至照一佛剎。是故無量壽佛，號無量光佛，無邊光佛，無礙光佛，無對光佛，炎王光佛，清淨光佛，歡喜光佛，智慧光佛，不斷光佛，難思光佛，無稱光佛，超日月光佛。其有眾生，遇斯光者，三垢❶消滅，身意柔軟，歡喜踴躍，善心生焉。若在三塗❷，勤苦之處，見此光明，皆得休息，無復苦惱。壽終之後，皆蒙解脫。無量壽佛，光明顯赫，照曜十方。諸佛國土，莫不聞知。不但我今，稱其光明，一切諸佛，聲聞緣覺，諸菩薩眾，咸共歎譽，亦復如是。」

【章旨】自性光明，威神第一。化佛光明，所不能及。自性無生，壽涯無量。自性本佛，威神第一。

【注釋】❶三垢　三種垢穢之意。指能垢穢眾生心行之貪、嗔、痴三毒。❷三塗　血塗、刀塗、火塗。血塗是畜生道，因畜生常在被殺，或互相吞食之處；刀塗是餓鬼道，因餓鬼常在飢餓，或刀劍杖逼迫之處；火塗是地獄道，因地獄常在寒冰，或猛火燒煎之處。此三塗就是三惡道的別名。

【語譯】阿難白佛：「世尊所說，我無疑惑，但為未來眾生解除疑惑，故發此問。」

佛告阿難：「無量壽佛，威神光明，最尊第一，諸佛光明，所不能及。諸佛光明，或照百佛世界，或照千佛世界，或照東方恒沙佛剎，或照南方恒沙佛剎，或照西方恒沙佛剎，或照北方恒沙佛剎，或照上方恒沙佛剎，或照下方恒沙佛剎。或有佛光，照於七尺，或照一由旬，或照二、三、四、五由旬，乃至照一佛剎。無量壽佛，光明無量，諸佛光明，所不能及，是故又名，無量光佛，無邊光佛，無礙光佛，無對光佛，炎王光佛，清淨光佛，歡喜光佛，智慧光佛，不斷光佛，難思光佛，無稱光佛，超日月光佛。若有眾生，見此光明，三毒業苦，自然消滅，身心世界，自然柔軟，歡喜踴躍，善心自現。若有眾生，墮在三塗，見此光明，苦惱頓消，不復更生，臨命終時，蒙佛光明，皆得解脫。無量壽佛，光明顯赫，普照十方，諸佛國土。不但我今，讚其光明，一切諸佛，聲聞緣覺，諸菩薩眾，悉皆讚歎，彼佛光明。」

【釋義】問：經云：「無量壽佛，威神光明，最尊第一，諸佛光明，所不能及。」佛佛道同，怎有高下？自他不二，豈有尊卑？

答曰：無量壽佛，本覺光明，亦名法身光明。於此光中，現種種相。此種種相，佛眼觀之，即名諸佛。法身光明是體，諸佛光明是相，亦名化身光明。法身光明，最尊第一。化身光明，所不能及。自性光明，最尊第一。種種事相，所不能及。化身光明，有大有小。世間萬相，有大有小。「或有佛光照百佛世界，或千佛世界」，或「照于七尺，或照一由旬，二三四五由旬，如是轉倍，乃至照一佛剎」。一葉之相，乃至一枝，乃至一幹，乃至一樹，乃至一林，妙相大小，各有分限，或一尺，或一丈，或十丈，或百丈，如是轉倍，乃至一叢林，盡在諸人自性之中，盡在自性光明之中。

讀經看教，切莫望文生義，見到「光明」，便作光明想，或作日光想，或作月光想，或作燈光想，等等。見一切文字而作一切想，是名望文生義，亦名顛倒妄想。

心光無相，化現有形。心光無相，化現山河大地，化現草木魚蟲。無量壽佛，即是這無相心光。十方諸佛，即是這無量萬相。「無量壽佛，威神光明，最尊第一，諸佛光明，所不能及」。這正是釋迦佛所說的「天上天下，唯我獨尊」。獨尊之我，即是無量壽，無量壽，即是獨尊之我。這正是諸人的無相心光，這正是諸人的自性彌陀。無相心光，自性彌陀，威神光明，最尊第一，一切萬相，所不能及。

莫見我說「無量壽佛，即是這無相心光。十方諸佛，即是無量萬相」，便言這是謗佛之說。虛雲老和尚有云：「燙著手，打碎杯，家破人亡口難開。春到花香處處秀，山河大地是如來。」到了這個份上，一色一相，皆是如來。若有不是，佛光則有不遍之處，則不名最尊。法藏比丘發願云：「設我得佛，光明有能限量，下至不照百千億那由他諸佛國者，不取正覺。」法藏比丘頌云：「如佛無量智，通達靡不遍，願我功德力，等此最勝尊。」

自性光明無量，自性壽命無量，自性即是無量光，自性即是無量壽。三世諸佛，出興於世，悉皆讚歎彼佛，亦名三世諸佛，出興於世，悉皆指示自性。若不指示自性，則非佛法。若向相上落實，則非佛法。

見此無量光，三塗得解脫。見此無量光，菩薩登彼岸。見此無量光，即入不退轉。萬法歸宗，只歸這裡。

聞佛正見，一心回歸

「若有眾生，聞其光明❶，威神功德，日夜稱說❷，至心不斷，隨意所願，得生其國，為諸菩薩，聲聞大眾，所共歎譽，稱其功德。至其然後，得佛道時，普為十方，諸佛菩薩，歎其光明，亦如今也。」

【章 旨】二六時中，一心念佛。一念斷處，佛即現前。心不顛倒，即得往生。生後修行，直成佛道。

【注 釋】❶聞其光明　有兩個層次上的含義。一、聽聞佛理，深信不疑。二、借助音聲，返本還源。
❷日夜稱說　一心迴向，光明妙體。此返本還源的一種修行，而不是用嘴巴日夜稱說。

【語 譯】「若有眾生，聞佛所說，二六時中，至心稱念，隨其所願，往生彼國，一切菩薩，聲聞大眾，悉皆讚歎，稱其功德。是諸眾生，得佛道時，十方世界，諸佛菩薩，讚歎其光，亦如今日。」

【釋 義】問：如何是「聞其光明，威神功德」？

答曰：光屬眼見，聲屬耳聞，經文卻說，「聞其光明，威神功德」。聞佛妙理，深信不疑。此是信位上的「聞其光明」。

覺者的境界，內而六根，外而六塵，中而六識，一切有相，皆是光明。光明之相，如何得聞？這個聞，不是眼見，不是耳聞。這個聞，無能無所，圓覺遍照。如此之聞，是名「聞其光明，威神功德」。

問：如何是「日夜稱說，至心不斷」？

答曰：自性是主人，萬相是幻化。暫捨諸幻化，回頭見主人。二六時中，念念如此，是名「日夜稱說，至心不斷」。一心念佛，心心相應，即登彼岸。一切菩薩，及聲聞眾，皆修此法，同登彼岸。

日夜稱說，不是用口稱說，而是念念回歸，自心本性。若能如是，即是「日夜稱說，至心不斷」。一念相應，念念相應，「隨意所願，得生其國」，隨意所願，契入自性。

問：「日夜稱說」，稱說什麼？

答曰：稱讚彼佛光明，稱讚彼佛功德。

問：彼佛是誰？

答曰：彼佛非他，正是自己。

問：自己是誰？

答曰：不是四大和合的幻身，而是不生不滅、光明無量的自性法身。

無量壽者，不生不滅之自性法身也。過去諸如來，皆說自性法身。現在諸如來，皆說自性法身。未來諸如來，皆說自性法身。若不說自性法身，則非佛法。

一心念自性，念念觀自在，即名「日夜稱說，至心不斷」。若人向外念他，向外觀他，是名外道，不名佛子。經云：「旋汝倒聞機，反聞聞自性。性成無上道，圓通實如是。此是微塵佛，一路涅槃門。過去諸如來，斯門已成就。現在諸菩薩，今各入圓明。未來修學人，當依如是法。」如是稱念，如是返觀，即得往生，彼佛國土。如是稱念，如是返觀，即得契入，自性淨土。何以故？自性即彼佛，彼佛即自性。往生彼佛國土，即是往生自性淨土。往生淨土已，普度十方眾，功德得圓滿，即同無量壽。故經云：「至其然後，得佛道時，普為十方，諸佛菩薩，歎其光明，亦如今也。」

光壽無量，說之不盡

佛言：「我說無量壽佛，光明威神，巍巍殊妙，晝夜一劫，尚不能盡。」

佛語阿難：「無量壽佛，壽命長久，不可稱計，汝寧知乎？假使十方世界無量眾生，皆得人身，悉令成就聲聞緣覺，都共集會，禪思一心，竭其智力，於百千萬劫，悉共推算，計其壽命長遠劫數，不能窮盡，知其限極。聲聞菩薩，天人之眾，壽命長短，亦復如是，非算數譬喻所能知也。」

【章旨】自性光明，照徹十方。自性壽命，遍含三世。自性壽命，無量無邊。人民壽命，亦復如是。

【語譯】佛言：「彼佛光明，威神殊妙，我若具說，日夜宣說，乃至一劫，說之不盡。」

佛告阿難：「無量壽佛，壽命無量，不可稱計，汝知之否？十方世界，無量眾生，設得人身，皆成聖果，聚會一處，咸思共推，彼佛壽命，欲計其極，終不可盡。彼佛國中，聲聞菩薩，人天大眾，壽命長短，亦同彼佛，算數比喻，所不能知。」

【釋義】約體而論，無相真心即是清淨法身。清淨法身，不生不滅，故曰壽命無量，故曰光明無量。

約相而論，無量萬相即是無量化身。法身不滅，化身永在，故曰化身壽命，及其光明，亦復無量。

見聞覺知是佛光，起心動念是佛光，語默動靜是佛光，舉手投足是佛光，山河大地，草木魚蟲，無量萬相，皆是佛光，皆是心光。

本覺光明，不生不滅，壽命無量，豈能說得盡？化身光明，生生不息，無有窮盡，豈能說得盡？晝夜一劫，說之不盡。塵沙劫數，亦說之不盡。

無量壽佛，自性彌陀，威神光明，殊妙巍巍，釋迦文佛，晝夜一劫，說之不盡。無量聲聞，無量菩薩，百千億劫，亦說之不盡。

法身壽命，不生不滅，壽命無量，光明無量。化身壽命，生生不息，亦壽命無量，光明無量。彼佛國中，聲聞菩薩，天人大眾，乃至寶樹、階道、亭臺、池水等等，皆是自性的化現，皆是彼佛的化現，悉皆壽命無量，光明無量，故云：「聲聞菩薩，天人之眾，壽命長短，亦復如是。」

蓮池大師云：「自性平直，是階道義。自性高邃，是樓閣義。自性具足功德法財，是七寶義。」（《阿彌陀經疏鈔》卷第二。《卍續藏》第二十二冊，第六四〇頁下。）「自性清淨光明，是蓮華義。」（《阿彌陀經疏鈔》卷第二。《卍續藏》第二十二冊，第六四二頁中。）「自性能生萬法，是莊嚴義。」（《阿彌陀經疏鈔》卷第二。《卍續藏》第二十二冊，第六四三頁中。）又云：「自性汪洋沖融，是寶池義。自性悉備一切功德，是德水義。」（《阿彌陀經疏鈔》卷第二。《卍續藏》第二十二冊，第六四〇頁上。）

無量莊嚴，百千妙用，皆自性顯發，皆自性功德。自性妙體，壽命無量，自性妙相，亦復壽命無量。

聲聞菩薩，其數難量

「又，聲聞菩薩，其數難量，不可稱說。神智洞達，威力自在，能於掌中，持一切世界。」

佛語阿難：「彼佛初會，聲聞眾數，不可稱計，菩薩亦然。能如大目揵連，百千萬億，無量無數，於阿僧祇那由他劫，乃至滅度，悉共計挍，不能究了，多少之數。譬如大海，深廣無量，假使有人，析其一毛，以為百分，以一分毛，沾取一渧，於意云何？其所渧者，於彼大海，何所為多？」

阿難白佛：「彼所渧水，比於大海，多少之量，非巧歷算數言辭譬類所能知也。」

佛語阿難：「如目連等，於百千萬億那由他劫，計彼初會，聲聞菩薩，所知數者，猶如一渧，其所不知，如大海水。」

【章旨】悟道聲聞，無量無數。登地菩薩，無量無數。無量大眾，皆非他人。無量壽佛，功德化現。

【語譯】「又，彼佛國中，聲聞菩薩，其數無量，不可稱說，智慧通達，威力自在，能於掌中，持一切世界。」

佛告阿難：「無量壽佛，初轉法輪，於此會中，聲聞菩薩，無量無數，假如有人，神通智慧，同大目揵連，如是無量無數之人，於無量無數阿僧祇劫，咸思共推，聖眾數量，終不可盡。譬如有人，將一毛髮，析成百分，取其一分，沾取滴水。於意云何？所沾滴水，較之大海，何者為多？」

阿難白佛：「所沾滴水，較之大海，非算數比喻、言語描述所能及。」

佛告阿難：「神通威力，如目揵連，經歷百千萬億那由他劫，推算計量，彼佛初會，聖眾數量，所知數量，猶如一滴，其未知者，猶如大海。」

【釋義】問：彼佛法會，無量聲聞，無量菩薩，聚會一堂。聲聞菩薩，如此眾多，何以得聞，彼佛說法？

答曰：莫作妄想。無量聲聞，無量菩薩，以及彼佛，不出諸人，當下一心。還見這一心麼？若也見得，即名見佛，亦名見無量聲聞，無量菩薩。何以故？無量聲聞，無量菩薩，皆非他人，只是諸人自己。彼佛是自心體，聖眾是自心用。體用一如，原非二致。無量聲聞，無量菩薩，乃至恒沙諸佛，皆是彼佛化現，皆是彼佛功德。聲聞，聞佛教導，依教奉行。若無此心，誰來聞教？若無此心，誰來奉行？一切作用，皆是心作。可見，聲聞之德，心之功德。

菩薩，發願成佛，圓成佛道。若無此心，誰來發願？若無此心，何由歸本？一切作用，皆是心作。可見，菩薩之德，心之功德。

心體常寂，現相無窮，或現天相，或現金剛相，或現聲聞相，或現菩薩相，或現智慧樹，或現七寶池，亭臺樓閣，所現之相，無量無數。無量萬，唯心化現。無量萬相，唯佛化現，故云：「聲聞菩薩，其數難量」，「神智洞達，威力自在，能於掌中，持一切世界。」諸佛無量壽，化現無有盡。若有能量者，未來不能及。

法眼觀之，法界萬相，無非淨相。既無地獄，亦無天堂。既無此岸，亦無彼岸。既無四諦，亦無六度，無智亦無得，一無所得。然而，一無所得，莫作無想。若作無想，則落有中。

七寶諸樹，周滿世界

「又其國土，七寶諸樹，周滿世界。金樹，銀樹，琉璃樹，頗梨樹，珊瑚樹，瑪瑙樹，車璩樹，或有二寶三寶，乃至七寶，轉共合成。或有金樹，銀葉華果。或有銀樹，金葉華果。或琉璃樹，頗梨為葉，華果亦然。或水精樹，琉璃為葉，華果亦然。或珊瑚樹，瑪瑙為葉，華果亦然。或瑪瑙樹，琉璃為葉，華果亦然。或車璩樹，眾寶為葉，華果亦然。或有寶樹，紫金為本，白銀為莖，琉璃為枝，水精為條，珊瑚為葉，瑪瑙為華，車璩為實。或有寶樹，白銀為本，琉璃為莖，水精為枝，珊瑚為條，瑪瑙為葉，車璩為華，紫金為實。或有寶樹，琉璃為本，水精為莖，珊瑚為枝，瑪瑙為條，車璩為葉，紫金為華，白銀為實。或有寶樹，水精為本，珊瑚為莖，瑪瑙為枝，車璩為條，紫金為葉，白銀為華，琉璃為實。或有寶樹，珊瑚為本，瑪瑙為莖，車璩為枝，紫金為條，白銀為葉，琉璃為華，水精為實。或有寶樹，瑪瑙為本，車璩為莖，紫金為枝，白銀為條，琉璃為葉，水精為華，珊瑚為實。或有寶樹，車璩為本，紫金為莖，白銀為枝，琉璃為條，水精為葉，珊瑚為華，瑪瑙為實。行行相值，莖莖相望，枝枝相準，葉葉相向，華華相順，實實相當。榮色光曜，不可勝視。清風時發，出五音聲，微妙宮商，自然相和。」

【章　旨】彼國功德，自性功德。彼佛智慧，自性智慧。彼佛莊嚴，自性莊嚴。形形色色，彼佛法音。

【語　譯】「又，彼佛國中，七寶諸樹，周滿世界，所謂金樹，銀樹，琉璃樹，頗梨樹，珊瑚樹，瑪瑙樹，硨磲樹，或由二寶三寶，乃至七寶，共同合成。或有金樹，銀葉，銀華，銀果。或有銀樹，金葉，金華，金果。或有琉璃樹，頗梨葉，頗梨華，頗梨果。或有水精樹，琉璃葉，琉璃華，琉璃果。或有珊瑚樹，瑪瑙葉，瑪瑙華，瑪瑙果。或有瑪瑙樹，琉璃葉，琉璃華，琉璃果。或有硨磲樹，眾寶為葉，華果亦然。或有寶樹，紫金為本，白銀為莖，琉璃為枝，水精為條，珊瑚為葉，瑪瑙為華，硨磲為實。或有寶樹，白銀為本，琉璃為莖，水精為枝，珊瑚為條，瑪瑙為葉，硨磲為華，紫金為實。或有寶樹，琉璃為本，水精為莖，珊瑚為枝，瑪瑙為條，硨磲為葉，紫金為華，白銀為實。或有寶樹，水精為本，珊瑚為莖，瑪瑙為枝，硨磲為條，紫金為葉，白銀為華，琉璃為實。或有寶樹，珊瑚為本，瑪瑙為莖，硨磲為枝，紫金為條，白銀為葉，琉璃為華，水精為實。或有寶樹，瑪瑙為本，硨磲為莖，紫金為枝，白銀為條，琉璃為葉，水精為華，珊瑚為實。

或有寶樹，硨磲為本，紫金為莖，白銀為枝，琉璃為條，水精為葉，珊瑚為華，瑪瑙為實。如此無量寶樹，行行相值，莖莖相望，枝枝相準，葉葉相向，華華相順，實實相當，榮色光曜，不可勝視。清風徐徐動，寶樹發五聲，宮商角徵羽，自然和雅音。」

【釋　義】七寶，即金、銀、琉璃、頗梨、珊瑚、瑪瑙、硨磲也。佛經中所說的七寶，是個表法，表自性莊嚴，表自性功德。佛教所說的七寶，莫作實物想。若作實物想，那麼，用七寶建成的現代化宮殿，豈不成了淨土？若心不清淨，處處著相，處處糾結，處處煩惱，他即使居住在用七寶做成的現代化宮殿裡，他的境界也是個娑婆世界。若心清淨，即相離相，毫無染著，他即使工作在垃圾處理場裡，他的境界，也是個淨土世界。自心世界，清淨莊嚴，以七寶作喻，即是「七寶諸樹，周滿世界」。

樹，也是個表法，表智慧，表理性。過去諸佛，於菩提樹下降魔成佛。現在諸佛，於菩提樹下降魔成佛。未來諸佛，於菩提樹下降魔成佛。三世諸佛，皆於菩提樹下降魔成佛。這個菩提樹，莫作實物想。若作實物想，即使終日在木頭樹下打坐用功，那也是不能成佛的。何以故？菩提樹不是木頭樹，而是自性智慧，而是自性光明。

「七寶諸樹，周滿世界」，這不是說某個物質世界，到處都是七寶樹，而是說心靈世界，智慧遍滿，心靈世界，清淨莊嚴。

佛教所說的世界，也不是世人所說的物質世界，而是心靈世界。心靈世界，廣大無邊，遍含三世，豎窮十方，目前的物質世界，乃至十方虛空，只是心靈世界的一個影像而已。

《楞嚴經》云：「當知虛空，生汝心內，猶如片雲，點太清裏。」（《楞嚴經》卷第九。《大正藏》第十九冊，第一四七頁中。）

佛教所說的世界，世有三世，界有十方。過去，現在，未來，即是三世。東西南北，四維上下，即是十方。三世與十方合稱，稱作世界。佛教所說的世界，是心性學意義上的世界，而不是物理學意義上的世界。

唯有這個無相真心，堪配「十方三世」之名。這個無相真心，包含過去、現在、未來一切事相。這個無相真心，包含前後、左右、上下十方事相。以這個無相真心為本位，無相真心與無量事相統一，這就是一個世界。我們悟了這個無相真心，立足於這個無相真心，我們的世界就會變成一個淨土，就會成就一個極樂。

莫把淨土世界當作物質世界，莫把淨土世界當作物理空間中的某個世界。物質世界，無論它多麼廣大，它只是佛教所說的無相真心的一個相。大地是無相真心中的一個相，藍天是無相真心中的一個相，白天是無相真心中的一個相，黑夜是無相真心中的一個相，一切事相，皆是無相真心中的一個相。

佛教所說的世界，不是物質意義上的世界，而是文化意義上的世界，而是以心為本位的心與萬相的統一。

立足於無相真心而觀察世界萬相，一切萬相，雖有不同，然而，一切萬相，皆是淨相。何以故？心清淨故，則見一切相清淨，山清淨，水清淨，電閃雷鳴，森羅萬相，悉皆清淨。一切清淨故，則一切萬相，皆是莊嚴。一切萬相，悉皆清淨，悉皆莊嚴，是名「七寶諸樹，周滿世界。金樹，銀樹，琉璃樹，頗梨樹，珊瑚樹，瑪瑙樹，硨磲樹，或有二寶三寶，乃至七寶，轉共合成」。無量寶樹，萬相合和，微風吹動，出和雅音，演暢佛法。

無盡寶樹，不在別處，只在諸人目前，只在諸人耳畔，只在諸人心中。屏息諸念，一念不生。試觀當下，一切色，一切相，一切音，一切聲，一切心念，一切舉動，皆是清淨相，皆是「七寶諸樹」。心清淨故，則萬相清淨。心清淨故，則萬相莊嚴。

寶樹妙音，聞者得度

「又，無量壽佛，其道場樹，高四百萬里。其本周圍，五千由旬。枝葉四布，二十萬里。一切眾寶，自然合成，以月光摩尼持海輪寶眾寶之王而莊嚴之，周匝條間。垂寶瓔珞，百千萬色，種種異變，無量光炎，照曜無極。珍妙寶網，羅覆其上，一切莊嚴，隨應而現。微風徐動，出妙法音普流十方一切佛國。其聞音者，得深法忍，住不退轉，至成佛道，不遭苦患。目睹其色，耳聞其音，鼻知其香，舌嘗其味，身觸其光，心以法緣，一切皆得甚深法忍，住不退轉，至成佛道，六根清徹，無諸惱患。

阿難！若彼國人天，見此樹者，得三法忍。一者音響忍，二者柔順忍，三者無生法忍。此皆無量壽佛，威神力故，本願力故，滿足願故，明了願故，堅固願故，究竟願故。」

【章　旨】無量萬相，盡是妙體。無量萬相，無非法音。緣此萬相，通達實際。緣此法音，證悟無生。

【語　譯】「復次，無量壽國，其道場樹，高四百萬里，周圍五千由旬，樹枝四布，二十萬里，一切眾寶，自然合成，上有寶王，月光摩尼持海輪寶以作莊嚴，寶珠瓔珞，遍垂枝間，百千萬色，變現無窮，無量光焰，遍滿法界，珍妙寶網，嚴覆其上，種種莊嚴，隨緣映現。微風吹動，自然流出一切微妙法音，普及十方，諸佛國土。十方眾生，聞其音者，得無生忍，住不退轉，直至成佛，無有苦難。十方眾生，或睹其色，或聞其聲，或嗅其香，或嘗其味，或觸其光，或緣其法，無不獲得，甚深法忍，住不退轉，直至成佛，六根清淨，無諸煩惱。

阿難！彼國人天，見此樹者，得三法忍：一者音響忍。二者柔順忍。三者無生法忍。何以如此？無量壽佛威神力故，本願力故，滿足願故，明瞭願故，堅固願故，究竟願故。」

【釋　義】法身無相，以智慧顯，故有「其道場樹，高四百萬里。其本周圍，五千由旬。枝葉四布，二十萬里」等之象徵。

法身是體，智慧是用。借智慧之用，返法身之體，是佛教修行的第一關，亦名見道位。淨宗謂之見佛，禪宗謂之見性。見佛見性，名異實同。

見佛之後，周行十方，供養諸佛，此乃淨土之說。見性之後，對境遇緣，勤除習氣，此乃禪宗之說。入寶樓閣，十方世界，行普賢行，此乃華嚴之說。這是佛教修行的第二關，亦名修道位。

無能無所，全體一味，究竟圓滿。這是佛教修行的第三關，亦名究竟位，亦無學位。

無相光中，現種種光。無相心中，現種種相。種種光明，重重無盡。種種色相，無間遍滿。心光所及，無不遍滿。心光無極，色光無極。諸法實相，本然如是。

無相心光，本然清淨，所現諸相，自然成寶。心淨則佛土淨，心寶則萬相寶，故有「珍妙寶網，羅覆其上，一切莊嚴，隨應而現」。

智慧觸緣，自然發音。這個智慧光明，見色而形，聞聲而音，隨所遇緣，觸緣而應。智慧光明，「觸緣而應」，即是諸寶樹演出無量妙法音聲。「其聞音者，得深法忍，住不退轉，至成佛道，不遭苦患」。即今目前，得聞其音否？雞鳴是其音，犬吠是其音，明月是其音，山色是其音，乃至形形色色，無量萬相，皆是其音。還得聞否？

有人妄想，彼佛國土，這樣美妙，待到死後，投生那裏，聞佛說法，漸漸成佛。如此錯解彼佛國土。如此錯解命終往生，則永在輪回，不得命終。所謂命終，即妄想脫落，輪回終止。不識自性，即使死去，那不是命終，而是輪回。何以故？不識自性，追逐幻影。

若要命終往生，當須執持名號，一心不亂。如此用功，功至極處，則妄想脫落，自性現前，正於此時，識得自性，即得往生。

或借聞聲而悟般若，或借見色而悟般若，或借嗅香而悟般若，或借嘗味而悟般若，或借身觸而悟般若，或借意法而悟般若。借一根而悟本，則身心世界，全得解脫。至如是境界，便是不退轉，便是無生法忍。

「見此樹者，得三法忍」。如法用功，次第解脫，逐漸而至，第一法忍，第二法忍，第三法忍。第一法忍，聞一切聲，如如不動。繼續用功，定境漸深，至第二法忍，觸一切緣，如如不動。繼續用功，豁然脫落，契入實相，究竟解脫，是名第三法忍，亦名無生法忍。契入實相，於一切相而離一切相，是名具足一切法忍，於一切法得不退轉。

大音希聲，十方第一

佛告阿難：「世間帝王，有百千音樂，自轉輪聖王[1]，乃至第六天上，伎樂音聲，展轉相勝，千億萬倍。第六天上，萬種樂音，不如無量壽國諸七寶樹一種音聲千億倍也，亦有自然萬種伎樂。又其樂聲，無非法音，清暢哀亮，微妙和雅，十方世界，音聲之中，最為第一。」

又講堂精舍，宮殿樓觀，皆七寶莊嚴，自然化成，復以真珠、明月、摩尼眾寶，以為交露，覆蓋其上。內外左右，有諸浴池。或十由旬，或二十三十，乃至百千由旬。縱廣深淺，各皆一等。八功德水❷，湛然盈滿，清淨香潔，味如甘露。黃金池者，底白銀沙。白銀池者，底黃金沙。水精池者，底琉璃沙。琉璃池者，底水精沙。珊瑚池者，底琥珀沙。琥珀池者，底珊瑚沙。車璖池者，底瑪瑙沙。瑪瑙池者，底車璖沙。白玉池者，底紫金沙。紫金池者，底白玉沙。或二寶三寶，乃至七寶，轉共合成。其池岸上，有栴檀樹❸，華葉垂布，香氣普熏。天優鉢羅華，鉢曇摩華，拘物頭華，分陀利華，雜色光茂，彌覆水上。

彼諸菩薩，及聲聞眾，若入寶池，意欲令水沒足，水即沒足。欲令至膝，即至于膝。欲令至腰，水即至腰。欲令至頸，水即至頸。欲令灌身，自然灌身。欲令還復，水輒還復。調和冷煖，自然隨意。開神悅體，蕩除心垢。清明澄潔，淨若無形。寶沙映徹，無深不照。微瀾迴流，轉相灌注。安詳徐逝，不遲不疾。波揚無量，自然妙聲。隨其所應，莫不聞者。或聞佛聲❹，或聞法聲❺，或聞僧聲❻，或寂靜聲❼，空無我聲❽，大慈悲聲❾，波羅蜜聲❿，或十力⓫無畏⓬不共法⓭聲，諸通慧聲，無所作聲，不起滅聲，無生忍⓮聲，乃至甘露灌頂⓯，眾妙法聲。如是等聲，稱其所聞，歡喜無量。隨順清淨離欲寂滅真實之義，隨順三寶力⓰無所畏⓱不共之法，隨順通慧菩薩聲聞所行之道，無有三塗苦難之名，但有自然快樂之音，是故其國，名曰極樂。」

【章旨】大音希聲，萬法之本。大相無形，萬相之源。悟得這裡，皆是法音。

【注釋】❶轉輪聖王　古代印度神話中的概念，佛教沿用之，以表佛法的義。簡稱轉輪王，或輪王，為世間第一有福之人，於人壽八萬四千歲時出現，統轄四天下。有四種福報：一、大富，珍寶、財物、田宅等眾多，為天下第一。二、形貌莊嚴端正，具三十二相。三、身體健康無病，安穩快樂。四、壽命長遠，為天下第一。轉輪王出現時，天下太平，人民安樂，沒有天災人禍。此乃由過去生中，多修福業，可惜不修出世慧業，所以僅成為統治世界有福報之大王，卻不能修行悟道證果。❷八功德水　佛之淨土，有八功德池，八功德水，充滿其中。所謂八種殊勝，即澄淨、清冷、甘美、輕軟、潤澤、安和、除飢渴、長養諸根。❸栴檀樹　《本草綱目》稱為白檀、檀香。屬檀香科。栴檀樹是個表法，表法身功德香。❹聞佛聲　得見自性妙體，假名聞佛聲，而不是聽到一個人與自己說話。❺聞法聲　得見自性妙用，假名聞法聲，而不是聽到某部經文。❻聞僧聲　得見眾相和合，假名聞僧聲，而不是聽到某位比丘與自己說話。❼寂靜聲　得見諸法空相，假名聞寂靜聲，而不是聽不到任何聲音。❽空無我聲　得見真空妙有，假名聞空無我聲，而不是聽到任何聲音。❾大慈悲聲　得見心光普照，假名聞大慈悲聲。❿波羅蜜聲　得見自心實相，假名聞波羅蜜聲。⓫十力　一、處非處智力，又作知是處非處智力、是處不是力、是處非處力。謂如來於一切因緣果報審實能知，如作善業，即知定得樂報，稱為知是處；若作惡業，得受樂報無有是處，稱為知非處。如是種種，皆悉遍知。二、業異熟智力，又作知業報智力、知三世業智力、業報集智力、業力。謂如來於一切眾生過去未來現在三世業緣果報生處，皆悉遍知。三、靜慮解脫等持等至智力，又作靜慮解脫等持等至發起雜染清淨智力、知諸禪解脫三昧智力、禪定解脫三昧淨垢分別智力、定力。謂如來於諸禪定自在無礙，其淺深次第如實遍知。四、根上下智力，又作知諸根勝劣智力、知眾生上下根智力、根力。謂如來於諸眾生根性勝劣、得果大小皆實遍知。五、種種勝解智力，又作知種種解智力、知眾生種種欲智力、欲力。謂如來於諸眾生種種欲樂善惡不同，如實遍知。六、種種界智力，又作是性力、知性智力、性力。謂如來於世間眾生種種界分不同，如實遍知。七、遍趣行智力，又作知一切至處道智力、至處道力。謂如來於六道有漏行所至處、涅槃無漏行所至處如實遍知。八、宿住隨念智力，又作知宿命無漏智力、宿命智力、宿命力。謂如來如實了知過去世種種事之力。九、死生智力，又作知天眼無礙智力、宿住生死智力、天眼力。謂如來藉天眼如實了知眾生死生之時與未來生之善惡趣，乃至美醜貧富等善惡業緣。十、漏盡智力，又作知永斷習氣智力、結盡力、漏盡力。謂如來於一切惑餘習氣分永斷不生，如實遍知。⓬無畏　佛之四無畏，即諸法現等覺無畏、一切漏盡無畏、障法不虛決定授記無畏、為證一切具足出道如性無畏。⓭不共法　佛之十力、四無所畏、三念住，及佛之大悲，合稱為十八不共法。⓮無生忍　無生法忍，略云無生忍。無生法者，無生無滅之真如實相。契入實相，無忍之忍，謂之無生法忍。⓯甘露灌頂　這是個比喻，比喻法喜充滿，通體透脫。⓰三寶力　自性常覺是佛寶。妙用無住是法寶。萬相和合是僧寶。自性佛、法、僧三寶之力，是名三寶力。⓱無所畏　簡稱無畏。見前注。

【語　譯】佛告阿難：「世間帝王，有百千音樂，自轉輪聖王，至欲界六天，其中樂音，次第相勝，千萬億倍。欲界六天，萬種音樂，不及無量壽國，七寶行樹，一種音聲，千萬億倍。無量壽國，又有百千萬億，自然伎樂，種種音聲，無非法音，清淨通暢，微妙和雅，十方世界，最為第一。

復次，講堂、精舍、宮殿、樓觀，皆七寶莊嚴，自然化成，又以真珠、明月、摩尼眾寶，交相輝映，覆蓋其上，內外左右，有諸浴池，浴池大小，或十由旬，或二十、三十，乃至百千由旬，浴池大小，池水深淺，悉皆完美，八功德水，充滿其中，清淨香潔，味同甘露。黃金池者，底白銀沙。白銀池者，底黃金沙。水精池者，底琉璃沙。琉璃池者，底水精沙。珊瑚池者，底琥珀沙。琥珀池者，底珊瑚沙。硨磲池者，底瑪瑙沙。瑪瑙池者，底硨磲沙。白玉池者，底紫金沙。紫金池者，底白玉沙。諸等寶池，或由二寶、三寶，乃至七寶，和合而成。寶池岸上，有栴檀樹，華葉垂布，香氣普熏。天優鉢羅華，鉢曇摩華，拘物頭華，分陀利華，種種光輝，燦爛輝煌，彌覆水上。

諸菩薩眾，諸聲聞眾，入於池中，令水沒足，水即沒足，令水至膝，水即至膝，令水至腰，水即至腰，令水至頸，水即至頸，令水灌身，水即灌身，令水如初，水即如初，冷暖隨意，自然調和，開神悅體，滌蕩塵垢，清澈晶瑩，純淨無形。寶沙閃耀，無處不照。微瀾回流，輾轉灌注，安詳徐逝，不遲不疾。碧波蕩漾，法音流布，隨人根性，或聞佛聲，或聞法聲，或聞僧聲，或寂靜聲、空無我聲、大慈悲聲、波羅蜜聲，及十力、四無畏、十八不共法聲、通慧聲、無所作聲、不起滅聲、無生忍聲，乃至甘露灌頂眾妙音聲。如是音聲，隨所得聞，法喜充滿，契合清淨、離欲、寂滅、真實之義，契合三寶、十力、四無畏、十八不共之法，契合通慧菩薩、聲聞所行之道，無有三塗苦難，唯有自然快樂，是故彼國，名曰極樂。」

【釋義】佛教說的第六天，不是物理空間的某個地方，也不是某類神仙居住的地方，而是心中的某個境界，也是心中的某類現相。蕅益大師云：「信三無差別之理，十界不離一心。解佛性常住之宗，三世不移當念。」（《靈峰蕅益大師宗論》。《嘉興藏》第三十六冊，第二六四頁中。）又云：「一真法性中，具足十法界。依正本融通，生佛非殊致。」（《淨土十要》卷第九。《卍續藏》第六十一冊，第七四二頁上。）既然一心之中，具足十法界，那麼，第六天樂，豈在心外？莫向心外覓六天，乃至不向心外覓一物。

「唯心」而論，心外無物，對於聖者而言，心清淨故，則一切萬相，皆是自心的幻化，皆是自心的莊嚴。對於凡夫而言，迷本之故，目前之色，耳畔之聲，心中之念，皆是業力借一心的幻化。凡夫不知是幻，起幻逐幻，故有輪回。輪回雖幻，卻作實受，豈不冤枉？古今聖賢，知是幻影，故得解脫，所謂「知幻即離，不作方便。離幻即覺，亦無漸次」。

若以表法而論，欲界第六天，屬於欲界最上層。若上上升進，再加突破，則進入色界天。欲界六天如下：

一、四天王天。東方持國天王、南方增長天王、西方廣目天王、北方多聞天王。四天王天，世間英雄，善業所成。

二、忉利天，亦名三十三天。世間善士，善業所成。

三、須夜摩天。受五欲，有節制。

四、兜率陀天。受五欲，有知足。

五、化樂天。自化自娛，不受他縛。基本上脫開了前五塵，而未脫開第六塵。

六、他化自在天。自化自娛，已得自在。脫開了前五塵，於第六塵中自娛自樂。

「第六天上，萬種樂音，不如無量壽國諸七寶樹一種音聲千億倍也。」相對前五層天，他化自在天，雖名自在，實未究竟。既未究竟，終歸墮落，未出輪回。既在輪回，則不可與超出輪回的無量壽國相提並論。故第六層天上的眾生，聽到的音樂，感現的境界，則不及無量壽國眾生聽到的七寶樹發出的妙音的千億倍之一。何以故？無量壽國七寶樹發出妙音，是見性後的境界，是見佛後的境界，是悟道者的自心境界。

大音希聲，十方第一。第一音上，無量妙寶，自然而生。第一音上，無量寶池，自然而生。功德水聲，響徹法界。

功德水聲，原是一音，因緣不同，分殊有別。有聞佛聲者，有聞法聲者，有聞僧聲者，有聞寂靜聲者，有聞空無我聲者，有聞大慈悲聲者，有聞波羅蜜聲者，有聞十力聲者，有聞無畏聲者，種種音聲，因人感現，經云：「佛以一音演說法，眾生隨類各得解。」

一音者，大音也。大音希聲，分殊無量。即今當下，亦有這一音。若無這一音，何以得聞鳥語花香？這一音，還得聞否？若也得聞，則八萬四千種音，盡歸諸人自己。

一音之中，流出八萬四千種音，隨順一切眾生，教授一切菩薩，令離顛倒妄想，獲得正等正覺。

無量壽國，如是妙音，利樂一切。無量壽國，無有諸苦，但有諸樂。此樂，離苦離樂，不著兩邊，故名究竟之樂，亦名極樂，亦名安樂。

彼佛國土，衣食莊嚴

「阿難！彼佛國土，諸往生者，具足如是，清淨色身❶，諸妙音聲❷，神通功德❸。所處宮殿❹，衣服飲食❺，眾妙華香❻，莊嚴之具，猶第六天自然之物。若欲食時，七寶應器，自然在前。金，銀，琉璃，車璩，瑪瑙，珊瑚，虎珀，明月，真珠，如是眾鉢，隨意而至。百味飲食，自然盈滿。雖有此食，實無食者，但見色聞香，意以為食❼，自然飽足。身心柔軟，無所味著。事已化去，時至復現。彼佛國土，清淨安隱，微妙快樂，次於無為，泥洹之道。」

【章　旨】自性妙體，本自清淨。證悟之者，同於妙體。一切萬法，隨心而現。隨緣處處，盡是法食。

【注　釋】❶清淨色身　見佛的菩薩，往生淨土的菩薩，一切色相，皆是色身。心清淨故，一切色相清淨，故名具足清淨色身。❷諸妙音聲　見佛的菩薩，往生淨土的菩薩，一切音聲，皆是法音。心清淨故，一切音聲清淨，故名具足諸妙音聲。❸神通功德　自心清淨，無所障礙，是名神通功德。無所不能為神，無所障礙為通。自性無所不能，自性無所障礙。自性具足一切神通，具足一切功德，利益十方眾生，故名具足神通功德。❹宮殿　宮殿是個比喻，比喻菩薩住處。見佛的菩薩，往生淨土的菩薩，具足一切「所處宮殿」，也就是具足一切方便住處，具足一切方便修行。❺衣服飲食　衣服喻功德莊嚴，精神面貌。飲食喻一切現象，一切作用。菩薩以清淨心，隨一切緣，行一切法。所緣所行，皆是修行，皆是法食。古德云，霧露雲霞體上衣，溪聲山色廣長舌。❻眾妙華香　眾妙華香是個比喻，比喻法喜充滿，清淨愉悅。❼見色聞香二句　見色聞香，知其法體。依淨法體，見色聞香。如是境界，是名「見色聞香，意以為食」，並不是用意念吃飯。

【語　譯】「阿難！往生極樂淨土者，悉皆具足如是清淨色身，悉皆具足如是微妙音聲，悉皆具足如是神通功德。是諸眾生，所處宮殿，衣服飲食，眾妙華香，莊嚴之具，猶如欲界第六，所用之物，隨意現前。若欲飲食，七寶應器，自然而有，金、銀、琉璃、硨磲、瑪瑙、珊瑚、虎珀、明月摩尼珠，如是應器，隨意現前，百味飲食，自然盛滿。彼國飲食，非同世間，見色聞聲，即得飽足，飲食是食，身心柔順，無所貪著。飲食完畢，自然化去。因緣時至，隨意現前。彼國眾生，清淨安穩，微妙快樂，僅次諸佛，涅槃之道。」

【釋義】「彼佛國土，諸往生者，具足如是，清淨色身，諸妙音聲，神通功德」。證悟自性者，見一切色，無不清淨，聞一切聲，無不清淨，應一切緣，無不神通。

若悟自性，清淨色身，自然而有，天然之樂，自然而有，神通妙用，自然現前，「猶第六天自然之物」。何以故？心清淨故，則一切色相清淨。心清淨故，則一切音聲清淨。心清淨故，則一切神通無礙。故云具足如是清淨色身，具足如是清淨妙音，具足如是神通無礙。

「若欲食時，七寶應器，自然在前」。食是法食，莫作世間食物想。若欲法食，一切佛法，隨願而至。心清淨故，一切音聲，皆是佛音，一切色相，皆是佛色，所緣之處，皆是法音，悉皆指示自心實相，所謂「百味飲食，自然盈滿」。

極樂淨土，法食遍滿。雖然如是，卻無食者。既無食者，亦無所食。無能無所，全體一味。無我無人，全是自己。如是現境，如是受用，是名圓滿。若有能食，則有所食，能所相待，則非法食。見色聞香，自會法義，所謂「見色聞香，意以為食，自然飽足」。

即今當下，法食遍滿，只因著相，而不得食。猶如地獄眾生，惡業感現，美食至口，自然成火。猶如鮮花，原本自然，眾生貪戀，故成障礙。

若人聞佛名號，信願持名，體究其實，因緣成熟，天機自破，實相現前。實相現前，則無量萬相，皆成法食，當下遍滿，彼此無間。悟心之人，契合實相，無執無著，皆阿鞞跋致，僅次於無作無為的本然佛，故云「彼佛國土，清淨安隱，微妙快樂，次於無為，泥洹之道」。

自性妙德，唯證乃知

「其諸聲聞，菩薩人天，智慧高明，神通洞達，咸同一類，形無異狀。但因順餘方，故有人天之名。顏貌端正，超世希有，容色微妙，非天非人，皆受自然虛無之身，無極之體[1]。」

佛告阿難：「譬如世間，貧窮乞人，在帝王邊，形貌容狀，寧可類乎？」

阿難白佛：「假令此人，在帝王邊，羸陋醜惡，無以為喻，百千萬億，不可計倍。所以然者，貧窮乞人，底極廝下，衣不蔽形，食趣支命，飢寒困苦，人理殆盡。皆坐前世，不殖德本，積財不施，富有益慳，但欲唐得，貪求無厭。不信修善，犯惡山積。如是壽終，財寶消散。苦身積聚，為之憂惱，於己無益，徒為他有。無善可怙，無德可恃，是故死墮惡趣，受此長苦。罪畢得出，生為下賤，愚鄙斯極，示同人類。所以世間帝王，人中獨尊，皆由宿世，積德所致。慈惠博施，仁愛兼濟，履信修善，無所違諍。是以壽終福應，得昇善道。上生天上，享茲福樂。積善餘慶，今得為人，遇生王家，自然尊貴。儀容端正，眾所敬事。妙衣珍膳，隨心服御。宿福所追，故能致此。」

佛告阿難：「汝言是也。計如帝王，雖人中尊貴，形色端正。比之轉輪聖王，甚為鄙陋，猶彼乞人在帝王邊。轉輪聖王，威相殊妙，天下第一，比忉利天王❷，又復醜惡，不得相喻萬億倍也。假令天帝，比第六天王❸，百千億倍不相類也。設第六天王，比無量壽佛國菩薩聲聞，光顏容色，不相及逮，百千萬億，不可計倍。」

【章旨】自性德相，妙不可言。但順世間，隨緣立名。假借諸名，指示實際。令人世人，證得自性。

【注釋】❶虛無之身二句　清淨法身，無形無相，故稱虛無之身。清淨法身，萬法之源，故云無極之體。❷忉利天王　梵語忉利，華言三十三，即帝釋天主，三十三天的天主。忉利天位於欲界六天之第二天，位於須彌山頂。須彌山頂四方各有八天，加上中央帝釋天，共有三十三天，故稱三十三天。❸第六天王　他化自在天的天主。他化自在天，位於欲界天之第六，是欲界之頂上也。

【語譯】「國中聲聞，及諸菩薩，人天大眾，光明洞達，神通自在，皆佛所化，與佛不二，但順諸方，故現諸相。國中聲聞，及諸菩薩，人天大眾，顏貌端莊，超諸世間，甚為稀有，容色微妙，變化無窮，皆以法身為自體。」

佛告阿難：「譬如乞丐，在帝王邊，容貌氣度，可類比否？」

阿難白佛：「假令乞丐，在帝王邊，羸陋醜惡，百千萬億倍，不可比擬。之所以如此，貧窮乞人，地位低微，衣不遮體，食不果腹，飢寒交迫，人理殆盡。如此之狀，皆因前世，不修道德，貪著錢財，不肯布施，愈富愈貪，不勞而獲，貪得無厭，不信不行，一切善法，所犯罪惡，聚集如山。壽終之後，財寶消散，苦心經營，為他所有，於己無益。無善可依，無德可靠，故於死後，墮在三塗，常受極苦。受苦完畢，重獲人身，生為下賤，愚痴暗昧。世間帝王，人中獨尊，皆因宿世，積累福德，樂善好施，仁慈博愛，救濟貧苦，守信修善，與世無爭，壽終之後，福德感應，得昇善道，貴為天人，享受天福，壽終之後，餘福所感，得生人間，貴為帝王，儀容端正，世人敬仰，妙衣膳食，隨心而得。如是之福，皆由宿世，福德所致。」

佛告阿難：「汝言極是。世間帝王，人中尊貴，形色端莊，較之轉輪聖王，甚為鄙陋，猶如乞丐，較之世間帝王。轉輪聖王，相貌威德，殊勝微妙，天下第一，較之忉利天王，甚為鄙陋，百千億倍，不可計量。忉利天王，較之第六天王，百千億倍，不可計量。第六天王，較之無量壽佛國菩薩、聲聞光色容顏，百千萬億，不可計量。」

【釋義】彼國人民，國主所化，皆無相之身，無極之體。國主與人民，君臣合道，體相一如，故云：「神通洞達，咸同一類」。彼國人民，皆是佛德，隨順諸緣，顯諸妙相，教化有情，隨處安名。就其實際，無有一物，堪與彼國，風貌作比，諸聖先賢，借用世事，而作比喻，然而，能比所比，畢竟是二。是故極樂淨土，不可思議，唯人親證，方乃知之。

朗朗乾坤，清平世界，原本如是，這不是世王領眾打造而成的。無可比擬中而作比擬，究竟是要將人的想像推倒，使人放下妄想，直證自己當下的這段無始自然風光。何以故？極樂國土，不在別處，它只是諸人當下的這個照徹十方的圓覺自性。無量聲聞，無量菩薩，無量人天，盡在其中。聲聞菩薩，人天大眾，皆非相互獨立的生命個體，亦非相互獨立的神仙個體，他只是諸人的自性功德，他只是諸人的自性妙用。離心之外，尚且無佛，離心之外，豈有聲聞菩薩、人天大眾？聲聞菩薩，人天大眾，皆非他人，而是諸人自己。

無可比擬，而作比擬，用以推倒學人的顛倒妄想。如經所說，乞丐比帝王，威德莊嚴，百千億分，不及其一。帝王比轉輪聖王，甚為鄙陋，猶如乞丐比帝王。轉輪聖王比忉利天王，威德莊嚴，百千億分，不及其一。忉利天王比第六天王，威德莊嚴，百千億分，不及其一。第六天王比無量壽佛國菩薩聲聞，威德莊嚴，百千億分，不及其一。如此比擬，彼國菩薩，及其聲聞，威德莊嚴，還可思議否？思議不及，想像不到，唯有放下，做一番洗心革面的功夫，方得親證。待到親證時，彼佛莊嚴，全是自己，更無他人。

無量眾寶，隨念而至

佛告阿難：「無量壽國，其諸天人，衣服飲食，華香瓔珞，諸蓋幢幡，微妙音聲，所居舍宅，宮殿樓閣，稱其形色，高下大小，或一寶二寶，乃至無量眾寶，隨意所欲，應念即至。

又，以眾寶妙衣，遍布其地，一切人天，踐之而行。無量寶網，彌覆佛上，皆以金縷真珠，百千雜寶，奇妙珍異，莊嚴絞飾。周匝四面，垂以寶鈴。光色晃曜，盡極嚴麗。自然德風，徐起微動。其風調和，不寒不暑，溫涼柔軟，不遲不疾。吹諸羅網，及眾寶樹，演發無量微妙法音，流布萬種，溫雅德香。其有聞者，塵勞垢習，自然不起。風觸其身，皆得快樂，譬如比丘，得滅盡三昧❶。

又，風吹散華，遍滿佛土。隨色次第，而不雜亂，柔軟光澤，馨香芬烈。足履其上，陷下四寸，隨舉足已，還復如故。華用已訖，地輒開裂，以次化沒，清淨無遺。隨其時節，風吹散華，如是六反。

又，眾寶蓮華，周滿世界。一一寶華，百千億葉，其葉光明，無量種色。青色青光，白色白光，玄黃朱紫，光色亦然。煒燁煥爛，明曜日月。一一華中，出三十六百千億光。一一光中，出三十六百千億佛，身色紫金，相好殊特。一一諸佛，又放百千光明，普為十方說微妙法。如是諸佛，各各安立，無量眾生，於佛正道。」

【章　旨】自性清淨，萬相莊嚴。無量眾寶，應念而至。一切境界，隨緣變現。如是功德，皆自心相。

【注　釋】❶滅盡三昧　又曰滅盡定。滅盡六識、心、心所之禪定也。

【語　譯】佛告阿難：「彼國人民，具足妙服、法食、華香、瓔珞、諸蓋幢幡、微妙法音，所居精舍、宮殿樓閣，隨其形色，高低大小，或一寶二寶，乃至無量眾寶，隨心所願，應念即至。

復次，眾寶妙衣，遍覆其地，一切人天，履此而行。無量寶網，作佛莊嚴，寶網之上，金縷真珠，百千雜寶，奇異妙珍，以作嚴飾。寶網四周，懸以寶鈴，光中有色，色中有光，互相輝映，嚴麗極致。自然德風，徐徐微動，調和適中，離諸寒暑，溫涼柔軟，不遲不疾。風吹羅網，及眾寶樹，演發無量，微妙法音，散布萬種，溫雅德香。聞其法音，煩惱習氣，自然脫落。觸其德風，身心快樂，猶如比丘，得滅盡定。

復次，風吹散華，遍滿佛土。顏色排列，自然成序。光澤柔軟，馨香怡人。步履其上，陷下四寸。舉足事畢，還復如初。步履而過，華即入地。隨過而沒，了無蹤跡。隨其時節，風吹散華。循環往復，如是六返。

復次，彼佛淨土，遍地蓮華。一一寶華，百千億葉。一一寶葉，百千億色，青色青光，白色白光，玄黃朱紫，光色亦然。光明燦爛，超諸日月。一一華中，出三十六百千億光。一一光中，出三十六百千億佛，紫金色身，相好莊嚴。一一諸佛，放百千光明，普為十方，宣說妙法。如是等佛，普度十方，皆令眾生，契入正覺。

【釋　義】「衣服飲食，華香瓔珞，諸蓋幢幡，微妙音聲，所居舍宅，宮殿樓閣」，「無量眾寶，隨意所欲，應念即至」。如此經文，皆「一切境界，唯心而現」的變相表達。

我們見了這段經文，莫作這樣的妄想，無量壽國，無建築師，無裁縫師，無廚師，所需宮殿，樓閣宅舍，妙衣飲食，應念而至。想穿怎樣的衣服，這樣的衣服，便應念而至。想用怎樣的飲食，這樣的飲食，便應念而至。想佩怎樣的裝飾，這樣的裝飾，便應念而至。想聽怎樣的音聲，這樣的音聲，便應念而至。想住怎樣的宮殿，這樣的宮殿，便應念而至。若作這樣的妄想，若求這樣的生活，如此貪心，遠超世人，百千億倍。如此貪心，如此妄想，則與淨土不相應。既不相應，豈能往生？

六祖惠能云：「自歸依佛，不言歸依他佛。自佛不歸，無所依處。」還見這尊「自佛」麼？若也見得，則森羅萬相，皆是妙衣，起心動念，無非華香，隨所住處，皆是宮殿。

若人證得這「無相之身」，會得這「無極之體」，登得這彼佛國土，則全境皆是妙衣，全境皆是華香，全境皆是宮殿，全境皆是莊嚴。

盡大地皆是妙衣，誰能躲得過？全心地無非德相，誰能避得開？古德有云：「夾路桃花風雨后，馬蹄何處避殘紅。」妙衣，德相也。地，心地也。「眾寶妙衣，遍布其地」，即是說，德相莊嚴，遍覆心地也。「一切人天，踐之而行」，即是說，求道之人，踐德而行也。故經云：「眾寶妙衣，遍布其地，一切人天，踐之而行。」

我們看了這段經文，切莫作這樣的妄想，無量壽國，遍地是衣服，天人走路，踩衣而行。若作這樣的妄想，便是依文解義，便是三世佛冤。

從自性莊嚴而言，無量萬相，皆是妙衣。從色色相連而言，無量萬相，皆是寶網。莫離萬相，更求妙衣。莫離萬相，更求寶網。形形色色，皆是妙衣。色色相連，無非寶網。寶網之外，無有妙衣。妙衣之外，無有寶網。無量妙衣，莊嚴佛身。無量寶網，彌覆佛土。佛身即佛土，佛土即佛身。佛身與佛土，莫作二物想。

微風吹動寶羅網，微風吹動寶行樹，演暢無量微妙法音，流布無量溫雅德香。音是法音，香是心香。若人心淨，應緣觸物，盡是法音，起心動念，無非心香。若人心邪，動心盡是魔音，起念無非惡臭。何以故？心淨則佛土淨，心香則佛土香。自性法音遍滿法界，自性心香遍滿法界。聞其音者，塵勞不起。嗅其香者，自然解脫。

看了這段經文，切莫作這樣的妄想，無量壽國，那裡的風，不冷不熱，不疾不遲，風吹羅網，羅網就會說法，風吹寶樹，寶樹就會發香。聽到羅網說法的人，聞到寶樹香氣的人，塵勞不起，身心快樂。若作這樣的妄想，若求這樣的生活，那依然還是個貪心，那不是心靈的解脫，而是心靈的捆綁。

起心應緣，無住無著，動念有相，事過無痕，猶如水上作畫，下筆有跡，起筆無痕，所謂風來竹面，雁過長空。故經云，風吹散華，遍落一地，色色相參，絲毫不亂，「足履其上，陷下四寸，隨舉足已，還復如故」。自性應緣，本然如是。若人信佛，當信自性。恢復本然，即到彼岸。

一相一光，一光一相。莫離相外，更求佛光。何以故？紅花是佛光，綠葉是佛光，形形色色，盡是佛光，所謂青色青光，白色白光，一切色相，盡是佛光。

卷下

彼國眾生，悉住正定

佛告阿難：「其有眾生，生彼國者，皆悉住於正定❶之聚。所以者何？彼佛國中，無諸邪聚❷，及不定之聚❸。十方恒沙，諸佛如來，皆共讚歎，無量壽佛，威神功德，不可思議。諸有眾生，聞其名號，信心歡喜，乃至一念，至心迴向，願生彼國，即得往生，住不退轉。唯除五逆，誹謗正法。」

【章旨】彼佛功德，不可思議。聞其名號，一心專注。至心迴向，彼佛國土。如是而行，即得往生。

【注釋】❶正定　三聚之一。正定聚，必定證悟之定。❷邪聚　三聚之一。邪定聚，畢竟不能證悟。❸不定之聚　三聚之一。介於正定與邪定之間，有緣則悟，無緣則不悟。

【語譯】佛告阿難：「彼國眾生，皆住正定。何以如此？彼佛國中，無有邪定，亦無不定。十方諸佛，恒沙如來，悉皆讚歎，無量壽佛，威神功德，不可思議。若有眾生，聞其名號，信心不逆，乃至一念，至心迴向，願生彼國，即得往生，得不退轉，直至成佛。唯除五逆，誹謗正法。」

【釋義】所謂生彼國者，即到彼岸者。彼岸在哪裡？外求是苦，回頭是岸。

見色著色，聞聲著聲，捕風捉影，糾纏不休，即是苦海。

自性光明，圓照十方，回光一見，一見見得，即到彼岸。

一見見得，見個什麼？唯有這個無形無相、蓋天蓋地的圓覺自性，「唯此一事實，餘二皆非真」。見得這個圓覺自性，以圓覺自性為自己，自然即相離相，妙用無邊。如是現相，如是起用，彼國眾生，悉皆如是。

悟得自性，以自性為自己，無出無入，無得無失，如如不動，妙用恒沙，是名「住於正定之聚」。

所謂正定，即自性之定，即本然之定。這個正定，不屬有為而成，不屬造作之境，超出四禪八定，不在有為之中。四禪八定，皆屬有為，皆是助緣，而非正定。

十方恒沙，諸佛如來，即是自性中的無量萬相，即是自性的無量化現。自性中的無量萬相，悉皆指示這個不生不滅的自性法身，是名「十方恒沙，諸佛如來，皆共讚歎，無量壽佛」。

蓮池大師云：「自性遍照，是六方佛贊義。」又云：「六方不離于咫尺，諸佛悉現于毫端。今者此經，當在何處？」《阿彌陀經疏鈔》卷第四。《卍續藏》第二十二冊，第六七六頁中。）又云：「自性周法界，是廣長舌義。」又云：「古謂溪聲即是廣長舌。然則廣長舌相，不獨諸佛有之，眾生有之，即萬象皆有之，是故情與無情，融成一舌。舌即法界，法界即舌，說遍覆時，已成雙橛。」《阿彌陀經疏鈔》卷第四。《卍續藏》第二十二冊，第六七一頁中。）

自性之中，山色溪聲，皆是廣長舌，雞鳴犬吠，無非妙法音，悉皆指示這個不生不滅的清淨自性。《阿彌陀經》云，雜色之鳥，演暢法音，聞是音者，皆念三寶。《無量壽經》云，寶網出妙音，寶樹散妙香，聞是音者，嗅是香者，悉得解脫。聞是音者，嗅是香者，即是證自性者。證自性者，即是聞是音者，即是嗅是香者。切莫妄想，以為聞到了某種奇妙的聲音，便是聞到了法音，嗅到了某種奇妙的香氣，便是嗅到了法香。

見得自性的人，山色溪聲，盡是法音，藍天白雲，無非妙香。昧卻自性的人，諸佛教典，亦非法音，萬花叢中，亦非妙香。何以故？尋聲逐色，背覺合塵。

「聞其名號，信心歡喜，乃至一念，至心迴向，願生彼國，即得往生。」聞其名號，即得往生。此是觀音入理之門。持名念佛，心念耳聞，以此方便，隔斷妄想，反觀自見，願見自心，是名聞其名號。若呼其名，向外喊他，求他救度，求他接引，離開這裡，搬遷別處，即非聞其名號，而是以色見佛，以音聲求佛，是人行邪道，不能見如來。如今念佛人，十有八九，盡是借佛名號，向外喊他。世人不知，他不是別人，正是諸人自己。喊他作麼？外求作麼？

蓮池大師云：「『自性彌陀，惟心淨土』二語，世爭傳之，不知以何為心性也。夫性非道理，無所不統，故十劫久成之導師，不在性外。心非緣影，無所不具，故十萬億剎之極樂，實在心中。惟彌陀即自性彌陀，所以，不可不念。淨土即惟心淨土，所以，不可不生。」（《靈峰蕅益大師宗論》。《嘉興藏》第三十六冊，第二八三頁中。）又云：「依正信願，兼備交資，而得往生，皆不出自心。」（《阿彌陀經疏鈔》卷第一。《卍續藏》第二十二冊，第六一七頁下。）

蓮池大師所說，「句句出口入耳，聲聲喚醒自心」。（《雲棲淨土彙語》。《卍續藏》第六十二冊，第五頁中。）又云：「終日念佛，終日念心。」（《阿彌陀經疏鈔》卷第一。《卍續藏》第二十二冊，第六〇六頁中。）

至心迴向，即得往生。此是返本還源之路。

問：迴向何處？

答曰：放下執著，莫逐萬相，返本還源，體究實相，這便是未登地菩薩的迴向。依體起用，隨緣消業，法身向上，即相即體，這便是登地菩薩的迴向。若能如是迴向，便能成就極樂國土。

諸佛法身，唯是此心，向外追尋，窮劫盡形，而不能得。

修諸功德，上輩往生

佛告阿難：「十方世界，諸天人民，其有至心，願生彼國，凡有三輩。

其上輩者，捨家棄欲，而作沙門，發菩提心，一向專念，無量壽佛，修諸功德，願生彼國。此等眾生，臨壽終時，無量壽佛，與諸大眾，現其人前。即隨彼佛，往生其國，便於七寶華中，自然化生，住不退轉。智慧勇猛，神通自在。是故阿難，其有眾生，欲於今世，見無量壽佛，應發無上菩提之心，修行功德，願生彼國。」

【章旨】放下一切，一心專念。至心迴向，自性淨土。如是而念，如是而行，必得往生，彌陀淨土。

【語譯】佛告阿難：「十方世界，諸天人民，凡是一心至誠，願生彼國者，皆得往生。凡是往生彼國者，分為三輩。

上輩往生者。捨棄枷鎖，遠離貪欲，發菩提心，一心專念，無量壽佛，作諸功德，迴向彼國。是諸眾生，臨命終時，無量壽佛，與諸聖眾，現在其前，是人終時，心不顛倒，即得往生，蓮華化生，住不退轉，智慧通達，神通無礙。是故阿難，若有眾生，願於此生，往生彼國，當發大願，誓成正覺，修諸功德，迴向彼國。」

【釋　義】問：如何是「捨家棄欲」？

答曰：捨家，捨棄枷鎖，出離三界。如是誓願，如是行持，即名沙門。棄欲，遠離貪欲，常處清淨。如是誓願，如是行持，是名沙門。若復有人，行持佛法，一心專注，不雜他法，是名沙門。若復有人，身穿佛衣，終日妄想，剃除鬚髮，亦非沙門。

「修諸功德，願生彼國」。明體是功，起用為德。見性是功，合性為德。清淨是功，應緣為德。常寂是功，普照為德。功為道體，德為妙用，體用一如，名曰功德。常行如是事，是名真功德。

沙門修行，作諸功德，一心迴向，願生彼國。心地法門，心地用功。功到極處，一機來臨，則根塵脫落，彼佛現前。這時，心不顛倒，即得往生。

問：如何是「臨壽終時，無量壽佛，與諸大眾，現其人前」？

答曰：「臨壽終時，無量壽佛，與諸大眾，現其人前」，這是對「根塵脫落，三昧現前」的一個比喻，而不是氣斷命絕時，無量壽佛領著很多菩薩，來到這人的目前。若人見到無量壽佛及無量大眾，切莫認著。認著即成魔。何以故？這個景象，不從外來，此乃唯心所生，極想而成。

臨壽終時，不是氣斷命絕時，而是根塵脫落時。彼佛現前，不是他來目前時，而是正定現前時。此時，識得自性，即名心不顛倒，即得往生彼佛國土。彼佛非他，即是自性。

臨命終時，彼佛現前，這是個比喻。切莫將比喻當作實際。若將比喻當作實際，即錯認了也，即背覺合塵了也，即南轅北轍了也。

問：如何是「即隨彼佛，往生其國，便於七寶華中，自然化生」？

答曰：「即隨彼佛，往生其國，便於七寶華中，自然化生」，這是對「觸緣悟道，返本還源」的一個比喻，而不是無量壽佛把人領到一個地方，在蓮花苞裡生出來。

釋迦佛睹明星而悟道，這滿天的星星，即是彼佛的化現，即是彼佛的接引。借其化現，見其根源，是名「即隨彼佛，往生其國」。「七寶華中，自然化生」，也是個表法。蓮花苞，表清淨的疑情，表困惑不解。未登地的菩薩，心中不免會有疑惑，極樂國土究竟是個什麼樣子？真的如經文所說嗎？這些疑惑，即是蓮花苞。久處苞胎，孕育成熟，般若心花，自然開敷。花開見佛，即見自性也。若別有所見，或見相好莊嚴，或見光明照耀，而不知根源，或於相中，是名顛倒，是名著魔。

我們看到佛教的經文，切不可把比喻當作實際，切不可把手指當作月亮。蕅益大師警告曰：「依文解義，三世佛冤，縱行六波羅蜜百千萬劫，以有所得為方便，終名遠離甚深般若。」依文解義，妄生顛倒，豈能回歸自性、量等法界耶？

修半功德，中輩往生

佛語阿難：「其中輩者。十方世界，諸天人民，其有至心，願生彼國，雖不能行作沙門，大修功德，當發無上菩提之心，一向專念，無量壽佛，多少修善，奉持齋戒，起立塔像，飯食沙門，懸繒然燈，散華燒香，以此迴向，願生彼國。其人臨終，無量壽佛，化現其身，光明相好，具如真佛，與諸大眾，現其人前。即隨化佛，往生其國，住不退轉。功德智慧，次如上輩者也。」

【章旨】世間修行，間有世事。發菩提心，願生彼國。持名念佛，返聞自性。如此而行，即得往生。

【語譯】佛告阿難：「中輩往生者。十方世界，諸天人民，其心至誠，願生彼國，然而，無有閑暇，作大功德。如此之人，當發大願，一心專念，無量壽佛，盡己之能，奉持齋戒，起立塔像，飯食沙門，懸繒燃燈，散華燒香，以此功德，迴向彼國。如此之人，臨命終時，彼佛化身，及諸聖眾，現在其前，光明相好，栩栩如生，是人終時，心不顛倒，即隨化佛，往生彼國，住不退轉，功德智慧，次於上輩。」

【釋　義】無論是上輩往生，還是中輩往生，還是下輩往生，須具二德，方得往生。第一，發無上菩提之心。第二，一向專念無量壽佛。

問：如何是「發無上菩提之心」？

答曰：發願成佛，究竟解脫，是名發無上菩提之心。無上菩提，即無上的智慧，即一切智慧的源頭，即一切妙用的源頭。這個源頭，即是我們的妙明真心。一切萬法，皆是妙明真心中物。這個妙明真心，即是無上菩提。發無上菩提之心，即是發願證得這個妙明真心。

問：如何是「一向專念，無量壽佛」？

答曰：無量壽，不是他人，正是諸人自己的不生不滅的妙明真心。妙明真心，不生不滅，是名無量壽。無量壽佛，原本如此，不因法藏比丘迷而無，不因法藏比丘悟而有。若因法藏比丘迷而無，若因法藏比丘悟而有，那麼，無量壽則有生有滅。有生有滅，壽命有涯，則非無量壽。

無量壽佛，是個表法，屬於七種立題中的人立題。也就是說，用人比喻佛所說的法，比喻人人本具的妙明真心，比喻不生不滅的妙明真心。所以說，一心專念，無量壽佛，即是返聞聞自性，返見見自心，禪宗謂之明心見性，淨宗謂之花開見佛。持名念佛，意在證悟此心。秘密持咒，意在證悟此心。參究話頭，意在證悟此心。禮拜懺悔，意在證悟此心。一切法門，只為返觀自見，證悟此心。若不返觀自見，證悟此心，豈能到達彼岸？

問：無量壽佛，現在其前。往生淨土，蓮華化生。此是何義？

答曰：無量壽佛，現在其前。這是個比喻，比喻妙明真心，當下呈現。往生淨土，蓮華化生，是個比喻，比喻智慧花開，親證實相。自心實相，即是一個照徹十方、遍滿法界的本然淨土。契入自心實相，即是往生淨土，即是蓮華化生。

問：「奉持齋戒，起立塔像，飯食沙門，懸繒然燈，散華燒香，以此迴向，願生彼國」。此是何義？

答曰：經文所說，各有所表，不可錯會。

自心空淨，是名奉持齋戒義。心生信仰，是名起立塔像義。培植道心，是名飯食沙門義。莊嚴自心，是名燃燈燒香義。迴向自性，是名迴向彼國義。

莫把吃素食、守規矩等同於奉持齋戒。自心空淨，此是真正的奉持齋戒。若心不空，著相死守，即使終生素食，循規蹈矩，那也不是奉持齋戒。

莫把建土塔、塑泥像等同於起立塔像。心生信仰，此是真正的起立塔像。若心無敬，著相造形，即使遍地建塔，處處塑像，那也不是起立塔像。

莫把飯食沙門等同於給人飯吃。培植道心，此是真正的飯食沙門。自無道心，著相飯他，即使給所有的僧人飯吃，那也不是飯食沙門。

莫把燃香油、燒木香等同於燃燈燒香。莊嚴自心，此是真正的燃燈燒香。自心污垢，充滿污染，即使燃盡世上的香油，燒盡世上的木香，烟霧繚繞，彌漫世界，那也不是燃燈燒香。

莫把念佛、喊他等同於迴向彼國。迴向自性，此是真正的迴向彼國。若不迴向自性，而是向外尋找，即使天天向外念他，終日向外求他，那也不是迴向彼國。

不修功德，下輩往生

佛語阿難：「其下輩者。十方世界，諸天人民，其有至心，欲生彼國，假使不能作諸功德，當發無上菩提之心，一向專意，乃至十念，念無量壽佛，願生其國。若聞深法，歡喜信樂，不生疑惑，乃至一念，念於彼佛，以至誠心，願生其國。此人臨終，夢見彼佛，亦得往生，功德智慧，次如中輩者也。」

【章　旨】世間修行，無暇專修。但有大心，深信不疑。一心專念，亦得往生。

【語　譯】佛告阿難：「下輩往生者。十方世界，諸天人民，以至誠心，願生彼國，然而，無有閑暇，作諸功德。如此之人，當發大願，一心專念，乃至十念，念於彼佛，迴向彼國。若聞深法，歡喜信樂，不生疑惑，乃至一念，念於彼佛，以至誠心，迴向彼國，是人終時，夢見彼佛，亦得往生，功德智慧，次於中輩。」

【釋　義】心地法門，心地用功，即名作諸功德。假使不能專修心地法門，是名不能作諸功德。

莫把建廟施錢等同於作諸功德，莫把幫助他人等同於作諸功德，莫把花錢放生等同於作諸功德。功德在心，不在外形。若人著相，建廟施錢，幫助他人，皆是世間善業，不是出世功德。《六祖大師法寶壇經》記載：

公曰（韋刺史）：「弟子聞達磨初化梁武帝，帝問云：『朕一生造寺度僧，布施設齋，有何功德？』達磨言：『實無功德。』弟子未達此理，願和尚為說。」

師曰（六祖惠能）：「實無功德，勿疑先聖之言。武帝心邪，不知正法。造寺度僧，布施設齋，名為求福。不可將福便為功德。」

問：如何是下輩往生者？

答曰：下輩者，不能專修心地法門，然而，「若聞深法，歡喜信樂，不生疑惑」。這一類的人，也不知什麼「即心即佛」，也不知什麼「非心非佛」，也不知什麼「心淨則佛土淨」，只要他「發無上菩提之心，一向專意」，皆得往生彼佛國土。

按照「若聞深法，歡喜信樂，不生疑惑」這個標準，那麼，很多自稱下輩的人，又有幾人達到了「下輩的標準」呢？

「若聞深法，歡喜信樂，不生疑惑。」所謂深法，即是根本法，即是無遮法。「是心作佛，是心是佛」。如是之法，是深法，是根本法，是無遮法。「欲得淨土，當淨其心。隨其心淨，則佛土淨」。如是之法，是深法，是根本法，是無遮法。聞是深法，歡喜信樂，不生疑惑，是名下輩往生者。

「是心作佛，是心是佛」，「心淨則佛土淨」，「十方虛空，微塵國土，元我一念心中所現物」。試問諸人，聞此深法，歡喜信樂否？不生疑惑否？聞此深法，歡喜信樂，不生疑惑，如是而行，即得往生。若不然者，則不達標準，不得往生。

問：如何是十念往生？如何是一念往生？

答曰：一念往生，或十念往生，則不是念他一聲名字，或念他十聲名字，便被他接到極樂世界去。

凜然一覺，返觀一鑒，是名一念。如是返觀，乃至十觀，是名十念。或一念，或十念，或多念，若能一見見得，一肯肯定，不再疑惑，便是囫地一聲，當下往生。

一念，或十念，不是念他一聲名號，或念他十聲名號。若是向外喊他，莫說喊一聲，喊十聲，喊百千萬億聲，乃至喊破喉嚨，也是徒勞用功。試問諸人，多年念佛，念佛無數，見到彼佛了麼？往生了麼？何以未見彼佛？何以未得往生？只因從來未念佛，原來喊他無數聲。

所謂念佛，不是喊他，而是「一聲一聲阿彌陀，聲聲喚醒本來人」，也就是用持名念佛之法，把自己從迷夢中喚醒。省庵大師亦云：「念彌陀佛貴專精，念到功深念自純。念念圓明真性體，聲聲喚醒本來人。」（《省庵法師語錄》。《卍續藏》第六十二冊，第二五二頁下。）一元大師云：「西方宏誓廣流通，一句彌陀好用功，歷歷分明無間斷，聲聲喚醒主人翁。」（《蓮修必讀》。《卍續藏》第六十二冊，第八四八頁下。）

所謂往生，不是搬家，而是「返本還源，歸于無生」。自性光明，本自不生，自性光明，本自不滅，那是一個本真的自己。若人回到這裡，假名曰往生。猶如浪花，回到大海，似有來去，實無往返。

問：如何是「此人臨終，夢見彼佛」？

答曰：眾生世界，即是迷夢。眾生見佛，皆是夢見。見佛之後，迷夢得醒。醒夢之後，見與所見，一切消融，是名真見。此土彼土，彼此消融，是名真淨。

十方讚歎，菩薩往詣

佛告阿難：「無量壽佛，威神無極。十方世界，無量無邊，不可思議，諸佛如來，莫不稱歎。於彼東方，恒沙佛國，無量無數，諸菩薩眾，皆悉往詣無量壽佛所，恭敬供養，及諸菩薩聲聞大眾，聽受經法，宣布道化。南西北方，四維上下，亦復如是。」

195 十方贊歎，菩薩往詣

爾時世尊，而說頌曰：

「東方諸佛國，其數如恒沙，
彼土諸菩薩，往覲無量覺。
南西北四維，上下亦復然，
彼土菩薩眾，往覲無量覺。
一切諸菩薩，各齎天妙華，
寶香無價衣，供養無量覺。
咸然奏天樂，暢發和雅音，
歌歎最勝尊，供養無量覺。
究達神通慧，遊入深法門，
具足功德藏，妙智無等倫。
慧日照世間，消除生死雲，
恭敬遶三匝，稽首無上尊。

見彼嚴淨土，微妙難思議，
因發無量心，願我國亦然。
應時無量尊，動容發欣笑，
口出無數光，遍照十方國。
迴光圍遶身，三匝從頂入，
一切天人眾，踊躍皆歡喜。
大士觀世音，整服稽首問，
白佛何緣笑，唯然願說意。
梵聲猶雷震，八音暢妙響，
當授菩薩記，今說仁諦聽。
十方來正士，吾悉知彼願，
志求嚴淨土，受決當作佛。
覺了一切法，猶如夢幻響，

滿足諸妙願，必成如是剎。
知法如電影，究竟菩薩道，
具諸功德本，受決當作佛。
通達諸法門，一切空無我，
專求淨佛土，必成如是剎。
諸佛告菩薩，令覲安養佛，
聞法樂受行，疾得清淨處。
至彼嚴淨土，便速得神通，
必於無量尊，受記成等覺。
其佛本願力，聞名欲往生，
皆悉到彼國，自致不退轉。
菩薩興志願，願己國無異，
普念度一切，名顯達十方。

奉事億如來，飛化遍諸剎，
恭敬歡喜去，還到安養國。
若人無善本，不得聞此經，
清淨有戒者，乃獲聞正法。
曾更見世尊，則能信此事，
謙敬聞奉行，踴躍大歡喜。
憍慢弊懈怠，難以信此法，
宿世見諸佛，樂聽如是教。
聲聞或菩薩，莫能究聖心，
譬如從生盲，欲行開導人。
如來智慧海，深廣無崖底，
二乘非所測，唯佛獨明了。
假使一切人，具足皆得道，

淨慧如本空，億劫思佛智。
窮力極講說，盡壽猶不知，
佛慧無邊際，如是致清淨。
壽命甚難得，佛世亦難值，
人有信慧難，若聞精進求。
聞法能不忘，見敬得大慶，
則我善親友，是故當發意。
設滿世界火，必過要聞法，
會當成佛道，廣濟生死流。」

【章旨】自性光明，威神無極。佛佛道同，指歸自性。無量菩薩，皆歸自性。歸入自性，即成佛道。

【語譯】佛告阿難：「無量壽佛，威神第一，十方世界，恒沙諸佛，悉皆讚歎。東方世界，恒沙佛國，無量菩薩，皆悉往詣，無量壽佛，恭敬供養。無量菩薩，聲聞大眾，聽受經法，應緣弘化。南西北方，四維上下，恒沙佛國，無量菩薩，亦復往詣，無量壽佛。」

爾時，世尊而說頌曰：

「東方諸佛國，恒沙數無量。
其國諸菩薩，親近無量壽。
四維上下界，各有恒沙佛。
國中菩薩眾，往謁無量壽。
無量諸菩薩，各以淨妙花，
功德莊嚴衣，供養無量壽。
萬相奏天樂，流布和雅音。
讚歎最勝尊，供養無量壽。
已達無礙慧，深入心地門。
顯發功德藏，智慧無等倫。
般若照世間，消融生死業。
依教奉諸行，回歸無上尊。
無上莊嚴剎，微妙難思議。
誓願成佛道，成就亦復然。
此時無量尊，動容發欣笑。
放光無量數，普照十方國。

回光繞自身，歸入無相心。
法界諸眾生，無不受法益。
菩薩觀世音，恭敬稽首問。
問佛緣何笑，願樂聞是義。
梵聲猶雷震，出生和雅音。
菩薩當成佛，說與仁者聽。
法界諸菩薩，悉求成佛道。
吾今與汝決，令汝大願滿。
覺了一切法，猶如空中電。
喚醒菩薩夢，成就佛淨土。
知幻即離幻，是名菩薩行。
普行一切法，見性得成佛。
了知一切法，如響無實性。
專求法性身，定成佛淨土。
諸佛告菩薩，令覲無量壽。
如法作觀行，速證無上覺。
證得無上覺，即得妙神通。
十方諸如來，咸共與授記。

彼佛本願力，聞名得往生。
往生彼國已，住於不退地。
菩薩發宏願，誓成極樂國。
普度一切眾，成就佛淨土。
依體起妙用，飛身遍十方。
自在無有礙，還歸極樂國。
自心不清淨，不得聞此經。
清淨無染著，方知諸佛義。
常作如是行，則能信此事。
聞法恭敬行，定獲大利益。
我慢又愚痴，不能信此法。
宿世種善根，樂聞如是教。
未登佛位者，不得見聖心。
猶如天生盲，不是領路人。
如來法性身，高深難可測。
唯獨佛與佛，悉能盡了知。
假使一切人，悉皆得佛道。
智慧如虛空，億劫測量佛。

慇勤無間說，窮劫不能盡。
佛慧無有邊，清淨亦復然。
人身實難得，正法實難遇。
若有信慧者，當勤精進行。
終日行正法，至誠得究竟。
是故我眷屬，當發成佛願。
若欲出火宅，當須聞正法。
聞法成佛道，度脫生死流。」

【釋義】 問：如何是「無量壽佛，威神無極」？

答曰：自性不生不滅，是無量壽。自性無所不能，是名威神。自性妙用無邊，是名無極。自性光明，無邊無際。自性妙用，緣起無盡。無量萬相，唯心變現。一切萬相，指示此心。是名「諸佛如來，莫不稱歎」。如是法音，即今正響。還得聞麼？

無量壽佛，亦非他人，正是諸人的自性妙體。無量菩薩，不是他人，正是諸人的自性妙用。十方菩薩，往詣佛所，亦非別處，正是回歸自性。恭敬供養，亦非將物與人，而是全體放下，一絲不掛。聽受經法，亦非聽他口舌之聲，而是體會「體相一如的自心實相」。

放下即是供養，而不是拿衣服、鮮花、飲食、藥草等送與他人。若是拿衣服、鮮花、飲食、藥草等送給他人，那麼，無量無邊的菩薩，供養無量無邊的衣服、鮮花、飲食、藥草等，無量壽佛又將這些衣服、鮮花、飲食、藥草等置於何處呢？切莫妄想。菩薩是妙用，供佛是放下。起一切用，離一切相，即名菩薩供佛。

德相莊嚴，即是衣服供養。

快樂無憂，即是鮮花供養。

如法修行，即是飲食供養。

對治習氣，即是藥草供養。

心心相印，是名究竟供養。

若不如是，則成污染，即非供養。

供養誰？供養無量壽佛。

無量壽佛是誰？唯此不生不滅的妙明真心。離此心外，著相外求，是名外道法。

佛教種種譬喻，悉皆指歸這裡。這裡，或云法身，或云自性，或云無量壽，或云阿彌陀。名有無量，方便安立。若論實際，唯是這當下的遍含十方的圓覺自性。

依自性而觀之，一切色相，一切音聲，一切起心動念，一切言行舉止，皆是天樂，皆是雅音，皆我所出。經云，十方諸佛，現廣長舌，遍覆三千大千世界，讚歎無量壽，供養無量壽。無量壽，我也。天上天下，唯我獨尊。無量萬相，無不從我所生，無不歸還於我。

無量菩薩，以「我」為尊，受「我」加持，現諸神通。我是法王，法王是我。無量萬相，是我相貌。無量萬相，是我神變。遍觀十方，無量諸佛，無量菩薩，無量聲聞，皆我化現，無非是我。猶如大海，無量漚相，大海所生，無量漚相，滅歸大海。我與萬相，亦復如是。我化萬相，萬相是我。此我即是無量壽，此我即是阿彌陀，此我即是釋迦文，此我即是法性身。諸位菩薩，還識此我否？

問：「應時無量尊，動容發欣笑，口出無數光，遍照十方國。迴光圍遶身，三匝從頂入，一切天人眾，踴躍皆歡喜。」此是何義？

答曰：莫把兩片皮當作口，渾身是佛口。莫把赤肉團當作身，十方世界是佛身。若把赤肉團當作佛身，若把兩片皮當作佛口，那麼，「口出無數光，遍照十方國」，這便是個怪物。莫說「口出無數光，遍照十方國」，即使兩片皮發光，照亮一個城市，那光的能量，也會把這個人燒死。然而，「口出無數光，遍照十方國」，這卻是一個「原本的真實」，只是諸人未曾見此光而已。

無量教法，說之於口，指歸於心，經云：「口出無數光，遍照十方國。迴光圍遶身，三匝從頂入。」一指一示，一語一默，一棒一喝，一逼一拶，乃至瞬目揚眉，乃至春花秋月，皆是佛口放光。隨緣應機，實無定法。機有無量，法亦無數。無數之法，正是經文所說的「口出無數光」。光者，自性之妙用也。

無數光，歸何處？無量萬法，指歸心地，經云：「迴光圍遶身，三匝從頂入。」頂者，最高也，妙心也。此心，虛靈圓妙，融通廣大，無形無相，無修無證，古今不異，本自圓明。無量萬法，指歸心地。無數光明，歸於佛頂。萬法歸宗，歸於心地，離心別歸，即同魔說。

彼國菩薩，功德莊嚴

佛告阿難：「彼國菩薩，皆當究竟，一生補處。除其本願，為眾生故，以弘誓功德，而自莊嚴，普欲度脫，一切眾生。

阿難！彼佛國中，諸聲聞眾，身光一尋。菩薩光明，照百由旬。有二菩薩，最尊第一，威神光明，普照三千大千世界。」

阿難白佛：「彼二菩薩，其號云何？」

佛言：「一名觀世音，二名大勢至。是二菩薩，於此國土，修菩薩行，命終轉化，生彼佛國。

阿難！其有眾生，生彼國者，皆悉具足三十二相，智慧成滿，深入諸法，究暢要妙，神通無礙，諸根明利。其鈍根者，成就二忍。其利根者，得阿僧祇無生法忍。又彼菩薩，乃至成佛，不更惡趣，神通自在，常識宿命。除生他方，五濁惡世，示現同彼，如我國也。」

佛語阿難：「彼國菩薩，承佛威神，一食之頃，往詣十方，無量世界，恭敬供養，諸佛世尊。隨心所念，華香伎樂，繒蓋幢幡，無數無量，供養之具，自然化生，應念即至。珍妙殊特，非世所有。轉以奉散諸佛，菩薩聲聞大眾。在虛空中，化成華蓋，光色晃耀，香氣普熏。其華周圓，四百里者，如是轉倍，乃覆三千大千世界，隨其前後，以次化沒。其諸菩薩，僉然欣悅。於虛空中，共奏天樂，以微妙音，歌歎佛德。聽受經法，歡喜無量。供養佛已，未食之前，忽然輕舉，還其本國。」

【章旨】觀音念佛，念佛觀音。如是而念，如是而觀。即可速證，自心實相。即可速得，智慧通達。

【語譯】佛告阿難：「無量壽國，諸菩薩眾，皆得一生，究竟成佛，除其本願，現眾生相，隨眾生行，度諸有緣，以是弘願，而自莊嚴。

阿難！彼佛國中，諸聲聞眾，其身光明，光照一尋，菩薩光明，照百由旬。有二菩薩，最尊第一，威神光明，普照三千大千世界。」

阿難白佛：「二位菩薩，是何名號？」

佛言：「一名觀世音，二名大勢至。二位菩薩，於娑婆界，修菩薩行，命終之時，生彼佛國。阿難！一切眾生，生彼國者，悉皆具足，三十二相，智慧圓滿，通達諸法，應緣無住，神通無礙，六根清淨，妙用無窮。其鈍根者，成就音響、柔順二忍。其利根者，成就無量無生法忍。彼國菩薩，神通自在，宿命通達，直至成佛，不墮惡道，除非乘願，化生他方，示現同類，教化有緣，現身惡世，如我釋迦，今日所現。」

佛告阿難：「彼國菩薩，承佛神力，頃刻之間，遍及十方，恭敬供養，無量諸佛。一切供具，香花伎樂，繒蓋幢幡，無量供具，應念而至，珍妙殊特，超諸世間。以此供具，供養十方，諸佛菩薩，聲聞大眾，所散之具，於虛空中，化成華蓋，光色晃耀，香氣普熏。華蓋周圍，四百餘里，如是輾轉，如是倍增，乃至遍覆三千大千世界。次第化現，次第化沒。諸菩薩眾，皆大歡喜，於虛空中，共奏天樂，以微妙音，讚歎佛德，聽受經法，歡喜無量。供養佛已，飯食之前，輕舉自身，還至本國。」

【釋　義】見性之人，即見自己，本來是佛，然而，習氣之故，不能安住無為。故常須供養，十方諸佛。供養事畢，一食之頃，還至本國。供養十方諸佛，亦非閑來無事，到處走走，而是本位不移，起應萬機。一食之頃，還至本國，亦非回國速度，極快極速，而是即事而理，即用而體。

登地菩薩，已證佛體，外現眾生相，內契自性佛，猶如維摩大士，外現有妻室，內契無上覺，外現世俗相，內行諸佛行。

一切眾生，本具如來智慧光明，只因業障，障諸光明，故有光明大小之說，「諸聲聞眾，身光一尋。菩薩光明，照百由旬」。業障重者，喻以光明小。業障輕者，喻以光明大。光明大小，是個比喻，切不可當作實際。若作實際大小去考證，那麼，一尋有多大？百由旬有多大？即使考察得準確，那也不是佛教文化，而是物理科學。

有二菩薩，威神光明，普照三千大千世界，普度三千大千世界一切眾生。

阿難問曰：「彼二菩薩，其號云何？」

佛告阿難：「一名觀世音，二名大勢至。是二菩薩，於此國土，修菩薩行，命終轉化，生彼佛國。」

觀世音菩薩，表觀音法門。大勢至菩薩，表念佛法門。兩位菩薩所表的法門，即是念佛觀音，念音念佛。亦即自己念佛，自己觀音。如是念佛，如是觀音，速得念佛三昧，速開般若智慧，速成無上佛道。

徹悟大師云：「佛說種種般若門，無非顯示此本源心性。佛說種種淨土門，亦無非顯示此本源心性。從本源心性，流出種種般若淨土法門，而種種般若淨土法門，皆悉指歸本源心性。」（《徹悟禪師語錄》卷下。《卍續藏》第六十二冊，第三四三頁上。）又云：「一句阿彌陀佛，以唯心為宗。」（《徹悟禪師語錄》卷下。《卍續藏》第六十二冊，第三三八頁上。）

無量壽佛，不是他人，正是諸人「本真的自己」。觀音菩薩，亦非他人，正是這觀音的人。這觀音的是誰？勢至菩薩，亦非他人，正是這念佛的人。這念佛的是誰？自己念佛，自己觀音。念佛觀音，唯是諸人「本真的自己」。

莫向心外覓佛，莫向心外覓菩薩，莫向心外覓淨土，自心本自具足。延壽大師云：「若見自法，何法非自？或凡或聖，若是若非，凡有指陳，皆不出自心之際。如是信者，方到法原。」（《宗鏡錄》卷第十。《大正藏》第四十八冊，第四七四頁中。）

蕅益大師云：「吾人現前一念心性，過去無始，未來無終，現在無際，覓之了不可得，而不可謂無。應用千變萬化，而不可謂有。三世諸佛，一切眾生，從無二體。十方虛空，剎塵差別，皆吾心所現之相分耳。是故四種淨土，皆不在心外，乃名唯心。謂極樂不即唯心，則西方豈在心外，而吾心豈局東方者哉？」（《靈峰蕅益大師宗論》。《嘉興藏》第三十六冊，第二九〇頁下。）

既然西方不在心外，無量壽佛，豈能離心而有？觀音勢至，豈能離心而有？諸大菩薩，淨土莊嚴，豈能離心而有？佛是我妙體，菩薩聲聞，人天大眾，皆是我妙用。淨土莊嚴，無量萬相，皆是我相。體用不二，理事融通，是我真相，亦名自心實相。

自性放光，佛說妙法

佛語阿難：「無量壽佛，為諸聲聞，菩薩大眾，頒宣法時，都悉集會，七寶講堂，廣宣道教，演暢妙法，莫不歡喜，心解得道。即時四方，自然風起，普吹寶樹，出五音聲。雨無量妙華，隨風周遍，自然供養，如是不絕。一切諸天，皆齎天上，百千華香，萬種伎樂，供養其佛，及諸菩薩聲聞大眾。普散華香，奏諸音樂。前後來往，更相開避。當斯之時，熙然快樂，不可勝言。」

【章旨】自性光明，普照十方。菩薩聲聞，人天大眾，受其光者，悉得解脫。法喜充滿，自然合道。

【語譯】佛告阿難：「無量壽佛，宣說法時，一切大眾，悉皆集會，七寶講堂，指示道義，演暢妙法，是諸大眾，悉得心開，皆大歡喜。宣說法時，微風吹動，七寶行樹，發諸妙音，雨諸妙華，隨風周遍，莊嚴道場，自然供養，如是不絕。一切諸天，攜諸妙花，萬種伎樂，供養彼佛，及諸大眾，普散天花，奏諸天樂，前後往來，和暢無礙，於此當下，通暢快樂，無以言表。」

【釋　義】佛告阿難：「無量壽佛，為諸聲聞，菩薩大眾，須宣法時，都悉集會，七寶講堂」。「七寶講堂」，這是個比喻，切不可當作實物想。切莫把金、銀、琉璃、硨磲、瑪瑙建成的宮殿當作佛經中的七寶宮殿。若把金、銀、琉璃、硨磲、瑪瑙建成的宮殿當作佛經中的七寶宮殿，那麼，現代化的豪華建築，那就是七寶講堂。

廣大無邊、具足萬德的自性，即是七寶講堂，無量菩薩，無量聲聞，無量天人，盡在其中矣。

菩薩者，妙用也。聲聞，受教也。天人者，人德也。若人心中，充滿功德妙用，便是菩薩、聲聞、天人「都悉集會，七寶講堂」，此人的當下，便是七寶講堂，此人的當下，便是無上莊嚴的極樂淨土。

心清淨故，則世界清淨。心污垢故，則世界污垢。心富貴故，則世界富貴。心貧賤故，則世界貧賤。世者，過去、現在、未來三世也。界者，東西南北、四維上下十方也。唯此一心，具足三世。唯此一心，遍含十方。故云世界是我心，我心是世界。

這裡所說的世界、清淨、污垢、富貴、貧賤等，皆是心靈文化意義上的，而不是物理科學意義上的。

這裡所說的世界，不是指物理世界，而是指包含著物理世界的心靈世界。這裡所說的世界，是以「心」為本位的心與萬相的統一。

這裡所說的清淨，也不是物理世界的清淨，而是心靈世界的清淨。一個人的心中，若是充滿了貪嗔痴，那麼，這個人的世界就是一個娑婆世界，就是一個煩惱世界，這個人即使住在最乾淨的物理空間，他的世界也是一個痛苦煩惱的世界。同樣，一個人的心中，若是充滿清淨、莊嚴、美德、善行，那麼，這個人即使工作在垃圾處理廠裡，他的世界也是一個清淨莊嚴的世界。

一個人的心靈世界，充滿清淨、莊嚴、美德、善行，這時，本覺光明就會自然現前。一個人的心靈世界，充滿貪嗔痴，充滿污染，充滿業障，這時，本覺光明，雖然時時現前，但他卻不得相見。一個人在自己的本覺光明裡，而自己卻不得相見，對於這個人來說，如同本覺光明不現前。猶如盲者，雖在光明之中，眼疾之故，則光明不得現前。眼疾除故，則光明自然現前。光明現前時，方知光明本來在，不屬造作成。

修行之理，亦復如是。人人皆在自己的本覺光明裡，人人皆在自己的淨土世界裡，只因顛倒妄想，不得見此本覺光明，不得契入淨土世界。

息下妄想，心不顛倒，則本覺光明，自然現前，無量光佛，自然現前，極樂淨土，自然現前。見佛光時，方知佛光本在。見淨土時，方知淨土本在。無量光佛，淨土世界，不屬修成，不屬外來。若言修成，修成還壞。若言外來，來後還去。這尊至高無上的佛，原來以為是他，今日親證是我。

彼佛現前時，寶樹發妙音，演暢諸佛法。彼佛現前時，虛空生妙華，供養彼如來。彼佛現前時，菩薩奏天樂，供養彼如來。彼佛現前時，一切諸法相，皆是佛莊嚴。彼佛現前時，一切諸音聲，皆是佛法音。彼佛國土中，無一相而不是佛相，無一香而不是佛香，無一眾生而不是佛子。佛身遍滿法界，佛相遍滿法界，七寶遍滿法界，妙音遍滿法界，佛子遍滿法界，法界全體，無非是佛。佛非他人，原是自己。自己正是這不生不滅的本覺光明。這是一個「原本的真實」，這是一尊本分天然的佛。

我們的修行，不是在這本覺光明上添加什麼，而是消除我們心中的顛倒妄想，老子所謂「為道日損」。顛倒妄想消盡，即可證得自己的「如來智慧德相」，即可證得自己的「極樂淨土」。

生彼佛國，無量功德

佛告阿難：「生彼佛國，諸菩薩等，所可講說，常宣正法，隨順智慧，無違無失。於其國土，所有萬物，無我所心，無染著心，去來進止，情無所係，隨意自在，無所適莫，無彼無我，無競無訟。於諸眾生，得大慈悲饒益之心，柔軟調伏，無忿恨心。離蓋清淨，無厭怠心。等心，勝心，深心，定心，愛法、樂法、喜法之心。滅諸煩惱，離惡趣心。究竟一切菩薩所行，具足成就無量功德，得深禪定，諸通明慧，遊志七覺❶，修心佛法。肉眼清徹，靡不分了。天眼通達，無量無限。法眼觀察，究竟諸道。慧眼見真，能度彼岸。佛眼具足，覺了法性。以無礙智，為人演說。等觀三界，空無所有。志求佛法，具諸辯才。除滅眾生，煩惱之患。從如來生，解法如如。善知習滅，音聲方便。不欣世語，樂在正論。修諸善本，志崇佛道。知一切法，皆悉寂滅。生身煩惱，二餘俱盡。聞甚深法，心不疑懼。常能修行，其大悲者。深遠微妙，靡不覆載。究竟一乘，至于彼岸。決斷疑網，慧由心出。於佛教法，該羅無外。智慧如大海，三昧如山王。慧光明淨，超踰日月。清白之法，具足圓滿。猶如雪山，照諸功德，等一淨故。猶如大地，淨穢好惡，無異心故。猶如淨水，洗除塵勞，諸垢染故。猶如火王，燒滅一切，煩惱薪故。猶如大風，行諸世界，無障閡故。猶如虛空，於一切有，無所著故。猶如蓮華，於諸世間，無染污故。猶如大乘，運載群萌，出生死故。猶如重雲，震大法雷，覺未覺故。猶如大雨，雨甘露法，潤眾生故。如金剛山，眾魔外道，不能動故。如梵天王，於諸善法，最上首故。如尼拘類樹，普覆一切故。如優曇鉢華，希有難遇故。如金翅鳥，威伏外道故。如眾遊禽，無所藏積故。猶如牛王，無能勝故。猶如象王，善調伏故。如師子王，無所畏故。曠若虛空，大慈等故。摧滅嫉心，不望勝故。專樂求法，心無厭足。常欲廣說，志無疲倦。擊法鼓，建法幢，曜慧日，除癡闇。修六和敬，常行法施。志勇精進，心不退弱。為世燈明，最勝福田。常為師導，等無憎愛。唯樂正道，無餘欣慼。拔諸欲刺，以安群生。功德殊勝，莫不尊敬。滅三垢障，遊諸神通。因力，緣力，意力，願力，方便之力。常力，善力，定力，慧力，多聞之力。施、戒、忍辱、精進、禪定、智慧之力。正念止觀諸通明力。如法調伏諸眾生力。如是等力，一切具足。身色相好，功德辯才，具足莊嚴，無與等者。恭敬供養，無量諸佛。常為諸佛，所共稱歎。究竟菩薩諸波羅蜜，修空、無相、無願三昧，不生不滅諸三昧門，遠離聲聞緣覺之地。

阿難！彼諸菩薩成就如是無量功德，我但為汝略言之耳。若廣說者，百千萬劫，不能窮盡。」

【章旨】悟了自性，即在彼國。彼國非他，正是自性。菩薩非他，正是妙用。見性順性，是真修行。

【注釋】❶七覺　亦名七覺分。一、擇覺分，謂揀擇諸法之真偽也。二、精進覺分，謂修諸道法，無有間雜也。三、喜覺分，謂契悟真法，得歡喜也。四、除覺分，謂斷除諸見煩惱也。五、捨覺分，謂捨離所見念著之境也。六、定覺分，謂覺了所發之禪定也。七、念覺分，謂思惟所修之道法也。

【語譯】佛告阿難：「彼國菩薩，隨緣宣說，皆是正法，與諸佛義，無違無失。於彼國土，所有萬物，無彼無此，無染無著，去來進止，毫無黏著，任運自在，無縛無脫，絕待無對，一體如如。於諸眾生，慈悲饒益，柔順調服，不生忿恨，離諸蓋障，得法清淨，無有懈怠，無有等待，無有勝負，無有深淺，無有出入，無有法執，無有煩惱，無諸惡趣，具足修行，具足功德，契合諸佛，通達佛慧，借緣七覺，修行心法，肉眼清澈，見色明瞭，天眼通達，無量無限，法眼觀察，曉了諸法，慧眼透脫，能到彼岸，佛眼具足，一切功德。通達佛智，演諸妙法，普眼觀察，諸法如幻，誓求圓滿，辯才無礙，滅諸眾生，種種煩惱。彼國菩薩，如來化生，曉了法性，善用音聲，滅諸妄習。不慕世間，唯樂出纏，修諸善法，志在圓滿。照見萬法，悉皆寂滅，身心煩惱，漏盡無餘，聽聞深法，不驚不怖，契合諸佛，與大慈悲，深遠微妙，無不具足，徹證心源，到達彼岸，疑網破裂，智慧顯發，心性通達，具足萬法，智慧如海，三昧如山，般若之光，超逾日月，無漏之行，圓滿具足。彼國菩薩，猶如雪山，映照萬相，平等清淨。猶如大地，淨穢好惡，無所不包。猶如淨水，消除塵勞，蕩滌垢染。猶如火王，燒盡一切，煩惱柴薪。猶如大風，周遍世界，無所障礙。猶如虛空，遍含萬有，不住一相。猶如蓮花，於諸世間，清淨無染。猶如大車，承載眾生，出離生死。猶如大雲，震大法雷，覺醒迷情。猶如大雨，普灑甘露，滋潤萬物。如金剛山，邪魔外道，不能動搖。如梵天王，高遠淨清，能生善法。如尼拘類樹，覆蔭一切，護佑群生。如優曇鉢華，世間希有，難逢難遇。如金翅鳥，威力無比，降伏外道。如眾遊禽，俯視大地，無所隱藏。猶如牛王，力大無比，無能勝者。猶如象王，威神功德，調伏一切。猶如獅王，無所畏懼，懾伏百獸。彼國菩薩，猶如虛空，慈悲平等，不立人我，無有嫉妒，至誠求道，無有厭足，常說妙法，無有疲倦。彼國菩薩，擊法鼓，建法幢，開智慧，破無明，修和合，行法布施，勇猛精進，心不退轉。彼國菩薩，世間明燈，眾生福田，常作導師，普度群生。彼國菩薩，唯樂正法，無喜無憂，拔諸貪欲，安利群生，功德殊勝，人天尊敬，三毒熄滅，遊諸神通。彼國菩薩，因力、緣力、意力、願力、方便之力、常力、善力、定力、慧力、多聞之力、布施、持戒、忍辱、精進、禪定、智慧之力、正念止觀諸通明力、如法調伏諸眾生力，如是等力，圓滿具足。彼國菩薩，色身相好，功德莊嚴，辯才無礙，悉皆具足，無與倫比。彼國菩薩，恭敬供養，無量諸佛，十方諸佛，悉皆讚歎。彼國菩薩，六度萬行，究竟圓滿，修習空、無相、無願、不生不滅諸三昧門，聲聞緣覺，所不能及。阿難！彼國菩薩，功德無量，我但為汝，略言說之。若廣說之，則無量億劫，說之不盡。」

【釋義】往生彼國，不是生到他國。所謂彼國，即彼岸的國。彼岸在哪？回頭是岸。回過頭來，仔細看看，這見色的是誰？這聞聲的是誰？這起心動念的又是誰？唯此一心，更無別佛。三世諸佛，只這一心，《華嚴經》所謂「一切諸佛身，唯是一法身」。此一法身，不是別物，正是諸人見色聞聲的妙明真心。還識得他麼？他原來是諸人自己。

達摩祖師云：「心即是佛，佛即是心，心外無佛，佛外無心。若言心外有佛，佛在何處？心外既無佛，何起佛見？遞相誑惑，不能了本心，被他無情物攝，無自由分。若又不信，自誑無益。」（《少室六門》。《大正藏》第四十八冊，第三七三頁中下。）

蕅益大師云：「一者，心即應佛。前言佛本無相，心感故有，則心佛有無，條然永異。今泯此見，故即眾生心全是應佛，以離心外，更無佛故。二者，心即果佛。以眾生心中，已有如來結加趺坐，豈待當來方成果佛？此二義，初是應佛，次是果佛。當知果佛本具，非從緣成，即作而是。」（《淨土十要》。《卍續藏》第六十一冊，第七〇八頁中。）

自性之中，一菩薩悟本，一切菩薩歸元。佛是自性作，菩薩是佛化。佛與諸菩薩，是一而非二，所謂「一花百億國，一國一釋迦，各坐菩提樹，一時成佛道」。所以說，往生彼國的菩薩，皆是佛幻化，皆是佛妙用，皆是佛正法。

於自性中，一切現相，一切作用，皆如空中電，亦如水中泡，當下生，當下滅，彼不來此，此不往彼。到了這個境界，無有能度的佛，亦無有所度的眾，法界全體，無非自己。到了這個境界，絕對心光，化現無窮，亦名菩提自性化現無窮。契合了這個絕對心光，契合了這個菩提自性，即是往生了彼國。既然悟了自性，既然往生了彼國，那麼，自然具足無量功德，自然具足無量神通，自然化度一切有情。

所謂功德，無所住著為功，隨緣起用為德。悟了自性，生了彼國，自然功德無量。

所謂神通，無所不能為神，無所障礙為通。悟了自性，生了彼國，自然神通無量。

凡夫逐相，不求出離

佛告彌勒菩薩，諸天人等：「無量壽國，聲聞菩薩，功德智慧，不可稱說。又其國土，微妙安樂，清淨若此，何不力為善、念道之自然、著於無上下、洞達無邊際？宜各勤精進，努力自求之。必得超絕去，往生安養國，橫截五惡趣[1]，惡趣自然閉，昇道無窮極，易往而無人，其國不逆違，自然之所牽。何不棄世事，勤行求道德，可獲極長生，壽樂無有極？然世人薄俗，共諍不急之事。於此劇惡極苦之中，勤身營務，以自給濟。無尊無卑，無貧無富，少長男女，共憂錢財，有無同然，憂思適等。屏營愁苦，累念積慮，為心走使，無有安時。有田憂田，有宅憂宅。牛馬六畜，奴婢錢財，衣食什物，復共憂之。重思累息，憂念愁怖。橫為非常、水、火、盜賊、怨家、債主焚漂劫奪，消散磨滅。憂毒忪忪，無有解時。結憤心中，不離憂惱。心堅意固，適無縱捨。或坐摧碎，身亡命終，棄捐之去，莫誰隨者。尊貴豪富，亦有斯患。憂懼萬端，勤苦若此，結眾寒熱，與痛共俱。貧窮下劣，困乏常無。無田亦憂欲有田，無宅亦憂欲有宅。無牛馬六畜，奴婢錢財，衣食什物，亦憂欲有之。適有一，復少一，有是少是，思有齊等。適欲具有，便復糜散。如是憂苦，當復求索。不能時得，思想無益。身心俱勞，坐起不安。憂念相隨，勤苦若此，亦結眾寒熱，與痛共俱。或時坐之，終身夭命，不肯為善，行道進德。壽終身死，當獨遠去。有所趣向，善惡之道，莫能知者。世間人民，父子兄弟，夫婦家室，中外親屬，當相敬愛，無相憎嫉。有無相通，無得貪惜，言色常和，莫相違戾。或時心諍，有所恚怒。今世恨意，微相憎嫉，後世轉劇，至成大怨。所以者何？世間之事，更相患害。雖不即時，應急相破。然含毒畜怒，結憤精神，自然剋識，不得相離。皆當對生，更相報復。人在世間，愛欲之中，獨生獨死，獨去獨來。當行至趣苦樂之地，身自當之，無有代者。善惡變化，殃福異處，宿豫嚴待，當獨趣入。遠到他所，莫能見者。善惡自然，追行所生，窈窈冥冥，別離久長。道路不同，會見無期。甚難甚難，復得相值。何不棄眾事，各曼強健時，努力勤修善，精進願度世，可得極長生。如何不求道，安所須待？欲何樂乎？如是世人，不信作善得善，為道得道。不信人死更生，惠施得福。善惡之事，都不信之。謂之不然，終無有是。但坐此故，且自見之。更相瞻視，先後同然。轉相承受，父餘教令，先人祖父，素不為善，不識道德。身愚神闇，心塞意閉，死生之趣，善惡之道，自不能見，無有語者。吉凶禍福，競各作之，無一怪也。生死常道，轉相嗣立，或父哭子，或子哭父，兄弟夫婦，更相哭泣，顛倒上下，無常根本，皆當過去，不可常保。教語開導，信之者少，是以生死流轉，無有休止。如此之人，曚冥抵突，不信經法，心無遠慮，各欲快意，癡惑於愛欲，不達於道德，迷沒於瞋怒，貪狼於財色，坐之不得道，當更惡趣苦，生死無窮已，哀哉甚可傷。或時室家，父子，兄弟，夫婦，一死一生，更相哀愍。恩愛思慕，憂念結縛，心意痛著，迭相顧戀，窮日卒歲，無有解已。教語道德，心不開明，思想恩好，不離情欲。惛曚閉塞，愚惑所覆，不能深思熟計，心自端政，專精行道，決斷世事，便旋至竟年壽終盡不能得道，無可奈何。總猥憒擾，皆貪愛欲。惑道者眾，悟之者寡。世間忽忽，無可聊賴。尊卑上下，貧富貴賤，勤苦怱務，各懷殺毒。惡氣窈冥，為妄興事。違逆天地，不從人心。自然非惡，先隨與之，恣聽所為，待其罪極，其壽未盡，便頓奪之。下入惡道，累世懃苦，展轉其中，數千億劫，無有出期，痛不可言，甚可哀愍。」

【章　旨】諸惡莫作，眾善奉行。勿住生滅，勿逐變遷。返本還原，復歸無生。往生彼國，直成佛道。

【注　釋】❶五惡趣　地獄、餓鬼、畜生、人、天等五種境界。

【語　譯】佛告彌勒菩薩，及人天大眾：「無量壽國，聲聞菩薩，功德智慧，說之不盡。無量壽國，微妙安樂，清淨如此，何不精進修行、契合本然、融入法界、性同一味？各自精進，至心迴向，決定超越，往生極樂。截斷惡趣，惡境即消，徹證根源，融入絕對，彼國無違緣，自然不被牽，何不棄娑婆，勤修無上道，獲得無生滅，安樂無有涯？世人福薄，爭奪幻事，娑婆界中，勞苦經營，滿足貪欲。尊卑貧富，男女老少，只為錢財，相互爭奪，未得憂得，已得憂失，或得或失，煩惱同然。經營煩惱，徒增業障，受業裹挾，無暫安樂，有田憂田，有宅憂宅，牛馬六畜，奴婢錢財，悉皆憂之。業障重重，憂愁遍布，乃至橫禍，被水所漂，被火所燒，被賊所洗，被冤家所劫，被債主所奪，一切財務，消散磨滅，惡毒在心，無由得解。惡毒在心，終日憂惱，固執不化，無有暫捨，或遭橫禍，身亡命終，萬般不去，唯業隨身。尊貴豪富，亦有斯患，憂懼萬般，勤苦如此，寒熱疼痛，一時共具。貧下之人，衣食住行，樣樣缺乏，無田憂田，無宅憂宅，無牛馬六畜，則憂牛馬六畜，無一切，則憂一切，得一則求一，得多則求多，貪得無厭，無有滿足，稍有滿足，則又失去。既已失去，則復求之。物有得失，本來如此，思想無益，徒勞苦惱，坐臥不安，憂念相伴，勤苦如此，寒熱疼痛，一時共具。或得錢財，無論長壽，或是短命，皆不行善，修持道法。壽終之後，隨業流浪，或入善境，或入惡境，莫能知之。世間人民，父子兄弟，夫婦家室，遠近親屬，當互敬愛，莫相憎恨，財物互通，不得貪著，和睦相處，莫相違背。或時心諍，有所嗔恚，嗔恚種子，孕在心中，轉至後世，則成大怨。所以者何？世間之事，輾轉患害，雖未現報，當急破除。若不破除，即成業因，待得後世，更相報復。人在世間，愛欲之中，獨生獨死，獨來獨去，隨業受報，或苦或樂，自作自受，無人代替。善惡禍福，變化無常，善惡自作，果報自受。因果相隨，絲毫無差。自心境界，唯人自見。善惡果報，前因所致。造業不同，果報各異，相愛之人，相見無期，若欲相見，甚難甚難。何不放下，世間俗事，乘著強健，精進修行，獲得無生。為何不修道，貪求世間樂？世間之事，有何可樂？世人愚痴，不信因果，不信道法，不信輪回，布施得福，善惡果報，皆不信之，但持斷見，且自肯之。世間之相，因果相連，因果報應，如影隨形。父子相傳，前後相承，先人祖父，無善無德，心迷意塞，愚昧昏暗，生死輪回，因果報應，自不能見，又無聖賢，引導向善。貪心驅使，競相造業，習以為常，不以為怪。生死道中，轉相嗣立，或父哭子，或子哭父，兄弟夫婦，角色互換，人倫名分，轉換不定，皆言死後，一切全無。聖教之言，無人信之，故有生死，輪轉不息。如此之人，愚迷抵觸，不信經法，無有道心，貪愛快意，溺在欲河，不知出離，嗔火焚燒，貪水淹沒。如此之行，終不得道，輪轉三塗，出離無期，甚可憐憫。若遇家室，父子兄弟，恩愛夫妻，生死離別，甚可憐憫。恩愛思慕，憂念結縛，心意綿綿，纏繞其中，窮其一生，不得開解。縱遇聖教，心不相應，沉於恩愛，不得出離。如此之人，惛矇閉塞，愚昧覆蓋，不能反觀，獲得正見，至誠修道，了斷世纏，故而終其一生，不得證道，此一情形，無可奈何。世人無德，皆貪愛欲，背道者多，向道者少，蹉跎人生，無可聊賴。尊卑上下，貧富貴賤，各懷貪心，滿腹惡毒，惡氣彌漫，無事生非，違背道德，忤逆天理，一念為惡，念念從之，興風作浪，無所顧忌，待得罪極，壽命未盡，即遭橫禍，墮入惡道，多生累世，輾轉其中，數千億劫，無有出期，痛不可言，甚可憐憫。」

【釋　義】自性功德，微妙安樂，不可稱說。是諸學人，當行善法，回歸自性，徹了心源，恢復本然的解脫，恢復本然的安樂。

自性清淨，不垢不淨，是真淨土。自性絕對，無我無人，是真安樂。自性淨土，自性安樂，非修而成，本然如是。

自性淨土，不為堯存，不為桀亡，是個永垂不朽的天理。自性淨土，不為凡減，不為聖增，是個不增不減的妙體。

自性淨土，迷時未曾失，悟了未曾得。眾生迷自性，諸佛悟本來。諸佛祖師，只是回歸了自性的人。三界眾生，只是這追逐幻相的人。悟自性，即是佛。迷自性，即眾生。諸佛祖師，種種開示，也只是令諸眾生，回歸自性，所謂往生淨土是也。自性本然清淨，不染一塵，是個原本的淨土。自性無始無終，壽量無涯，是個原本的無量壽。

可惜，凡夫之人，或窮或富，唯取生滅法，不求究竟道。取財富，取虛名，取男女，取馬乘，貪無厭足，不知回頭。未得患得，已得患失，總在患中。得意忘形，失意忘形，總在迷宮。到頭來，萬般帶不去，唯有業隨身，隨業受諸報，難得有出離。經云：「假使經百劫，所作業不亡，因緣會遇時，果報還自受。」

眾生愚迷，隨業漂流，依業造業，業因成果，果又成因，欲得出離，幾無可能。今遇佛法，千載難逢。何不急求善知識，勤修善道，悟得真乘？人身難得今已得，佛法難聞今已聞。此身不向今生度，更向何生度此身？

諸惡莫作，眾善奉行

佛告彌勒菩薩，諸天人等：「我今語汝，世間之事，人用是故，坐不得道。當熟思計，遠離眾惡，擇其善者，勤而行之。愛欲榮華，不可常保，皆當別離，無可樂者。曼佛在世，當勤精進，其有至願生安樂國者，可得智慧明達，功德殊勝。勿得隨心所欲，虧負經戒，在人後也。儻有疑意，不解經者，可具問佛，當為說之。」

彌勒菩薩長跪白言：「佛威神尊重，所說快善。聽佛經者，貫心思之，世人實爾，如佛所言。今佛慈愍，顯示大道，耳目開明，長得度脫，聞佛所說，莫不歡喜。諸天人民，蠕動之類，皆蒙慈恩，解脫憂苦。佛語教誡，甚深甚善，智慧明見，八方上下，去來今事，莫不究暢。今我眾等，所以蒙得度脫，皆佛前世，求道之時，謙苦所致，恩德普覆，福祿巍巍，光明徹照，達空無極，開入泥洹，教授典攬，威制消化，感動十方，無窮無極。佛為法王，尊超眾聖，普為一切天人之師，隨心所願，皆令得道。今得值佛，復聞無量壽聲，靡不歡喜，心得開明。」

【章旨】污染即惡，清淨即善。善惡兩邊，皆不樂著。即相離相，世出世間。究竟解脫，是名安樂。

【語譯】佛告彌勒菩薩，及人天大眾：「我今所言，世間之人，皆因著相，故受輪回。汝等諸人，當善思之，遠離諸惡，勤修諸善。愛欲榮華，夢幻泡影，汝當遠離，不可樂著。得遇正法，因緣殊勝，當須勇猛，精進修行，心生大願，往生極樂，可得智慧，生發功德。切勿妄為，辜負經戒，落在人後。若有疑惑，不明其義，當須問佛，即得明瞭。」

彌勒菩薩長跪而白佛言：「我佛威神，所言至善，大眾聞說，當善思之。世人煩惱，如佛所說。我佛慈悲，指示大道，見佛道者，皆得解脫，聞佛說者，無不歡喜。諸天人民，一切眾生，蒙佛慈悲，悉得解脫。佛之教誨，深不可測，智慧圓明，通徹十方，去來現在，無不了知。我等眾生，今蒙度脫，皆因我佛，前世求道，勤苦所致。佛之恩德，圓滿法界，佛之福祿，惠及所有，佛之光明，照耀十方，通達無礙，無所不及，契入涅槃，開示心要，威德赫赫，普度十方。佛為法王，超越一切，普為法界，眾生導師，隨所心願，皆令得道。今日值佛，聞佛音聲，皆大歡喜，無不心開。」

【釋　義】「世間之事，人用是故，坐不得道。」行世間善，積世間德，不能得道。何故如此？積累世善，後得善果。善果盡時，還得墮落。惡習動時，惡緣現前。借諸惡緣，乘諸惡習，更造惡業。惡業成熟，更墮惡道。惡報盡時，即生善道。如此作為，如此輪回。不出善惡，何出輪回？作善生天，作惡入獄，作惡作善，輪回之因。欲脫輪回，當遵佛教，所謂「當熟思計，遠離眾惡，擇其善者，勤而行之」。

如來所說「遠離眾惡，擇其善者」，此乃出世間善法，而非世間善法。

世間善法，輪回之法。出世善法，成佛之道。世人不會佛義，把世間善法當作佛法，施捨錢財，世間公益，乃至花錢放生，皆當作佛法。如此造作世間善法，豈能出得六道輪回？

問：經云：「當熟思計，遠離眾惡。」如何是眾惡？

答曰：惡者，貪嗔痴也，污染也。

問：經云：「擇其善者，勤而行之。」如何是善？

答曰：善者，戒定慧也，離開污染也。諸惡莫作，眾善奉行，也就是說，莫作貪嗔痴，勤修戒定慧。此是棄惡從善之法，此是智慧解脫之法。

棄惡從善，一時方便，非屬究竟。欲得究竟，唯須見佛，或云見性。若不見佛，造寺印經，放生施錢，總是污染，盡屬惡法。惡者，污染也，障礙也。

問：如何是貪嗔痴？如何是戒定慧？

答曰：著相即貪，離相即戒。動心即嗔，不動即定。愚昧即痴，覺照即慧。不著一相，不住一法，時時覺照，一塵不染。如此而行，是名修行，是名善法。相反，處處著相，時時動心，迷而不覺，是名造業，是名惡法。

見性之人，即相離相，即離同時，亦無先後。到得這裡，惡已無存，善從何立？善惡不立，絕待無對，此是至善，亦名安樂，亦名極樂。到得這裡，見聞覺知，皆是神通，舉手投足，無非妙用。

「今我眾等，所以蒙得度脫，皆佛前世，求道之時，謙苦所致。」所謂佛前世，即未悟自性的菩薩也，即未登彼岸的菩薩也，即迷時之自我也。所謂佛今世，即已悟自性的菩薩也，即已登彼岸的菩薩也，即悟時之自我也。自性之我，融通三世。自性之我，非去來今。自性本然，非屬造作，當下見得，假名為今。當下悟得自性，則自性中的一切眾生，則當下登達彼岸。

自性之中，一菩薩不解，則萬菩薩在纏。一菩薩成佛，則萬菩薩解脫。一門還原，則萬法皆通。一翳在目，則群魔亂舞。魔者，非外來的青面獠牙者，此乃著相而成的虛幻障礙。著相之故，即成魔障。著於華相，則成華魔。著於聲相，則成聲魔。著於佛相，則成佛魔。總之，著一切相，則成一切魔。何以故？著相成障，障菩提道。

今得見佛，方知佛原來是我，我原來是佛。我即如是，一切菩薩，悉皆如是，一切眾生，悉皆如是。

今得見佛，更觀十方世界，藍天白雲，青山綠水，鴉嘈雀鳴，鶯歌燕舞，皆是佛音，皆是法音，皆是自性幻化，皆自性莊嚴。

一世修行，往生彼國

佛告彌勒：「汝言是也。若有慈敬於佛者，實為大善。天下久久，乃復有佛。今我於此世作佛，演說經法，宣布道教，斷諸疑網，拔愛欲之本，杜眾惡之源，遊步三界，無所拘閡，典攬智慧，眾道之要，執持綱維，昭然分明，開示五趣[1]，度未度者，決正生死，泥洹之道。

彌勒當知，汝從無數劫來，修菩薩行，欲度眾生，其已久遠，從汝得道，至于泥洹，不可稱數。汝及十方，諸天人民，一切四眾，永劫已來，展轉五道，憂畏勤苦，不可具言。乃至今世，生死不絕，與佛相值，聽受經法。又復得聞，無量壽佛，快哉甚善，吾助爾喜。汝今亦可，自厭生死，老病痛苦。惡露不淨，無可樂者。宜自決斷，端身正行，益作諸善，修己潔體，洗除心垢，言行忠信，表裏相應。人能自度，轉相拯濟，精明求願，積累善本，雖一世勤苦，須臾之間，後生無量壽佛國，快樂無極，長與道德合明，永拔生死根本，無復貪恚愚癡苦惱之患，欲壽一劫，百劫，千億萬劫，自在隨意，皆可得之，無為自然，次於泥洹之道。汝等宜各精進，求心所願，無得疑惑中悔，自為過咎，生彼邊地，七寶宮殿，五百歲中，受諸厄也。」

彌勒白佛：「受佛重誨，專精修學，如教奉行，不敢有疑。」

【章旨】次第進道，歷劫勤苦。今遇頓法，千載難逢。既遇頓法，依此修行。一機來臨，當下見性。

【注釋】❶五趣　又名五道。地獄，餓鬼，畜生，人，天。

【語譯】佛告彌勒：「汝言是也。若有眾生，回心向佛，實為大善。多劫修行，方得有佛，我於此世，示現成佛，宣說經教，指示心要，斷除疑惑，拔除愛根，杜絕惡源，遊步三界，了無掛礙，指示眾生，涅槃妙道，顯示綱領，明明瞭瞭，接引群蒙，同生極樂，了脫生死，究竟涅槃。

彌勒當知，無量劫來，汝作菩薩，欲度眾生，已經久遠。從汝得道，至於涅槃，其間劫數，不可稱量。汝與十方，一切眾生，無始以來，輾轉五道，歷盡勤苦，說之不盡，直至今日，生死不絕。汝今值佛，受佛教化，又復得聞，無量壽佛，善哉善哉，吾助汝喜。汝可思維，生老病死，痛苦惡露，不淨諸事，無可樂著，當自厭離。端身正行，勤修佛法，自淨其意，蕩滌心垢，依教奉行，表裡相應，自己得度，方能度人。至心求道，積累功德，一世勤苦，須臾之間，往生淨土，常隨佛學，普度群生，無復貪嗔，無復愚痴，永離煩惱，欲壽一劫，則壽一劫，欲壽百劫，則壽百劫，乃至千萬億劫，皆得隨意，無為自然，僅次於佛。汝等各自，精進修行，圓滿大願，不可疑惑，自困自咎，生在疑城，困於宮中，五百歲中，受諸困苦。」

彌勒白佛：「我今有幸，受佛教誨，一心精進，奉持佛教，不敢有疑。」

【釋義】問：「天下久久，乃復有佛」。此是何義？難道是無量萬年，方得有佛出世？

答曰：非也。因緣具足，佛即現前。因緣具足，佛即出世。因者，內因也。大願大行，正知正見，是諸人之內因。緣者，外緣也。諸佛現前，予以指示，是諸人之外緣。若人見地正確，內因成熟，則鳥語花香，山色溪聲，皆是諸佛現前，皆是悟道的助緣。若也見地不正，邪心入道，則讀經看教，起心動念，皆是諸魔現前，皆是障道的逆緣。

問：諸佛現前，予以指示。諸佛是誰？指示什麼？

答曰：天上的星星是佛，地上的山水是佛，目前的鮮花是佛，耳畔的鳥鳴是佛，一切形色，一切音聲，森羅萬相，悉皆是佛。

釋迦睹明星而悟道，豈不是星星指示他？迦葉見拈花而微笑，豈不是鮮花指示他？香嚴聞擊竹聲而開悟，豈不是音聲指示他？尼師嗅梅花而知春，豈不是梅花指示他？克勤聞雄雞唱午而歸源，豈不是雞鳴指示他？星星、鮮花、雞鳴、犬吠，種種萬相，豈不是諸佛現前。諸佛現前，指示什麼？唯示一心，更無別法。經云：「諸佛如來，但教化菩薩，諸有所作，常為一事，唯以佛之知見示悟眾生。舍利弗！如來但以一佛乘故，為眾生說法，無有餘乘。」佛知見者，一心見也。一佛乘者，一心乘也。

蓮池大師云：「一切經論，不過現前一念心之腳注，非心性外別有佛祖道理也。然心性難明，故藉千經萬論互相發明。今舍現前心性，而泛求經論，不啻迷頭認影矣。」（《靈峰蕅益大師宗論》。《嘉興藏》第三十六冊，第二九二頁中。）又云：「千經萬論，若顯若密，皆直指人心，見性成佛。除此心外，更無所詮。」（《靈峰蕅益大師宗論》。《嘉興藏》第三十六冊，第三一八頁下。）

蕅益大師云：「求之三教，不若求于自心。自心者，三教之源，三教皆從此心施設。苟無自心，三教俱無。苟昧自心，三教俱昧。苟知此心而擴充之，何患三教不總歸陶鑄也哉。

心足以陶鑄三教，乃名能盡其性，亦能盡人物之性。」（《靈峰蕅益大師宗論》卷第七。《嘉興藏》第三十六冊，第三八六頁中。）

問：「天下久久，乃復有佛」又是何義？

答曰：「天下久久，乃復有佛」，「天下」，不是常人所說的這個物理世界。常人所說的天下，是指物理世界，而佛教所說的天下，是文化意義上的天下，是指心靈世界。這個心靈世界，是以心為本位的心與萬相的統一。

「天下久久，乃復有佛」，這不是說，在這個物理世界上，要等很多萬年，方得有佛出世，而是說，菩薩修行，要經久劫，方得成佛。

久劫時間，究竟多遠？迷則無量，悟則剎那。何以故？劫者，結也，糾結也，纏縛也，

未悟之時，處處著相，糾結無窮，故曰無量劫數。悟了之後，相本虛妄，劫亦虛妄。著相也。若不著相，哪裡有劫？

問：法藏是誰？彌勒是誰？

答曰：法藏是誰？他是自家心中的「尋找法藏的人」。彌勒是誰？他是自家心中的「迷了自心的人」。迷了的人，只迷自性。悟了的人，只悟自性。迷了自性，即名眾生。悟了自性，假名諸佛。自性即是萬法的寶藏，自性即是萬法的根源。迷了自性、尋求自性的人，即名菩薩。

我們學佛，不應向外尋找有相之物，應該向諸大菩薩那樣，尋找自性，求見本來。

「迷了自心的人」，不甘心於迷，誓願覺悟。誓願覺悟之故，未來必定成佛，故稱未來

佛，亦名彌勒佛。

誓願覺悟，覺悟什麼？覺悟自己的本來面目，覺悟自己的這個不生不滅、遍含三世、普照十方的無相真心。

若復有人，發願證得這個不生不滅、遍含三世、普照十方的無相真心，即名彌勒菩薩。

若復有人，當下證得這個不生不滅、遍含三世、普照十方的無相真心，即名有佛出世。

諸佛出世之時，即是諸人悟道之時。諸佛出世，演說妙法，口說眼說，耳說鼻說，山說水說，天說地說，皆是自性演說，皆是自性法音。

若復有人，無諸善根，著相外求，即使面對釋迦，他也只是見釋迦吃喝拉撒，如同常人。如此見佛，對面釋迦，亦未見佛。

若復有人，善根具足，一心向佛，求見自性。如是求見，求來求去，見來見去，一機來臨，當下見得，即名有佛出世。既然如此，何不返觀自見，求見自性？若不見性而見佛者，盡是著魔，無有是處。

解脫五惡，證得涅槃

佛告彌勒：「汝等能於此世，端心正意，不作眾惡，甚為至德，十方世界，最無倫匹。所以者何？諸佛國土，天人之類，自然作善，不大為惡，易可開化。今我於此世間作佛，處於五惡、五痛、五燒之中，為最劇苦，教化群生，令捨五惡，令去五痛，令離五燒，降化其意，令持五善，獲其福德，度世長壽，泥洹之道。」

佛言：「何等為五惡？何等五痛？何等五燒？何等消化五惡、令持五善、獲其福德、度世長壽、泥洹之道？

其一惡者。諸天人民，蠕動之類，欲為眾惡，莫不皆然。強者伏弱，轉相剋賊，殘害殺戮，迭相吞噬，不知修善，惡逆無道，後受殃罰，自然趣向。神明記識，犯者不赦，故有貧窮下賤，乞丐孤獨，聾盲瘖啞，愚癡憋惡，至有尪狂不逮之屬。又有尊貴豪富，高才明達，皆由宿世慈孝，修善積德所致。世有常道，王法牢獄，不肯畏慎，為惡入罪，受其殃罰，求望解脫，難得免出。世間有此目前現事，壽終後世，尤深尤劇，入其幽冥，轉生受身，譬如王法，痛苦極刑，故有自然三塗，無量苦惱。轉貿其身，改形易道，所受壽命，或長或短，魂神精識，自然趣之，當獨值向，相從共生，更相報復，無有止已，殃惡未盡，不得相離，展轉其中，無有出期，難得解脫，痛不可言。天地之間，自然有是，雖不即時，卒暴應至，善惡之道，會當歸之。是為一大惡一痛一燒，勤苦如是。譬如大火焚燒人身，人能於中，一心制意，端身正行，獨作諸善，不為眾惡者，身獨度脫，獲其福德，度世上天，泥洹之道，是為一大善也。」

佛言：「其二惡者。世間人民，父子兄弟，室家夫婦，都無義理，不順法度。奢婬憍縱，各欲快意。任心自恣，更相欺惑。心口各異，言念無實。佞諂不忠，巧言諛媚。嫉賢謗善，陷入怨枉。主上不明，任用臣下。臣下自在，機偽多端。踐度能行，知其形勢。在位不正，為其所欺。妄損忠良，不當天心。臣欺其君，子欺其父。兄弟夫婦，中外知識，更相欺誑。各懷貪欲，瞋恚愚癡。欲自厚己，欲貪多有。尊卑上下，心俱同然。破家亡身，不顧前後。親屬內外，坐之滅族。或時室家知識，鄉黨市里，愚民野人，轉共從事。更相剝害，忿成怨結。富有慳惜，不肯施與。愛保貪重，心勞身苦。如是至竟，無所恃怙。獨來獨去，無一隨者。善惡禍福，追命所生。或在樂處，或入苦毒，然後乃悔，當復何及？世間人民，心愚少智。見善憎謗，不思慕及。但欲為惡，妄作非法。常懷盜心，悕望他利。消散磨盡，而復求索。邪心不正，懼人有色。不豫思計，事至乃悔。今世現有，王法牢獄，隨罪趣向，受其殃罰。因其前世，不信道德，不修善本。今復為惡，天神剋識，別其名籍。壽終神逝，下入惡道。故有自然三塗，無量苦惱。展轉其中，世世累劫，無有出期，難得解脫，痛不可言。是為二大惡二痛二燒，勤苦如是。譬如大火，焚燒人身，人能於中，一心制意，端身正行，獨作諸善，不為眾惡者，身獨度脫，獲其福德，度世上天，泥洹之道，是為二大善也。」

佛言：「其三惡者。世間人民，相因寄生，共居天地之間，處年壽命，無能幾何。上有賢明長者尊貴豪富，下有貧窮厮賤尪劣愚夫，中有不善之人常懷邪惡。但念婬泆，煩滿胸中。愛欲交亂，坐起不安。貪意守惜，但欲唐得。眄睞細色，邪態外逸。自妻厭憎，私妄出入。費損家財，事為非法。交結聚會，興師相伐。攻劫殺戮，強奪不道。惡心在外，不自修業。盜竊趣得，欲擊成事。恐勢迫脅，歸給妻子。恣心快意，極身作樂。或於親屬，不避尊卑。家室中外，患而苦之。亦復不畏，王法禁令。如是之惡，著於人鬼。日月照見，神明記識。故有自然三塗，無量苦惱。展轉其中，世世累劫，無有出期，難得解脫，痛不可言。是為三大惡三痛三燒，勤苦如是。譬如大火，焚燒人身，人能於中，一心制意，端身正行，獨作諸善，不為眾惡者，身獨度脫，獲其福德，度世上天，泥洹之道，是為三大善也。」

佛言：「其四惡者。世間人民，不念修善。轉相教令，共為眾惡。兩舌惡口，妄言綺語。讒賊鬭亂，憎嫉善人。敗壞賢明，於傍快喜。不孝二親，輕慢師長。朋友無信，難得誠實。尊貴自大，謂己有道。橫行威勢，侵易於人。不能自知，為惡無恥。自以強健，欲人敬難。不畏天地，神明日月。不肯作善，難可降化。自用偃蹇，謂可常爾。無所憂懼，常懷憍慢。如是眾惡，天神記識。賴其前世，頗作福德，小善扶接，營護助之。今世為惡，福德盡滅。諸善神鬼，各去離之。身獨空立，無所復依。壽命終盡，諸惡所歸。自然迫促，共趣奪之。又其名籍，記在神明。殃咎牽引，當往趣向。罪報自然，無從捨離。但得前行，入於火鑊。身心摧碎，精神痛苦。當斯之時，悔復何及。天道自然，不得蹉跌。故有自然三塗，無量苦惱。展轉其中，世世累劫，無有出期，難得解脫，痛不可言。是為四大惡四痛四燒，勤苦如是。譬如大火，焚燒人身，人能於中，一心制意，端身正行，獨作諸善，不為眾惡，身獨度脫，獲其福德，度世上天，泥洹之道，是為四大善也。」

佛言：「其五惡者，世間人民，徙倚懈惰，不肯作善，治身修業。

家室眷屬，飢寒困苦。父母教誨，瞋目怒應。言令不和，違戾反逆。譬如怨家，不如無子。取與無節，眾共患厭。負恩違義，無有報償之心。貧窮困乏，不能復得。辜較縱奪，放恣遊散。串數唐得，用自賑給。耽酒嗜美，飲食無度。肆心蕩逸，魯扈抵突。不識人情，強欲抑制。見人有善，憎嫉惡之。無義無禮，無所顧難。自用職當，不可諫曉。六親眷屬，所資有無，不能憂念。不惟父母之恩，不存師友之義。心常念惡，口常言惡，身常行惡，曾無一善。不信先聖，諸佛經法，不信行道，可得度世，不信死後，神明更生。不信作善得善，為惡得惡。欲殺真人，鬪亂眾僧。欲害父母，兄弟眷屬。六親憎惡，願令其死。如是世人，心意俱然。愚癡矇昧，而自以智慧。不知生所從來，死所趣向。不仁不順，逆惡天地。而於其中，悕望僥倖。欲求長生，會當歸死。慈心教誨，令其念善。開示生死，善惡之趣，自然有是，而不信之。苦心與語，無益其人。心中閉塞，意不開解。大命將終，悔懼交至。不豫修善，臨窮方悔。悔之於後，將何及乎。天地之間，五道分明。恢廓窈冥，浩浩茫茫。善惡報應，禍福相承。身自當之，無誰代者。數之自然，應其所行。殃咎追命，無得縱捨。善人行善，從樂入樂，從明入明。惡人行惡，從苦入苦，從冥入冥。誰能知者？獨佛知耳。教語開示，信用者少。生死不休，惡道不絕。如是世人，難可具盡，故有自然三塗，無量苦惱。展轉其中，世世累劫，無有出期，難得解脫，痛不可言。是為五大惡五痛五燒，勤苦如是。譬如大火，焚燒人身，人能於中，一心制意，端身正念，言行相副，所作至誠，所語如語，心口不轉，獨作諸善，不為眾惡者，身獨度脫，獲其福德，度世上天，泥洹之道，是為五大善也。」

【章旨】莫作五惡，不受五苦。廣行五善，即得五樂。自淨其意，蕩滌所有。證悟本來，究竟解脫。

【語譯】佛告彌勒：「汝等諸人，能於此世，端心正意，一心修學，堪稱至德，十方世界，無與倫比。所以者何？諸佛世界，其中眾生，自然作善，少有惡行，易於教化。娑婆眾生，處於五惡、五痛、五燒之中，痛苦無比。我今作佛，教化眾生，令捨五惡，除去五痛，離卻五燒，淨化其意，令修五善，增長福德，證大涅槃，獲壽無量。」

佛言：「何為五惡、五痛、五燒？如何消除五惡、修學五善、增長福德、證大涅槃、獲壽無量？

五惡之一。諸天人民，一切眾生，貪欲熾盛，莫不皆然，弱肉強食，相互攻伐，殘害殺戮，相互吞食，不知修善，惡逆無道，後受惡報，自食其果。種惡得惡，自遭殃禍，所以世間，故有貧窮下賤，鰥寡孤獨，聾啞暗盲，愚痴醜陋，佝僂跛腳，痴迷癲狂。與此相反，亦有尊貴豪富，高明賢達，皆宿世慈孝，修善積德，自作而成。世有常道，王法牢獄，愚人不懼，作惡造業，後受殃罰，欲求出離，而不可得。世間苦果，處處皆是，壽終之後，痛苦更甚，入於幽冥，轉生受身，猶受王法，痛苦極刑，故有三塗，無量諸苦，投生轉身，改形易貌，所得壽命，或長或短，業識神魂，自然趣之。獨自趣向，業感而生，惡緣相遇，繼續相爭，惡緣不了，不得相離，殘害殺戮，無有休止，愈演愈烈，苦不堪言。天地之間，自有因果，雖不現報，終不能逃。是為一大惡，一痛一燒，痛苦如此。譬如大火，焚燒人身，若於其中，一心不亂，端身正行，止惡作善，如是之人，即得度脫，獲福天上，趣向涅槃，是為一大善。」

佛言：「五惡之二。世間之人，父子兄弟，夫婦家室，皆無道義，不合禮法，貪欲驕橫，放縱私欲，無視他人，相互欺詐，心口不一，虛偽不實，阿諛奉承，花言巧語，妒賢嫉能，陷害賢良。君主無明，用人無慧。臣民不忠，巧用心機，見風使舵，狡詐鑽營。君主不正，受臣欺詐，冤枉賢良，違背天心。臣欺其君，子欺其父，兄弟夫婦，自他內外，相互欺詐，各懷貪欲，瞋恚愚痴，追隨欲望，貪得無厭，尊卑上下，其心同然。胡作非為，無視因果，自他內外，自害害人。家人朋友，鄉黨市里，愚民暴徒，你搶我奪，相互剝奪，結忿成仇。富者慳貪，不肯施捨，愛財如命，身心皆苦。壽終之後，無所依怙，萬般不去，獨自漂流。或苦或樂，業力招感，或在樂處，或入苦毒，至此方悔，又有何用？世人無慧，見善興謗，心不仰慕，為所欲為，觸犯法度，常懷盜心，取人之物，一旦到手，即刻消盡，消盡之後，繼而再盜。邪心不正，流露於色，此一類人，鼠目寸光，為所欲為，不計後果，待得大難，始知悔恨。世有王法，牢獄枷鎖，據人罪惡，予以刑罰。因其前世，不信道德，不行諸善，今生作惡，天神明記，壽終之後，隨業漂流，墮入惡道，故有惡果報應，無量諸苦，生生世世，無量劫數，不得出離，苦不堪言。是為二大惡，二痛二燒，痛苦如此。譬如大火，焚燒人身，若於其中，一心不亂，端身正行，止惡作善，如是之人，即得度脫，獲福天上，趣向涅槃，是為二大善。」

佛言：「五惡之三。世間人民，相互依存，共居娑婆，生存壽命，皆不長久。上有賢明長者，尊貴豪富，下有貧窮下賤，醜陋愚者。中有不善之人，常懷邪惡，淫欲放蕩，煩惱滿腹，淫火中燒，坐立不安，伺機滿足，淫欲之心。眄睞細色，邪淫放蕩，喜新厭舊，沾花惹草，損費家財，觸犯法度，聚結惡友，興師攻伐，征討殺戮，強行占有，放任邪惡，不務正業，盜竊他物，占為己有，恐事敗露，歸給妻子，尋歡作樂，終其一生。或於親屬，不避尊卑，家室內外，患亂不堪，不畏王法，無視禁令。如是之惡，昭然可見，神明明察，無所不曉，故有三塗，無量諸苦。作惡之人，輾轉其中，世世累劫，無有出期，不得解脫，苦不堪言，是為三大惡，三痛三燒，痛苦如此。譬如大火，焚燒人身，若於其中，一心不亂，端身正行，止惡作善，如是之人，即得度脫，獲福天上，趣向涅槃，是為三大善。」

佛言：「五惡之四。世間之人，不修善法，反而教他，共作惡業，兩舌惡口，妄言綺語，讒賊鬥亂，憎嫉善人，敗壞賢明，暗自快意。不孝父母，輕慢師長，朋友無信，為人虛偽，妄自尊大，自以為是，橫行霸道，侵害他人，埋沒良知，作惡無恥，恃強淩弱，強人所難，不畏天地，不畏神明，不肯就範，難可教化。眼前福報，以為長久，無憂無懼，傲視所有。如是眾惡，神明記識。今世福報，全賴前世，曾作善業，故得今福。今世為惡，福德用盡，護法離去，獨立一人，無依無靠，壽命終時，惡境現前，將此惡人，收入惡道。所作惡業，記在神明，業力牽引，自然趣之，隨業受報，無由脫離，惡境現前，墮入油鑊，身心破碎，極度痛苦，待到此時，後悔莫及。因果報應，絲毫不差，故有三塗，無量諸苦，輾轉其中，世世累劫，無有出期，隨業受報，苦不堪言，是為四大惡，四痛四燒，痛苦如此。譬如大火，焚燒人身，若於其中，一心不亂，端身正行，止惡作善，如是之人，即得度脫，獲福天上，趣向涅槃，是為四大善。」

佛言：「五惡之五。世間之人，懈怠懶惰，不肯修善，恣意造惡，致使家人，飢寒交迫。父母教誨，怒目而應，言語不和，反叛違逆，猶如冤家，不如無子。為所欲為，禍亂人際，忘恩負義，視作仇人。家財敗光，不能復得，強取豪奪，任意妄為，若有所得，再行揮霍，嗜酒貪色，飲食無度，恣意放蕩，魯莽跋扈，無視人情，強制他人，嫉賢妒能，無禮無義，為所欲為，無所顧忌。自以為是，不聽人諫，六親家屬，一切所需，全然不顧。不存父母之恩，無有師友之義，心常念惡，口常言惡，身常行惡，無有一善。不信聖賢言教，不信修行解脫，不信生死輪回，不信因果報應，殺害聖賢，禍亂僧眾，殘害六親，禍害眷屬，相互憎恨，願令其死。世間之人，無不皆然，愚痴無知，自作聰明，不知生從何來，死往何所，不合仁義，違背道德，胡作非為，心存僥幸，欲求長生，無有是處。聖人教誨，令其向善，開示正途，令得脫苦。世人不信，更不依行。聖賢開示，不得受益，魔障重重，心不相應。有生之年，不修善德，臨命終時，業境現前，恐懼後悔，為時已晚。天地之間，五道分明，苦海無邊，浩浩蕩蕩，善有善報，惡有惡報，自作自受，無人替代。因果自然，自作自受，果報隨身，如影隨形。善人行善，受其善報。惡人行惡，受其惡報。因果相連，誰能得見？唯佛與佛，悉知悉見。諸佛教導，信之者少，故生死不休，惡道不絕。顛倒迷人，無數無量，故有三塗，無量諸苦，輾轉其中，世世累劫，無有出期，隨業受報，苦不堪言，是為五大惡，五痛五燒，痛苦如此。譬如大火，焚燒人身，若於其中，一心不亂，端身正行，止惡作善，言行相應，至誠修行，心口一致，不作諸惡，眾善奉行。如是之人，即得度脫，獲福天上，趣向涅槃，是為五大善。」

【釋義】放縱貪嗔痴，具足五惡行，所謂具足殺行，具足盜行，具足淫行，具足妄行，具足酒行。

問：如何是殺行？

答曰：簡而言之，「強者伏弱，轉相剋賊，殘害殺戮，迭相吞噬」，是名殺行。

問：如何是盜行？

答曰：簡而言之，「奢婬憍縱，各欲快意。任心自恣，更相欺惑」，是名盜行。

問：如何是淫行？

答曰：簡而言之，「但念婬妷，煩滿胸中。愛欲交亂，坐起不安」，是名淫行。

問：如何是妄行？

答曰：簡而言之，「讒賊鬬亂，憎嫉善人。敗壞賢明，於傍快喜」，是名妄行。

問：如何是酒行？

答曰：簡而言之，「耽酒嗜美，飲食無度。肆心蕩逸，魯扈抵突」，是名酒行。凡是令人神魂顛倒之行，皆名酒行。

放縱五惡，自不收斂。自造苦海，自投其中。如此起心，如此動念，不待身動，已成五惡。若無惡念，豈有惡行？故當慎獨，勿行惡念。

心行殺念，不待動手，已成殺行。心行盜念，不待身動，已成盜行。心行淫念，不待身觸，已成淫行。心行妄念，不待動舌，已成妄語。

殺業之中，殺念無量。盜業之中，盜念無量。淫業之中，淫念無量。妄業之中，妄念無量。酒業之中，酒念無量。五惡之中，惡念無量，量等恒沙，遍覆三千。

若逐五惡，三塗自成。若離五惡，三塗自消。三塗之苦，五惡所成。自造五惡，自成三塗。自投其中，受苦無窮。

若復有人，身在五惡，不逐五惡，制心一處，端身正行，棄諸惡法，行諸善行，即可解脫五惡，出離三塗，獲諸福德，證得涅槃。

彌勒領眾，回歸淨土

佛告彌勒：「吾語汝等，是世五惡，勤苦若此。五痛五燒，展轉相生。但作眾惡，不修善本，皆悉自然，入諸惡趣。或其今世，先被殃病，求死不得，求生不得，罪惡所招，示眾見之。身死隨行，入三惡道，苦毒無量，自相燋然。至其久後，共作怨結。從小微起，遂成大惡。皆由貪著財色，不能施慧。癡欲所迫，隨心思想。煩惱結縛，無有解已。厚己諍利，無所省錄。富貴榮華，當時快意。不能忍辱，不務修善。威勢無幾，隨以磨滅。身生勞苦，久後大劇。天道施張，自然糺舉。綱紀羅網，上下相應。煢煢忪忪，當入其中。古今有是，痛哉可傷！」

佛語彌勒：「世間如是，佛皆哀之，以威神力，摧滅眾惡，悉令就善。棄捐所思，奉持經戒。受行道法，無所違失。終得度世，泥洹之道。」

佛言：「汝今諸天人民，及後世人，得佛經語，當熟思之。能於其中，端心正行。主上為善，率化其下。轉相勅令，各自端守。尊聖敬善，仁慈博愛。佛語教誨，無敢虧負。當求度世，拔斷生死，眾惡之本，永離三塗，無量憂畏，苦痛之道。汝等於是，廣殖德本，布恩施慧，勿犯道禁，忍辱精進，一心智慧，轉相教化，為德立善，正心正意，齋戒清淨，一日一夜，勝在無量壽國為善百歲。所以者何？彼佛國土，無為自然，皆積眾善，無毛髮之惡。於此修善，十日十夜，勝於他方，諸佛國中，為善千歲。所以者何？他方佛國，為善者多，為惡者少，福德自然，無造惡之地。唯此間多惡，無有自然，勤苦求欲，轉相欺殆，心勞形困，飲苦食毒，如是怱務，未嘗寧息。吾哀汝等，天人之類，苦心誨喻，教令修善，隨器開導，授與經法，莫不承用。在意所願，皆令得道。佛所遊履，國邑丘聚，靡不蒙化。天下和順，日月清明。風雨以時，災厲不起。國豐民安，兵戈無用。崇德興仁，務修禮讓。」

佛言：「我哀愍汝等諸天人民，甚於父母念子。今吾於此世作佛，降化五惡，消除五痛，絕滅五燒，以善攻惡，拔生死之苦，令獲五德，昇無為之安。吾去世後，經道漸滅，人民諂偽，復為眾惡，五燒五痛，還如前法。久後轉劇，不可悉說。我但為汝，略言之耳。」

佛告彌勒：「汝等各善思之，轉相教誡，如佛經法，無得犯也。」

於是彌勒菩薩，合掌白言：「佛所說甚善，世人實爾。如來普慈哀愍，悉令度脫。受佛重誨，不敢違失。」

【章　旨】依教奉行，離諸善惡。解脫五痛，滅除五燒。受行道法，無所違失。回歸自性，普度十方。

【語　譯】佛告彌勒：「我告汝等，世間五惡，勤苦萬端，五痛五燒，輾轉相生，但作眾惡，不作善法，自然趣入，惡道之中。或於今世，先遭殃病，求生不得，求死不能，痛苦現前，昭示於眾，苦痛交加，然後死去。萬般不去，惡業隨身，入於惡道，受諸惡苦。久久之後，共作怨結，始自小惡，漸成大惡。如是之惡，皆由貪著，不知惠施，利樂他人，唯行貪欲，被欲所惑，煩惱集結，無由解脫。爭奪搶劫，無所省察，爭民施奪，以此為樂。不知精進，用功修道，威勢不久，隨之磨滅，漸生勞苦，與日俱增。天網恢恢，疏而不漏，自作惡業，自入其中，古今有之，痛哉可傷！」

佛告彌勒：「娑婆眾生，佛哀愍之，以威神力，斷除眾惡，令諸眾生，棄惡從善，奉持經戒，修行佛法，無違無失，獲得解脫，究竟成佛。」

佛言：「諸天人民，後世眾生，若聞佛法，當慎思之，依照佛教，端身正行，上契諸佛，下化眾生，上下內外，全體和合，尊聖敬賢，慈悲仁愛，諸佛教誨，無敢違逆，唯求解脫，超越生死，永離三塗，無量諸苦。汝等眾生，當植善本，自利利他，勿犯禁戒，依教奉行，志求佛慧，廣利群生，共成佛道。於此娑婆，建功立德，端心正行，自淨其意，乃至一日一夜，勝過無量壽國修行百歲。所以者何？無量壽國，無為自然，皆行眾善，無眾惡緣，於此修行，十日十夜，勝過他方諸佛國中為善千歲。所以者何？他方佛國，為善者多，為惡者少，福德自然，無有惡緣。娑婆世間，多惡少善，追求五欲，相互欺騙，身心憔悴，飲苦食毒，匆匆作務，無有止息。我哀汝等，天人之類，種種教誨，令出諸苦，隨諸根器，授與教法，指示汝等，恢復本來。佛所遊履，無處不化，災害不起，瘟疫不行，兵戈無用，日月清明，風調雨順，國豐民安，崇德興仁，天下太平。」

佛言：「我哀汝等，一切眾生，甚於父母，哀愍其子。我於娑婆，出世作佛，降化五惡，消除五痛，滅絕五燒，勤修善法，度脫諸惡，拔除生死，令獲五德，直至往生，淨土極樂。我滅度後，經道漸滅，眾生諂偽，復作眾惡，五燒五痛，同於從前，愈演愈烈，說之不盡，我但為汝，略而言之。」

佛告彌勒言：「汝等眾生，悉心體會，轉相教戒，如佛所說不得違背。」

於是，彌勒菩薩合掌白佛：「世尊所言，極善極是，眾生之苦，確實如此。佛憫眾生，皆令解脫，我與大眾，受佛教誨，不敢違失。」

【釋義】行五惡，受五燒，得五痛，求生不得，求死不得。如此之狀，不屬外來，此乃五惡業識，變現而成。

一切凡夫，或貧或富，不知有相，皆同泡影，故起心著相，念念糾結，愈縛愈堅，愈綁愈固，故成三塗諸苦。

佛告彌勒：佛「以威神力，摧滅眾惡，悉令就善」。威神力者，自性覺照之力也。凜然一覺，妄想頓脫。如是常覺，妄念全脫，是名「以威神力，摧滅眾惡」。眾惡者，捕風捉影之妄想習氣也。如是常覺，如是常照。不取諸相，不捨諸相。不取不捨，是名「悉令就善」。依教奉行，解脫糾纏。終得涅槃，無為之道。

彌勒菩薩，及其眷屬，當受佛教，行持道法，拔斷諸惡，消滅三塗，令得清淨，回歸淨土。

問：誰是彌勒？

答曰：離心之外，尚且無佛，離心之外，豈有彌勒？若言心外有彌勒，即是心外有佛，即是心外有法。心外求佛，心外求法，即是外道，不是佛法。

莫把彌勒當作他，彌勒不是別人，他正是發心成佛的諸人自己。發菩提心，誓願成佛。如是大願，如是大行，則未來成佛，是名未來佛，亦名彌勒佛。

問：如何是彌勒眷屬？

答曰：以彌勒為主的一切作為，一切心行，皆是彌勒眷屬。彌勒眷屬，不是別人，正是發心成佛的一切作為，一切心行。

彌勒在迷，眷屬全迷。彌勒成佛，眷屬成佛。皆此一門，回歸自性。則法法通達，皆是佛法。

一菩薩成佛，則大地眾生悉皆成佛。

一菩薩者，一行門也，一德相也。大地眾生者，心地上的顛倒妄想也，心地上的自性眾生也。大地眾生不是地球上的飛鳥爬蟲，而是心地上的自性眾生。若是地球上的飛鳥爬蟲，那麼，地藏菩薩度之不盡，釋迦文佛度之不盡，一切諸佛皆度之不盡。地藏菩薩，度盡眾生，方得成佛。釋迦文佛，度盡眾生，方得成佛，一切諸佛，悉皆度盡眾生，方得成佛。一切諸佛，度盡眾生，也只是度盡他心地上的自性眾生。眾生度盡，是名心淨。隨其心淨，則佛土淨。

問：娑婆修行，一日一夜，勝過淨土，百歲千年。原因何在？

答曰：娑婆世界，諸多惡緣。惡緣並非定惡，若人善用，惡緣正是成道的助緣。若不善用，借惡緣而生惡行，乘惡行而造惡業，則落在三塗，無有出期。

菩薩修行，惡緣現時，業障亦起。然而，業障起時，菩薩不隨。若不隨之，則業障自脫。業障現時，當下一覺。常現常覺，久當解脫。業障脫盡，則淨土現前。

住在淨土，缺少惡緣。惡緣不現，業障不起。業障不起，潛在其根，何時消除？故令倒駕慈航，普度眾生。以清淨心，普入世間，隨緣消業，度盡眾生。眾生度盡，方得成佛。地藏菩薩，如此成佛。釋迦文佛，如此成佛，一切諸佛，悉皆如此。

釋迦文佛，度盡眾生，已得成佛。阿彌陀佛，度盡眾生，已得成佛。彌勒菩薩，度盡眾生，方得成佛。未來菩薩，度盡眾生，方得成佛。度盡眾生，也只是度盡他心地上的自性眾生。

眾生者，乃自性眾生，乃自性習氣。度盡眾生，方得成佛，而非度盡地上走的天上飛的水裡游的生命個體。若是度盡地上走的天上飛的水裡游的生命個體，那就等於說，釋迦文佛未度盡眾生，阿彌陀佛未度盡眾生。莫作如此妄想！一切諸佛皆是度盡眾生而得成佛的，一切諸佛皆是度盡眾生而成淨土的。這個淨土，是一個原本清淨的自性境界，而不是多生歷劫用功修成的一個物質世界。

諸佛境界，無有塵垢，日月清明，萬相合順，民安物豐，天下太平。眾生境界，充滿塵垢，日月不明，萬物相悖，民燥物乏，相互爭奪。

佛愍眾生，如母愛子，故於惡世，八相成道，種種方便，化導眾生。奉佛教者，知識現前，助其成道，脫離苦海。行習氣者，魔境現前，壞其善根，拖入娑婆。遠古時期，人心樸實，離佛不遠。降及後世，眾生福薄，法運漸衰，落入像法。像法時期，糾結法相，不得實證，爭論堅固，法運更衰，落入末法。末法時期，眾生福薄，不明佛理，但向外求，求佛保佑，升官發財，求佛接引，投胎他方。

若真菩薩，則勇猛精進，倒行逆施。如何是倒行逆施？答曰：身處末法，倒行逆施，行至像法。身處像法，倒行逆施，行入正法。身處正法，倒行逆施，久久純熟，「忽然超越，世出世間，十方圓明，獲二殊勝：一者，上合十方諸佛本妙覺心，與佛如來，同一慈力。二者，下合十方，一切六道眾生，與諸眾生，同一悲仰」（《大佛頂如來密因修證了義諸菩薩萬行首楞嚴經》卷第六。《大正藏》第十九冊，第一二八頁中。），上契下合，普度眾生，眾生度盡，究竟成佛。

合掌禮佛，彼佛即現

佛告阿難：「汝起，更整衣服，合掌恭敬，禮無量壽佛。十方國土，諸佛如來，常共稱揚，讚歎彼佛，無著無閡。」

於是，阿難起，整衣服，正身西向，恭敬合掌，五體投地，禮無量壽佛。白言：「世尊！願見彼佛，安樂國土，及諸菩薩聲聞大眾。」說是語已，即時無量壽佛，放大光明，普照一切諸佛世界。金剛圍山，須彌山王，大小諸山，一切所有，皆同一色。譬如劫水，彌滿世界，其中萬物，沈沒不現，滉瀁浩汗，唯見大水。彼佛光明，亦復如是。聲聞菩薩，一切光明，皆悉隱蔽，唯見佛光，明耀顯赫。

爾時阿難，即見無量壽佛，威德巍巍，如須彌山王，高出一切，諸世界上，相好光明，靡不照耀。此會四眾，一時悉見，彼見此土，亦復如是。

【章　旨】提起覺照，恢復清明。通體放下，一物不掛。直觀當下，是個什麼？

【語　譯】佛告阿難：「汝從座起，整理衣服，合掌恭敬，至誠禮拜，無量壽佛。十方國土，諸佛如來，悉皆讚歎，無量壽佛，讚歎之聲，交參無礙。」

於是阿難，即從座起，整理衣服，端身向西，恭敬合掌，五體投地，禮拜彼佛，而白佛言：「世尊！願我得見，無量壽佛，極樂國土，及諸菩薩，聲聞大眾。」

說是語已，無量壽佛，放大光明，普照一切，諸佛世界，金剛山，須彌山，一切萬相，咸同一色。譬如大水，彌漫世間，一切萬物，悉皆不見，唯有大水，汪洋浩瀚。無量壽佛，威神光明，亦復如是。聲聞菩薩，一切光明，悉皆不見，唯有佛光，普照遍滿。

此時阿難，親見彼佛，大德巍巍，如須彌山王，高出一切，光明照徹，十方世界。會中大眾，亦復得見，彼佛光明，極樂世界，於此當下，娑婆世界，頓同西方，極樂國土，只在目前。

【釋義】問：如何是「整衣服，正身西向，恭敬合掌，五體投地，禮無量壽佛」？

答曰：「整衣服」，即是提起覺照，恢復清明也。衣服，是個比喻，比喻我們的精神面貌。我們的色身，需要穿上乾淨的衣服，才夠得上莊嚴。同樣，我們的心靈，也需要穿上乾淨的衣服，才夠得上莊嚴。心靈的衣服，就是清淨莊嚴的精神面貌。「整衣服」，即是抖擻精神，抖掉心中的塵埃，不是整理身上的布衣。

「正身西向」，即是端正身心，通體放下也。「正身西向」，不是面向物理西方，而是面向心靈西方。心靈西方，今在何處？落下之處，即是西方。放下之處，即是西方。念念生滅，落在何處？盡在一心，不在別處。

「恭敬合掌」，即是超越二元，無我無人也。

「五體投地」，即是推倒須彌，破除傲慢也。

「禮無量壽佛」，即是體察當下，反觀自見也。

「整衣服，正身西向，恭敬合掌，五體投地，禮無量壽佛」。這段經文，給我們講述了一個當下頓悟、直下往生的法門。這個法門就是：提起覺照，端正身心。一念不生，一物不掛。直觀當下，是個什麼？這個了了常明、一塵不染的，即是無量壽，即是汝法身。三世諸佛，讚歎彼佛。三世諸佛，唯說此事。阿難尊者，依教奉行，提起覺照，一念不生。於此當下，自性光明，普照十方，山河大地，森羅萬相，盡在其中矣。

這個「原本的真實」，若能一見見得，一肯肯定，不再疑惑，則當下頓悟，直下往生。可惜，迷人不知，以為「整衣服，正身西向，恭敬合掌，五體投地，禮無量壽佛」，這是阿難當年的事，自己只是一個千年之後的旁觀者。

迷人不知，自己的當下，靈山法會，儼然未散，釋迦仍在，阿難仍在，彌勒仍在，無量壽佛仍在，一切大眾仍在。指示無量壽的人，即是釋迦。聞教體會的人，即是阿難。發願成佛的人，即是彌勒。普覺十方、妙用恒沙的這個本覺光明，即是彼佛光明，也是諸人的本來面目。這個本來面目，普現萬相。這個彼佛光明，照耀十方。諸人還識得他麼？

問：彼佛世界，何以「一切光明，皆悉隱蔽，唯見佛光，明耀顯赫」？

答曰：彼佛世界，一切光明，皆是佛光。一切現相，皆是佛相。一切妙用，皆是佛用。四眾弟子，皆是佛德。猶如大海，一切漚相，無非是水。若見大海，則一切萬相，皆是一水。若見自性，則一切萬相，皆是自性。彼佛國土，一切萬德，無非是佛。

彼國人民，胎生化生

爾時，佛告阿難，及慈氏菩薩：「汝見彼國，從地已上，至淨居天，其中所有微妙嚴淨，自然之物，為悉見不？」

阿難對曰：「唯然，已見。」

「汝寧復聞無量壽佛大音宣布一切世界化眾生不？」

阿難對曰：「唯然，已聞。」

「彼國人民，乘百千由旬七寶宮殿，無所障閡，遍至十方，供養諸佛，汝復見不？」

對曰：「已見。」

「彼國人民，有胎生者，汝復見不？」

對曰：「已見。」

「其胎生者，所處宮殿，或百由旬，或五百由旬，各於其中，受諸快樂，如忉利天，亦皆自然。」

爾時，慈氏菩薩白佛言：「世尊！何因何緣，彼國人民，胎生化生？」

佛告慈氏：「若有眾生，以疑惑心，修諸功德，願生彼國，不了佛智，不思議智，不可稱智，大乘廣智，無等無倫最上勝智。於此諸智，疑惑不信，然猶信罪福，修習善本，願生其國。此諸眾生，生彼宮殿，壽五百歲，常不見佛，不聞經法，不見菩薩聲聞聖眾，是故於彼國土，謂之胎生。

若有眾生，明信佛智，乃至勝智，作諸功德，信心迴向。此諸眾生，於七寶華中，自然化生，加趺而坐。須臾之頃，身相光明，智慧功德，如諸菩薩具足成就。

復次，慈氏！他方諸大菩薩，發心欲見無量壽佛，恭敬供養，及諸菩薩聲聞之眾。彼菩薩等，命終得生無量壽國，於七寶華中，自然化生。

彌勒當知，彼化生者，智慧勝故。其胎生者，皆無智慧，於五百歲中，常不見佛，不聞經法，不見菩薩諸聲聞眾。無由供養於佛，不知菩薩法式，不得修習功德。當知此人，宿世之時，無有智慧，疑惑所致。」

佛告彌勒：「譬如轉輪聖王，別有宮室，七寶莊飾，張設床帳，懸諸繒幡。若有諸小王子，得罪於王，輒內彼宮中，繫以金鎖，供給飲食，衣服床蓐，華香伎樂，如轉輪王，無所乏少。於意云何？此諸王子，寧樂彼處不？」

對曰：「不也，但種種方便，求諸大力，欲自勉出。」

佛告彌勒：「此諸眾生，亦復如是。以疑惑佛智，生彼宮殿，無有刑罰，乃至一念惡事。但於五百歲中，不見三寶，不得供養，修諸善本，以此為苦。雖有餘樂，猶不樂彼處。若此眾生，識其本罪，深自悔責，求離彼處，即得如意，往詣無量壽佛所，恭敬供養，亦得遍至無量無數諸如來所，修諸功德。

彌勒當知，其有菩薩，生疑惑者，為失大利。是故應當，明信諸佛，無上智慧。」

【章旨】著相修行，疑城胎生。五百歲中，不得見佛。無相修行，迴向自心。現前當來，當下見佛。

【語譯】爾時，佛告阿難，及慈氏菩薩：「無量壽國，從地以上，至淨居天，一切萬物，清淨莊嚴，微妙自然。汝等見否？」

阿難言：「唯然世尊，我等已見。」

佛言：「無量壽佛，法音周遍，教化十方，一切眾生。是諸佛法，汝等聞否？」

阿難言：「唯然世尊，我等已聞。」

佛言：「彼國人民，乘百千由旬七寶宮殿，遍至十方，諸佛世界，無所障礙。汝等見否？」

阿難言：「我等已見。」

佛言：「彼國人民，有胎生者。汝等見否？」

阿難言：「我等已見。」

佛言：「彼國人民，其胎生者，所處宮殿，或一百由旬，或五百由旬，各於其中，受諸快樂，如忉利天，一切自然。」

爾時，慈氏菩薩問佛：「世尊！何等因緣，彼國人民，胎生化生？」

佛告慈氏：「若有眾生，心有疑惑，而修功德，願生彼國，不了佛智、不思議智、不可稱智、大乘廣智、無等無倫最上勝智，於諸佛智，疑惑不信，猶信罪福，修諸善法，願生彼國。此等眾生，生彼佛國，住七寶殿，壽五百歲，不得見佛，不得聞法，不得見諸聖眾，以是因緣，名曰胎生。

若有眾生，深信佛智，乃至勝智，勤修功德，至心迴向，願生彼國，此等眾生，蓮華化生，跏趺而坐，頃刻之間，身相光明，同諸菩薩，一切具足。

復次，慈氏！他方世界，諸大菩薩，若有發心，欲見彼佛，恭敬供養，及諸菩薩，聲聞大眾，此等菩薩，臨命終時，即得往生，無量壽國，蓮華之中，自然化生。

彌勒當知，化生菩薩，智慧殊勝，胎生人民，皆無智慧，故於五百歲中，不得見佛，不得聞法，不得見諸聖眾。不得見佛故，不得供養，不得正行，不得功德，皆由此人，過去世中，無有智慧，疑惑所致。」

佛告彌勒：「譬如轉輪聖王，別有宮殿，七寶莊嚴，床座被帳，幢旛繒蓋，裝飾華麗，應有盡有。若有小王，違背聖王，將其囚於，此宮殿中，加上金鎖，勿令出離，衣服飲食，床鋪被褥，華香伎樂，一應俱全，猶如聖王，無所缺少。於意云何？諸小王子，樂此處否？」

彌勒對曰：「不也，世尊。諸小王子，千方百計，竭盡全力，以求出離，七寶牢獄。」

佛告彌勒：「彼佛國土，胎生人民，亦復如是。疑惑佛智，生彼宮殿，雖無刑罰，亦無惡事，但於五百歲中，不得見佛，不得見法，不得見僧，不得供養，不得功德。彼國人民，以此為苦。彼佛國土，胎生人民，快樂如天，雖然如此，不樂彼處。此類眾生，知非即捨，深自懺悔，求離宮殿，即離宮殿，往詣佛所，恭敬供養，亦能遍至，十方佛前，修諸功德。

彌勒當知，疑惑佛智，則失大利。是故當信，諸佛智慧，至高無上。」

【釋義】問：如何是彼國「微妙嚴淨，自然之物」？

答曰：若人著相，不見自性，則一切境界，皆非「微妙嚴淨，自然之物」，即使住在最理想的環境中，那也不是「微妙嚴淨，自然之物」。

若人悟心，契合實相，他即使在垃圾處理廠裡工作，在他的境界上，一切景象，皆是「微妙嚴淨，自然之物」。何以故？心淨則佛土淨，心淨則萬相淨。

問：如何是「大音宣布一切世界化眾生」？

答曰：大音希聲，大相無形。這個大音，即是生發無量萬音的本源。這個大相，即是生發無量萬相的根本。這個大音，遍滿十方世界，普化一切眾生。這個大相，分身無量世界，莊嚴十方佛土。

問：如何是十方世界？

答曰：這個妙明真心，圓覺十方，遍含萬相。這個妙明真心，即是十方世界。

問：如何是「乘百千由旬七寶宮殿，無所障閡，遍至十方」？

答曰：宮殿者，住處也。往生彼國的人，住善方便，住善境界，是名「乘百千由旬七寶宮殿」，亦名住七寶宮殿。住善方便，住善境界，隨緣修行，願成佛道，是名「無所障閡，遍至十方」，亦名住蓮華苞，經五百歲，透五蘊殼，見自性佛。

問：「彼國人民，胎生化生」。如何是胎生？

答曰：有所寄託，即為胎生。自心是佛，廣大無邊。自心是佛，本然如是，非假人為，造作而成。學人修行，只為脫去幻障，找回這個本然如是的自心實相，融入這個本然如是的自心實相。

若人不信自心是佛，但信十方三世諸佛。依此信念，修行善業，不作惡行，以此功德，願生彼國。此諸眾生，往生彼國七寶宮殿，或曰往生彼國，蓮華苞中，「壽五百歲，常不見佛」。何以故？執著善法，不求根本。善法所障，不得見佛，不得見菩薩聲聞。不得見佛，不得見菩薩聲聞，即不得見性，不得妙用。住此善境，是名住七寶宮殿，亦名住蓮華苞，亦名彼國胎生。

問：「彼國人民，胎生化生」。如何是化生？

答曰：深信自心，本來是佛，心光普照，遍含十方，即名「明信佛智，乃至勝智」。心地法門，心地用功，誓願明心，得證實相，是名「作諸功德，信心迴向」。

若人修行，誓願明心，得證實相。如是修行，如是迴向，此諸眾生，臨命終時，當下見佛，當下往生，亦名當下見性，當下解脫。見性之後，如如不動，應緣十方。如是往生，是名化生。

明悟自心的菩薩，即名彼國菩薩。未悟自心的菩薩，即名他方菩薩。未悟自心的菩薩，發心親見彼佛，亦名明心見性。此菩薩臨命終時，不住蓮苞，不住宮殿，當下見佛，當下往生。

化生之人，有大智慧，深信「是心作佛，是心是佛」，是故，臨命終時，直下見佛，頓同佛體。

胎生之人，無有智慧，不信「是心作佛，是心是佛」，但信善法，住善境界，是故臨命終時，生在宮殿，囚禁宮中，經五百歲，不得見佛，不得聞法，此乃「無有智慧，疑惑所致」。

七寶宮殿，愚人住處，雖無刑罰，亦無惡事，經五百歲，囚禁宮中，不得見佛，不得佛智，此名七寶宮殿難，亦名金鎖難。

問：五百歲中，囚禁宮中。彼國五百歲，究竟多少年？

答曰：一蘊一百年，五蘊五百年。何時「照見五蘊皆空」，何時超出五百年。悟即剎那間，不悟萬萬年。切莫妄想，以為在七寶宮殿裡住五百年，就能出來見佛。

若是著相行善，住善境界，莫說五百年，即使五百大劫，也出不得這七寶宮殿牢獄之難。

一切菩薩，皆生彼國

彌勒菩薩白佛言：「世尊！於此世界，有幾所不退菩薩，生彼佛國？」

佛告彌勒：「於此世界，有六十七億不退菩薩，往生彼國。一一菩薩，已曾供養無數諸佛，次如彌勒者也。諸小行菩薩，及修習少功德者，不可稱計，皆當往生。」

佛告彌勒：「不但我剎諸菩薩等，往生彼國。他方佛土，亦復如是。其第一佛，名曰遠照，彼有百八十億菩薩，皆當往生。其第二佛，名曰寶藏，彼有九十億菩薩，皆當往生。其第三佛，名曰無量音，彼有二百二十億菩薩，皆當往生。其第四佛，名曰甘露味，彼有二百五十億菩薩，皆當往生。其第五佛，名曰龍勝，彼有十四億菩薩，皆當往生。

其第六佛，名曰勝力，彼有萬四千菩薩，皆當往生。其第七佛，名曰師子，彼有五百億菩薩，皆當往生。其第八佛，名曰離垢光，彼有八十億菩薩，皆當往生。其第九佛，名曰德首，彼有六十億菩薩，皆當往生。其第十佛，名曰妙德山，彼有六十億菩薩，皆當往生。其第十一佛，名曰人王，彼有十億菩薩，皆當往生。其第十二佛，名曰無上華，彼有無數不可稱計諸菩薩眾，皆不退轉，智慧勇猛，已曾供養無量諸佛。於七日中，即能攝取百千億劫大士所修堅固之法。斯等菩薩，皆當往生。其第十三佛，名曰無畏，彼有七百九十億大菩薩眾，諸小菩薩，及比丘等，不可稱計，皆當往生。」

佛語彌勒：「不但此十四佛國中諸菩薩等，當往生也。十方世界無量佛國，其往生者，亦復如是，甚多無數。我但說十方諸佛名號，及菩薩比丘生彼國者，晝夜一劫，尚未能竟，我今為汝，略說之耳。」

【章 旨】十方世界，一切菩薩。悉皆往生，彼佛國土。彼佛國土，不在別處。彼佛國土，即是自性。

【語 譯】彌勒菩薩問佛：「世尊！娑婆世界，多少菩薩，往生彼國，得不退轉？」

佛告彌勒：「娑婆世界，有六十七億菩薩，往生彼國，得不退轉。此等菩薩，已曾供養無量諸佛，功德智慧，僅次彌勒。復有無數，小行菩薩，及修習少功德者，皆當往生，彼佛國土。」

佛告彌勒：「我剎眾生，往生彼國。十方世界，無量眾生，悉皆往生，彼佛國土。第一，遠照佛剎，有一百八十億菩薩，皆當往生。第二，寶藏佛剎，有九十億菩薩，皆當往生。第三，無量音佛剎，有二百二十億菩薩，皆當往生。第四，甘露味佛剎，有二百五十億菩薩，皆當往生。第五，龍勝佛剎，有十四億菩薩，皆當往生。第六，勝力佛剎，有一萬四千菩薩，皆當往生。第七，師子佛剎，有五百億菩薩，皆當往生。第八，離垢光佛剎，有八十億菩薩，皆當往生。第九，德首佛剎，有六十億菩薩，皆當往生。第十，妙德山佛剎，有六十億菩薩，皆當往生。第十一，人王佛剎，有十億菩薩，皆當往生。第十二，無上華佛剎，有無數菩薩，皆得不退轉位，智慧通達，勇猛精進，已經供養，無量諸佛，七日之中，即能攝取百千億劫諸大菩薩所修堅固之法。第十三，無畏佛剎，有七百九十億大菩薩，諸小菩薩，及比丘等，無量無數，皆當往生。」

佛語彌勒：「如上所說，十四佛剎，國中菩薩，皆當往生，彼佛國土。十方世界，無量佛剎，國中菩薩，皆當往生。十方國土，諸菩薩眾，及大比丘，得往生者，但說名號，晝夜不停，歷經一劫，說之不盡，我今為汝，略說之耳。」

【釋義】地前菩薩，一念回頭，便是一念供佛，念念回頭，便是百千萬次供佛。

問：回頭作麼？

答曰：只為見得這百般作用的主人公，只為見得這化現萬相的主人公。回頭即是迴向，迴這外求的心，向這當下的佛。

問：這佛是誰？

答曰：唯此一心，更無別佛。此心不生不滅，是名無量壽。此心妙用無窮，是名無量光。此心不在別處，只在諸人當下，所謂「在眼曰見，在耳曰聞，在鼻辨香，在口談論，在手執捉，在足運奔。遍現俱該沙界，收攝在一微塵。識者知是佛性，不識喚作精魂」。《景德傳燈錄》卷第三。《大正藏》第五十一冊，第二一八頁中。）

迴向彼佛，即是迴這外求心，向這自性佛。如是迴向，是名供養諸佛。供者，拱也，向也。養者，順也，從也。一心求見自心，念念迴向自心，即是作諸功德，供養諸佛。此是地前菩薩的供養。

登地菩薩，安住本國，供養十方，一食之頃，還至本國，飯食經行，所謂「從體起用，攝用歸體」是也。《楞嚴經》云：「妙湛總持不動尊，首楞嚴王世希有。銷我億劫顛倒想，不歷僧祇獲法身。願今得果成寶王，還度如是恒沙眾。將此深心奉塵剎，是則名為報佛恩。」（《大佛頂如來密因修證了義諸菩薩萬行首楞嚴經》卷第三。《大正藏》第十九冊，第一一九頁中。）此是登地菩薩的供養。

法有無量，性體是一，是名「妙湛總持不動尊，首楞嚴王世希有」。

一念回歸，還同本來，是名「銷我億劫顛倒想，不歷僧祇獲法身」。

回歸自性，普度有情，是名「願今得果成寶王，還度如是恒沙眾」。

全體大相，全相即體，是名「將此深心奉塵剎，是則名為報佛恩」。

問：佛告彌勒菩薩：「不但我剎諸菩薩等，往生彼國。他方佛土，亦復如是。」十方菩薩，皆生彼國，彼國人民，豈不極多，他國人民，豈不極少？

答曰：彼國，即是彼岸的國。彼岸在哪裡？回頭是岸。我國菩薩，往生彼國。他國菩薩，往生彼國。一切菩薩，悉皆往生彼國。彼國即是自性。自性即是彼國。往生彼國即是回歸自性。回歸自性即是往生彼國。若離自性，更有彼國，此是外道見。若離自性，更往別處，此是外道行。依外道見，行外道行，不得成佛。

得聞此經，皆可得度

佛語彌勒：「其有得聞，彼佛名號，歡喜踊躍，乃至一念，當知此人，為得大利，則是具足無上功德。是故彌勒，設有大火，充滿三千大千世界，要當過此，聞是經法，歡喜信樂，受持讀誦，如說修行。所以者何？多有菩薩，欲聞此經❶，而不能得。若有眾生，聞此經者，於無上道❷，終不退轉。是故應當，專心信受，持誦說行❸。吾今為諸眾生，說此經法，令見無量壽佛，及其國土一切所有。所當為者，皆可求之，無得以我滅度之後，復生疑惑。當來之世，經道滅盡，我以慈悲哀愍，特留此經，止住百歲。其有眾生，值斯經者，隨意所願，皆可得度。」

佛語彌勒：「如來興世，難值難見。諸佛經道，難得難聞，菩薩勝法，諸波羅蜜，得聞亦難。遇善知識，聞法能行，此亦為難。若聞斯經，信樂受持，難中之難，無過此難。是故我法，如是作，如是說，如是教。應當信順，如法修行。」

【章旨】返聞自性，是真行者。返聞自性，即聞佛名。得見自性，是名大利。唯此一路，能脫諸苦。

【注釋】❶此經　文字猶如手指，實相方是月亮。文字經典所指的那部實相經典，方是此經。❷無上道　大道無形，自性無相。大道即自性，自性即大道。自性即是無上道，彼佛即是無上道。❸專心信受二句　專心信受，不是信受一個對象，而是明瞭自性，不再疑惑。持誦說行，不是念誦經文，依文而行，而是依此妙體，起諸妙用。

【語 譯】佛語彌勒：「若有眾生，得聞彼佛名號，歡喜踴躍，乃至一念相應，當知是人，得大利益，獲諸功德。是故彌勒，假使大火，充滿三千大千世界，若有眾生，聞是經典，歡喜信樂，受持讀誦，依教奉行，即得超越，大千火災。所以者何？諸多菩薩，欲聞此經，歷經塵沙，終不能得。若有眾生，得聞此經，於無上道，即得不退。是故應當，至心信受，依教奉行。我今宣說，如是經法，令諸眾生，得見彼佛，及其國中，一切所有。願生彼國，皆可求生，莫待我滅，復生疑惑。當來之世，正法隱沒，我以慈悲，特令此經，住世百歲。若有眾生，得遇此經，隨意所願，皆可往生。」

佛告彌勒：「如來出世，難值難見。諸佛經教，難得難聞。菩薩妙法，及諸波羅蜜法，得聞亦難。遇善知識，依止修行，此事亦難。聞此經典，信樂受持，難中之難，無過於此。是故我法，如是而作，如是而說，如是而教，有緣聞者，應當信受，如法修行。」

【釋 義】問：「佛語彌勒：『其有得聞，彼佛名號，歡喜踊躍，乃至一念，當知此人，為得大利，則是具足無上功德。』」如何是「得聞彼佛名號」？

答曰：一念回頭一念佛，念念回頭念念佛，驀然回首絕對待，便是得聞諸佛名。莫把聽見「無量壽」這三個字等同於「得聞彼佛名號」。若聞「無量壽」這三字是「得聞彼佛名號」，那麼，我們可以利用當代技術設備，處處播放「無量壽」名號，令世人皆聞其名號。這樣聞名，豈能往生？終日念佛名號，已經念了數年，何以至今尚未往生？切莫把向外喊他當作持名念佛。若是向外喊他，即使喊得光影交錯，佛滿虛空，那也是無繩自縛，而不是智慧解脫。

經云，「得聞彼佛名號」，則「具足無上功德」。既然如此，即今學人，已聞其名，「具足無上功德」了麼？何以未具？錯解經義，將音聲名號當作彼佛實際，終日持名喊他，喊破喉嚨亦徒然。經云：「若以色見我，以音聲求我，是人行邪道，不能見如來。」

聞名見實，借緣悟心，是名聞佛名，是名見實際。蓮池大師云：「無量行法，今但持名一法，足以該之。以持名即是持此一心。」（《阿彌陀經疏鈔》卷第一。《卍續藏》第二十二冊，第六〇六頁上。）持名，即是持此一心。聞名，即是聞此一心。若不借佛名號，返觀自心，則不名聞佛名。蓮池大師又云：「念空真念，生入無生。念佛即是念心，生彼不離生此。」（《阿彌陀經疏鈔》卷第一。《卍續藏》第二十二冊，第六〇六頁中。）根塵脫落，念念皆空，是名真念佛。持名，即是持此一心。念佛，即是念此一心。若不持心，若不念心，則不名「得聞彼佛名號」。

自心具足一切功德，自心具足一切莊嚴。既然回歸了自心，明悟了自性，那麼，這廣大無邊的妙明真心，即是「天上天下，唯我獨尊」的「我」，「我」即是這廣大無邊的妙明真心。這時的「我」，這時的「心」，具足一切功德，具足一切莊嚴。

聞佛名號，即是見佛實際。見佛實際，是名悟心，亦名見性。如是而聞，如是而見，是名真聞佛名，是名見佛實際。切莫口喊虛名，向外求他。口喊虛名，向外求他，是人行邪道，不能見如來。

問：有人云「小念見小佛，大念見大佛」。此是何義？

答曰：有人看了「小念見小佛，大念見大佛」這句話，便會心想，默念佛號，見到的佛就小。出聲念佛號，見到的佛就大。大聲念佛，見到的佛就更大。因此，大聲念佛，求見大佛。結果，佛沒見到，反而傷氣，毀了身體。

印光法師云：「《大集經》云：『大念見大佛，小念見小佛。』古德謂『大聲念，則所見之佛身大。小聲念，則所見之佛身小』耳。」印光法師的話，意在令人精進念佛，他的用意無差。然而，學人借著他的這話，很容易產生錯誤的見解。故針對「大念見大佛，小念見小佛」，今略作說明。

印光法師說「大念見大佛，小念見小佛」，這是出自《大集經》。結果，查遍了《大集經》，及所有的經典，無有此說。印光法師說「大聲念，則所見之佛身大。小聲念，則所見之佛身小」，這是出自古代大德的開示。結果，查遍了古代大德的語錄，無有此說。

關於念佛與見佛，《大集經》有這樣的記載：「正念結跏，或行或坐，念佛身相，無使亂心，更莫他緣，念其餘事。或一日夜，或七日夜，不作餘業，至心念佛，乃至見佛，小念見小，大念見大，乃至無量念者，見佛色身無量無邊，彼佛身形三十二相，于一一相，亦念亦觀，皆令明了。隨所見相，見青光明。于彼光相，專精系意，無令心亂。」（《大集經》卷第四十三。《大正藏》第十三冊，第二八五頁下。）

《大集經》的這段經文，分明是說「觀像念佛」，而不是說「持名念佛」。既然是觀像念佛，既然是「念佛身相」，那就不涉及大聲念、小聲念的問題。既然不涉及大聲念、小聲念的問題，就更談不上「大聲念，則所見之佛身大。小聲念，則所見之佛身小」的問題。

持名念佛，是借助於持佛名號，隔斷妄想，脫去幻塵，於根塵脫落時，得見自心實相。觀像念佛，是借助於觀想佛像，隔斷妄想，脫去幻塵，於根塵脫落時，得見自心實相。持名念佛，或觀像念佛，只是隔斷妄想、脫去幻塵的工具。借助於持名念佛，或觀像念佛，在過來人的指導下，如法修行，皆可花開見佛。然而，花開，卻不是水裡的蓮花開放，而是心花開敷，而是智慧花開。所見之佛，也不是眉目端莊、或大或小的個體形象，而是本自清淨、能生萬法的無相真心。花開見佛，是心花開敷，見自性佛。自性無相，豈有大小？故云諸佛法身，廣大無邊。如何是諸佛法身？自心實相，即是諸佛法身。如何是廣大無邊？無相真心，遍含十方，是名廣大無邊。唯此一心，具此功德。

《大集經》這段經文中的「念佛」之「念」，也不是口舌音聲之「念」，而是「回歸自性」之「念」。若將這段經文中的「念佛」之「念」，當作口舌音聲之「念」，那就成了一個錯誤的見解。依照這個錯誤的見解，大聲念佛，求見大佛。如此念佛，喊破喉嚨，亦是徒然。

問：「若有眾生，聞此經者，於無上道，終不退轉」。如何是得聞此經？

答曰：無字是真經，一切有字經典，皆從此經出。此經是正眼法藏，涅槃妙心，此經是無量壽，此經是本來面。諸人得聞是經否？若將耳聽終難會，眼處聞聲方得知。這個無量壽，這個本來面，一見見得，不再疑惑，是名「專心信受」。見聞覺知，行住坐臥，一切作用，悉皆契合，是名「持誦說行」。若不聞此經，若不信此經，若不行此經，即使看穿故紙，也只是個揀黑豆的漢，而不是誦經的人。

問：《無量壽經》，這部文字教典，還是此經否？

答曰：文字教典，從此經出，豈能不是此經？泛波示水，與言示心。全波即水，文字言語，豈不是心？

《圓覺經》云：「無上法王，有大陀羅尼門，名為圓覺，流出一切清淨真如、菩提涅槃，及波羅蜜，教授菩薩。一切如來本起因地，皆依圓照清淨覺相，永斷無明方成佛道。」（《大方廣圓覺修多羅了義經》。《大正藏》第十七冊，第九一三頁中。）

這裡所說的「大陀羅尼門」，不是某個具體的密咒，而是我們的圓覺妙心。這個圓覺妙心，流出的清淨真如、菩提涅槃及波羅蜜，即是自心的化現，也包括文字教典。

《大莊嚴經》云：「我所說諸經，此經為最勝，一切諸如來，皆從此經出。」（《方廣大莊嚴經》卷第十二。《大正藏》第三冊，第六一七頁上中。）

《大般若經》云：「一切如來、應、正等覺、阿耨多羅三藐三菩提，皆從此經出，諸佛世尊，皆從此經生。」（《大般若波羅蜜多經》卷第五百七十七。《大正藏》第七冊，第九八一頁上。）

這裡所說的「此經」，不是某部具體的文字教典，而是我們的無相真心。過去諸佛，悟此心而成佛。現在諸佛，悟此心而成佛。未來諸佛，悟此心而成佛。

人心不古，世風日下。痛苦劇增，無以復加。無以復加，繼續再加。此時，極度痛苦之人，呼天叫地，求神拜佛，求他保佑，脫離苦厄。有此心態，可與《無量壽經》銜接。銜接之後，步步回歸，即可往生極樂國土，亦名往生自性，亦名往生自心。《維摩經》云：「欲得淨土，當淨其心。隨其心淨，則佛土淨。」（《大正藏》第十四冊，第五三八頁下。）這分明是說，心即是土，土即是心。離心之外，無有淨土。蕅益大師云：「信我現前一念之心，本非肉團，亦非緣影，豎無初後，橫絕邊涯，終日隨緣，終日不變，十方虛空，微塵國土，元我一念心中所現物。我雖昏迷倒惑，苟一念回心，決定得生自心本具極樂。」（《佛說阿彌陀經要解》。《大正藏》第三十七冊，第三六四頁中。）蓮池大師云：「彌陀即自性彌陀，所以不可不念。淨土即惟心淨土，所以不可不生。」又云：往生淨土，「生于自心，故不往而往，名為往生。」（《阿彌陀經疏鈔》卷第四。《卍續藏》第二十二冊，第六六八頁上。）

《無量壽經》，一語雙關，既有表面義，又有深層義。當人讀經時，經文所說，自己所想，那個快樂的情景，即是對極度痛苦的一種代換，也是對極度痛苦的一種撫慰，也是對美好未來的一種寄託。

學人從「極度痛苦，求佛保佑」這個因緣開始信佛，這種因緣，這種狀態，也可以說是「經道滅盡」時。這時，與人說自心實相，與人說唯心淨土，皆不當機。這時，《無量壽經》，與人銜接，求佛保佑者，皆可借此而入。然而，這只是佛法的契入點，而不是佛法的究竟義。

對於一個有潛力的人來說，他迷信得越深，動力也就越大。他瞭解得越廣，困惑也就越多。迷信與困惑，交織在一起，這正是證悟佛法所需要的。譬如，未信之時，不知娑婆世界、六道輪回、因果報應、極樂世界等觀念，更沒有往生極樂的願望。信了之後，便知道了娑婆世界、六道輪回、因果報應、極樂世界等觀念，同時，也更增加了他的困惑：天堂地獄，真是那個樣子嗎？極樂國土，真是那個樣子嗎？往生極樂國土，真是從蓮華裡生出來嗎？極樂世界也有蓮華嗎？蓮華真的會生人嗎？總之，無論經典上怎麼說，這都是自己未曾經歷的，這都是自己困惑不解的。

隨著迷信、認知、困惑的加深，這個人就從末法時代而進入像法時代，這時，他參究佛教經典，他懂得了很多的道理。但是，他所認可的道理，都是他未曾經歷、未曾實證的，所以，他所信仰的，他所知道的，正是他所困惑的。有了困惑，就得解惑。佛法的解惑，靠思維想像不能解惑，靠偶像崇拜不能解惑，唯有親修實證方能解惑，所謂唯證乃知難可測。

隨著認知與困惑的加深，這個人便從像法時代而進入正法時代。所謂正法時代，就是心地法門，心地用功。用淨宗的方法來說，那就是持名念佛，若一日，若二日，若三日，乃至七日，以證為期。當他證悟到這個空性的時候，他就會發現，這個空性，本來清淨解脫，這個空性，本來妙用無邊，這個空性，正是真實的自己，所謂西方只在目前，淨土總是當下。淨土世界，這是一個原本的真實，非假人為而成。我今證此，只是回歸了這個「原本的真實」，只是回歸了這個「真實的自我」。

可見，佛法的修行，這是一個倒行逆施的過程。可分為四個階段。

第一階段，末法階段。不懂佛理，但求保佑，重視靈驗。

第二階段，像法階段。懂得佛理，只在意識，同於畫餅。

第三階段，正法階段。心地法門，心地用功，但求實證。

第四階段，證悟階段。身心寂滅，根塵脫落，觸緣頓悟。

《無量壽經》的表述方式，普攝群機。迷信者可借此而入，說理者可借此而入，修行者可借此而入，證悟者可借此而圓。

說是經已，皆大歡喜

爾時世尊，說此經法，無量眾生，皆發無上正覺之心。萬二千那由他人，得清淨法眼。二十二億諸天人民，得阿那含。八十萬比丘，漏盡意解。四十億菩薩，得不退轉，以弘誓功德而自莊嚴，於將來世，當成正覺。爾時，三千大千世界，六種震動，大光普照，十方國土。百千音樂，自然而作。無量妙華，芬芬而降。佛說經已，彌勒菩薩，及十方來諸菩薩眾，長老阿難，諸大聲聞，一切大眾，聞佛所說，靡不歡喜。

【章　旨】彼佛現前，眾生解脫。心光普照，識心銷落。娑婆世界，頓成極樂。自性法界，悉皆安樂。

【語　譯】佛說此經時，十方世界，無量眾生，皆發大願，誓願成佛，一萬二千那由他人證得清淨法眼，二十二億諸天人民證得阿那含，八十萬比丘證得無漏智，四十億菩薩得不退轉，如是等無邊眾生，皆發大誓，而自莊嚴，於未來世，當得作佛。爾時，大千世界，六種震動，佛光普照，十方世界，法界妙音，自然而作，法界妙相，全體顯露。佛說是經已，彌勒菩薩，十方大士，長老阿難，諸大聲聞，一切大眾，聞佛所說，皆大歡喜。

【釋義】得見自性已，自性眾生，悉得解脫。自性眾生，皆大歡喜。無量眾生，離諸垢染。無量眾生，離諸貪欲。無量眾生，證得實相。無量眾生，道力充盈。如是等無量自性眾生，於未來世，皆得究竟解脫，圓滿成佛。

問：如何是「三千大千世界，六種震動」？

答曰：貪有無量，假名一千。嗔有無量，假名一千。痴有無量，假名一千。三千貪嗔痴，構成一大千，故名三千大千世界，簡稱大千世界。迷時，名曰大千世界。悟時，號稱極樂淨土。

自性光明，普照世間。震動大千，無量萬相。六根受此震動，六根獲得解脫。六塵受此震動，六塵獲得解脫。六識受此震動，六識獲得解脫。六根、六塵、六識，受此震動，獲得解脫，是名六種震動。

切莫妄想，切莫把世間地震當作「三千大千世界，六種震動」。

問：如何是「大光普照，十方國土」？

答曰：大光，圓覺心光也，自性本光也。自性光明，普照十方，猶如日光，光芒四射，東西南北，四維上下，無不遍照，是名「大光普照，十方國土」。

問：如何是「百千音樂，自然而作」？如何是「無量妙華，芬芬而降」？

答曰：若得解脫，諸音皆妙，以樂作喻，名曰「百千音樂，自然而作」。若得解脫，諸相皆妙，以華作喻，名曰「無量妙華，芬芬而降」。解脫之後，一切音皆是佛音，一切相皆是佛相。佛音佛相，豈能不妙？佛音即是心音，佛相即是心相。離此心外，向外尋覓美妙的天樂，是人行邪道，不能見如來。離此心外，向外尋覓美妙的色相，是人行邪道，不能見如來。如來不是別人，只是諸人自己。諸佛祖師，先聖先賢，只是回歸了真實自我的人。

問：如何是「一切大眾，聞佛所說，靡不歡喜」？

答曰：纏縛名煩惱，解脫名歡喜。一解脫則全解脫，是名「一切大眾，聞佛所說，靡不歡喜」。

切莫妄想，以為釋迦說法已，全地球的人無不歡喜，全宇宙的人無不歡喜。

佛是自性佛，眾生是自性眾生。皆大歡喜，是自性中的解脫之樂。

跋

現今學佛的人，迷信的多，智信的少。求他的多，求己的少。著相的多，離相的少。懶惰的多，精進的少。

鑒於這種情況，有緣學人，要我說說淨土經典的大義。借此因緣，歷經半年，完成了這部《無量壽經》的大義講說。

該書定名為《新譯無量壽經》。一大藏教，說大說小，說方說圓，說漸說頓，皆圍繞著一個「佛」字。佛者，圓覺也，妙心也。因此之故，也可以說，一大藏教，皆圍繞著一個「心」字。佛之一字，教下的表達。心之一字，宗下的表達。無論是教下的表達，還是宗下的表達，所表達的那個實際，卻是同一事實。

教下的表達方式，容易使人升起敬畏心，也容易使人產生迷信。（這裡所說的迷信，不是貶義詞，而是「迷時有信」，是人追求真理的一種德行。）宗下的表達方式，容易使人產生正確的理解，也容易使人產生理解上的自以為是。總之，這兩種表達方式，運用之妙，純乎一心。因此，我們在遵循教下的表達方式的前提下，盡量地用宗下的語言來表達佛教的根本大義。

該書的初稿完成之後，我邀請黃強老師對全書進行校對與修改。校對與修改此類書稿，非通達佛意者而不能勝任。黃強仁者久修心密，契悟真乘，他的校對與修改，如同我出。黃強仁者對初稿做了詳細修改，使書稿更加準確地表達了經義。同時，我也把【語譯】的任務交給他，他作了第一稿【語譯】，經歷了相當的辛苦與鍛煉。在他【語譯】的基礎上，我再加修改，得以完成。這部書稿，經過我們兩人的多次商討交流，定稿在目前的這個樣子。

偏執淨宗名相者，看過此書，不屑一顧，評論曰：「是禪非淨，不足為凭。」禪是佛心，豈能不淨？淨是佛體，豈能不禪？禪門直指，教下隱喻，所指所喻，原非二事，所謂根本相同，歸元不二。試觀淨宗大師所示：

延壽大師云：「若未識者，以信為先。信者，信何物？信心是佛。無始無明，輪回生死，四生六道，受種種形，只為不敢認自心是佛。若能識自心，心外更無別佛，佛外無別心，乃至舉動施為，更是阿誰？除此心外，更無別心。若言別更有者，汝即是演若達多，將頭覓頭，亦復如是。」（《宗鏡錄》卷第九十八。《大正藏》第四十八冊，第九四三頁中。）

延壽大師云：「若人信自心是佛，此人所有言說，當能轉法輪。若人不信自心是佛，此人所有言說，皆是謗方等大乘。」（《宗鏡錄》卷第九十八。《大正藏》第四十八冊，第九四二頁中下。）

蓮池大師云：「自性彌陀，唯心淨土，意蓋如是。是則禪宗淨土，殊途同歸，以不離自心，即是佛故，即是禪故。」（《阿彌陀經疏鈔》卷第一。《卍續藏》第二十二冊，第六〇六頁中。）

蓮池大師云：「參禪只圖識心見性，念佛者，悟自性彌陀，唯心淨土，豈有二理？經云：『憶佛念佛，現前當來，必定見佛。』既曰現前見佛，則與參禪悟道，有何異哉？」（《禪關策進》。《大正藏》第四十八冊，第一一〇二頁中。）

蓮池大師云：「如斯會得，終日念佛，終日念心。終日念心，終日無念。即心即佛，非佛非心，是則名為真念佛者。」（《阿彌陀經疏鈔》卷第三。《卍續藏》第二十二冊，第六六四頁中下。）

蓮池大師又云：「念空真念，生入無生。念佛即是念心，生彼不離生此。」（《阿彌陀經疏鈔》卷第三。《卍續藏》第二十二冊，第六〇六頁中。）

徹悟大師云：「昔有人問雲棲大師云：『參禪念佛，如何得融通去？』大師答云：『若然是兩物，即用融通得著。』噫！旨哉言乎！夫禪者，淨土之禪。淨土者，禪之淨土。本非兩物，用融通作麼？」（《徹悟禪師語錄》卷下。《卍續藏》第六十二冊，第三四三頁上中。）

蕅益大師復云：「深信極樂國土，雖在十萬億土之遠，而實不出我只今現前介爾一念心外。以吾現前一念心性，實無外故。又復，深信西方，若依正，若主伴，皆吾現前一念妙明真心中所現影。」（《佛說阿彌陀佛經要解》。《大正藏》第三十七冊，第三六四頁下。）

蕅益大師云：「千經萬論，若顯若密，皆直指人心，見性成佛。除此心外，更無所詮。」（《靈峰蕅益大師宗論》。《嘉興藏》第三十六冊，第三一八頁下。）

以上皆淨宗祖師的開示，是淨語？是禪話？淨宗祖師，一再指示：佛即是自心，自心即是佛，念佛即是念心，念心即是念佛。自性即是佛，佛即是自性，見性即是見佛，見佛即是見性。宗師之言，能不尊乎？

偏執淨土名相的人，用《四料簡》貶禪讚淨，且言是延壽大師所作。關於《四料簡》的來歷，今略言之。

從永明延壽大師圓寂（九七五年），到元末明初《四料簡》的出現，其間大約三百五十年，佛教界所有的典籍，民間名士筆記，永明延壽大師的著述，其中皆無《四料簡》之記載，也無類似的開示。這《四料簡》顯然是後人的假託之作。虛雲老和尚也說：「惟我平常留心典章，從未見到《四料簡》載在永明（永明延壽）何種著作中。」（《虛雲和尚全集》，中州古籍出版社二〇〇八年版，第三五一—三五二頁。香港荃灣三疊潭《香海慈航叢書之一：五十三參禪語錄》，岑學呂原編《年譜》，皆有記載。）據此，偏執淨宗名相者，莫再人云亦云，一錯再錯。

禪宗淨宗，指歸一處。此一處者，禪宗曰自性，淨宗云淨土。回歸自性，往生淨土，二語所示，原是一事。

念佛的人，則一心念去，念到根塵脫落時，便是彼佛現前時。彼佛現前，一見見得，即是心不顛倒，即得往生淨土。

參禪的人，則一心參去，參到根塵脱落時，便是自性現前時。自性現前，一見見得，即是因地一聲，即得回歸自性。

奉勸諸君，切莫執禪而謗淨，切莫執淨而謗禪，謗禪謗淨，皆謗自心，罪大無邊。禪宗是直下往生的淨宗。淨宗是直指自性的禪宗。禪淨二宗，名相有異，實際不二。

蘇樹華

二〇一九年一月於曲阜師範大學

文學的・歷史的・哲學的・宗教的　古籍精華　盡在三民

古籍今注新譯叢書

哲學類

新譯四書讀本
新譯論語新編解義
新譯學庸讀本
新譯孝經讀本
新譯易經讀本
新譯乾坤經傳通釋
新譯易經繫辭傳解義
新譯禮記讀本
新譯儀禮讀本
新譯孔子家語
新譯老子讀本
新譯帛書老子
新譯老子解義
新譯莊子讀本
新譯莊子本義
新譯莊子內篇解義
新譯列子讀本
新譯管子讀本
新譯墨子讀本
新譯公孫龍子
新譯晏子春秋
新譯鄧析子
新譯荀子讀本
新譯尹文子
新譯尸子讀本
新譯鬼谷子
新譯韓非子
新譯呂氏春秋
新譯韓詩外傳
新譯淮南子
新譯春秋繁露
新譯新書讀本
新譯新語讀本
新譯潛夫論
新譯論衡讀本
新譯申鑒讀本
新譯人物志
新譯張載文選
新譯近思錄
新譯傳習錄
新譯呻吟語摘
新譯明夷待訪錄

文學類

新譯詩經讀本
新譯楚辭讀本
新譯文心雕龍
新譯六朝文絜
新譯世說新語
新譯昭明文選
新譯古文觀止
新譯古文辭類纂
新譯樂府詩選
新譯古詩源
新譯千家詩
新譯詩品讀本
新譯花間集
新譯南唐詞
新譯唐詩三百首
新譯宋詞三百首
新譯元曲三百首
新譯明詩三百首
新譯清詩三百首
新譯清詞三百首
新譯唐人絕句選
新譯拾遺記
新譯搜神記
新譯唐才子傳
新譯唐傳奇選
新譯宋傳奇小說選
新譯明傳奇小說選
新譯容齋隨筆選
新譯明散文選
新譯人間詞話
新譯白香詞譜
新譯幽夢影
新譯菜根譚
新譯小窗幽記
新譯圍爐夜話
新譯郁離子
新譯歷代寓言選
新譯賈長沙集
新譯揚子雲集
新譯諸葛亮集
新譯建安七子詩文集
新譯曹子建集
新譯阮籍詩文集
新譯嵇中散集
新譯陸機詩文集
新譯陶淵明集
新譯江淹集
新譯庾信詩文選
新譯初唐四傑詩集
新譯駱賓王文集
新譯王維詩文集
新譯孟浩然詩集
新譯李白詩全集
新譯李白文集
新譯杜甫詩選
新譯杜詩菁華
新譯高適岑參詩選
新譯昌黎先生文集
新譯劉禹錫詩文選
新譯柳宗元文選
新譯白居易詩文選
新譯元稹詩文選
新譯李賀詩集
新譯杜牧詩文集

新譯李商隱詩選
新譯范文正公選集
新譯蘇洵文選
新譯蘇軾文選
新譯蘇軾詞選
新譯蘇轍文選
新譯曾鞏文選
新譯王安石文選
新譯唐宋八大家文選
新譯柳永詞集
新譯李清照集
新譯辛棄疾詞選
新譯陸游詩文選
新譯歸有光文選
新譯唐順之詩文選
新譯徐渭詩文選
新譯薑齋文集
新譯顧亭林文集
新譯方苞文選
新譯袁枚詩文選
新譯聊齋誌異選
新譯聊齋誌異全集
新譯閱微草堂筆記
新譯浮生六記
新譯弘一大師詩詞全編

教育類

新譯爾雅讀本
新譯顏氏家訓
新譯聰訓齋語
新譯曾文正公家書
新譯三字經
新譯百家姓
新譯幼學瓊林
新譯增廣賢文・千字文
新譯格言聯璧

歷史類

新譯史記
新譯漢書
新譯後漢書
新譯三國志
新譯資治通鑑
新譯史記——名篇精選
新譯尚書讀本
新譯周禮讀本
新譯逸周書
新譯左傳讀本
新譯公羊傳
新譯穀梁傳
新譯春秋穀梁傳
新譯戰國策
新譯國語讀本
新譯說苑讀本
新譯新序讀本
新譯吳越春秋
新譯西京雜記
新譯列女傳
新譯越絕書
新譯燕丹子
新譯東萊博議
新譯唐六典
新譯唐摭言

宗教類

新譯金剛經
新譯高僧傳
新譯碧巖集
新譯百喻經
新譯楞嚴經
新譯梵網經
新譯法句經
新譯六祖壇經
新譯禪林寶訓
新譯維摩詰經
新譯經律異相
新譯阿彌陀經
新譯無量壽經
新譯妙法蓮華經
新譯景德傳燈錄
新譯大乘起信論
新譯釋禪波羅蜜
新譯八識規矩頌
新譯永嘉大師證道歌
新譯華嚴經入法界品
新譯地藏菩薩本願經
新譯悟真篇
新譯无能子
新譯坐忘論
新譯列仙傳
新譯抱朴子
新譯神仙傳
新譯性命圭旨
新譯老子想爾注
新譯周易參同契
新譯道門觀心經
新譯養性延命錄
新譯樂育堂語錄
新譯沖虛至德真經
新譯長春真人西遊記
新譯黃庭經・陰符經

地志類

新譯山海經
新譯水經注
新譯佛國記
新譯大唐西域記
新譯洛陽伽藍記
新譯徐霞客遊記
新譯東京夢華錄

政事類

新譯商君書
新譯鹽鐵論
新譯貞觀政要

軍事類

新譯孫子讀本
新譯司馬法
新譯尉繚子
新譯三略讀本
新譯六韜讀本
新譯吳子讀本
新譯李衛公問對